■ 2019年凯里学院线下一流课程“现代汉语”（XX202005）课题成果
■ 2019年贵州省高等学校教学内容和课程体系改革项目“应用型高校现代汉语课程线上线下混合式教学改革研究”（2019168）课题成果

# 汉语实用辞格

蒋华●编著

西南交通大学出版社
·成 都·

图书在版编目（CIP）数据

汉语实用辞格 / 蒋华编著. —成都：西南交通大学出版社，2021.1

ISBN 978-7-5643-7936-0

Ⅰ. ①汉… Ⅱ. ①蒋… Ⅲ. ①汉语－辞格－高等学校－教材 Ⅳ. ①H15

中国版本图书馆 CIP 数据核字（2020）第 269175 号

Hanyu Shiyong Cige

**汉语实用辞格**

蒋 华 编著

责任编辑 吴 迪
助理编辑 梁霄雲
封面设计 原谋书装

出版发行 西南交通大学出版社
（四川省成都市金牛区二环路北一段 111 号
西南交通大学创新大厦 21 楼）
邮政编码 610031
发行部电话 028-87600564 028-87600533
网址 http://www.xnjdcbs.com
印刷 成都蓉军广告印务有限责任公司

成品尺寸 185 mm × 260 mm
印张 14.25
字数 340 千
版次 2021 年 1 月第 1 版
印次 2021 年 1 月第 1 次
定价 45.00 元
书号 ISBN 978-7-5643-7936-0

课件咨询电话：028-81435775
图书如有印装质量问题 本社负责退换

# 前言

这本《汉语实用辞格》教材与我教授过的“现代汉语”“言语交际艺术”“言语交际学”“语言趣味与趣味语言”“言语交际学教程”“现代汉语专题研究”等课程相关，是凯里学院 2014 年“现代汉语精品资源共享课课题”（课题编号：JZGX201402）研究成果，也是 2019 年“凯里学院线下一流课程现代汉语”（课题编号：XX202005）、2019 年贵州省高等学校教学内容和课程体系改革项目“应用型高校现代汉语课程线上线下混合式教学改革研究”（课题编号：2019168）的结题成果之一。

修辞学的著作可谓汗牛充栋。最著名的当属复旦大学前校长陈望道所著的《修辞学发凡》，该书的出版标志着现代修辞学的正式建立，揭开了中国修辞学史上新的一页，该书因此被学界奉为中国现代修辞学的奠基之作。与前贤的作品相比，本书具有以下一些特点：

一是加入了作者多年的教学经验，更适合应用型本科教育的需要。经典著作有的过于深奥，所使用例句距离地方高校学生的生活现实较远，学生兴味索然，难以产生共鸣；有的侧重在于语音、词汇和语法，而对辞格的介绍貌似过于简略。

二是更符合地方高校学生知识结构的实际情况。以凯里学院为例，学生 90%以上都来自黔东南地区，学生的接受能力、知识水平相对较弱，他们更需要一本通俗易懂的适用书。本书在编写时尽量做到清晰易懂，与当下社会生活实际相结合，与我国的传统文化相结合，遂能引发学生的兴趣。

三是本书强调学以致用。学以致用是汉语实用辞格开设的初衷，我们希望学生在学习辞格后，能用相关理论知识来解决生活中或者现实中的实际问题，从而提高学习辞格的兴趣。因此，本文将大量篇幅放在笑话、广告、小品、对联与诗歌中的辞格运用上。

另外，本书辞格的篇幅长短不一，长的多达一两万字，短的也就一两千字，为什么呢？这是由辞格的常用性决定的。辞格愈是常用，其叙述的篇幅愈长，这也符合人们运用辞格的现状。

袁晖先生曾在《现代汉语教学的阶段与层次》一文中指出，大学生的语言应用能力、分析能力和研究能力的获得，主要不是来自教材，而是来自课内和课外的有机结合。好的教材应该有意识地引导和促进这种有机结合的实现，使学生有时间和精力进行分析、比较，从而丰富、加深课内学习的知识，进而形成自己的观点①。袁先生这段话语十分精辟，故本教材力求将课内与课外相结合，引导学生用所学的辞格知识来分析社会生活语言，试图培养学生的语言分析能力与语言应用能力。

本教材断断续续地编写了五六年，每当碰到新鲜而有趣的例句时，笔者大都会

① 袁晖．现代汉语教学的阶段与层次[J]．语文建设，1991（3）：23-25.

记录下来，并且运用到本教材中。感谢先贤时哲，本书多有参考他们的论文或者论著，虽已尽可能标注出处，但也难免挂一漏万，敬请各位原谅。值得说明的是，文中对联、幽默、小品、广告语、黔东南侗歌及思考练习题中旅游景点的介绍等均来源于他人著作或者论文，非本人所创造，限于篇幅，恕不一一指明出处，诚望见谅。

本教材语言通俗易懂，力求在趣味和实用中讲解辞格方面的知识，力求让学生不仅知其然，更知其所以然。本教材适用的对象十分广泛，既适合于本科学生学习，也适用于高校教师教学。另外，中学语文教师、学生也是本书的主要适用对象。如果中学生能在本教材中有所获益，那将是笔者最为欣慰之事。

本教材虽经笔者反复斟酌，数易其稿，但由于本人学浅才疏，书中定然会存在诸多不足，诚望同道诸君批评雅正，不胜感激。

# 目录

# 第一章 修辞基本知识

修辞、修辞学与修辞原则等都会在本章中有所叙述。

## 一、修　辞

许慎《说文解字》："修，饰也。从彡（shān），攸声。""修"，本指"整饬物件"，后延伸为"对人的外表的妆饰"，进一步延伸为"对言辞的整饰"。"辞"本指"诉讼"，后又有"文辞、言辞（言词）"义。"修辞"一语最早见于《周易》"修辞立其诚"。修辞是修身的必要手段，修身的目的，是"齐家""治国"与"平天下"。

现代学者关于"修辞"的定义，我们主要引述两位名家的见解。

陈望道在《修辞学发凡》中指出，修辞有狭义和广义之分：如果从狭义上来看，以为"修"当作"修饰"来解释，"辞"当作"文辞"来解释，修辞就是"修饰文辞"之义；如果从广义上来看，以为"修"当作"调整或适用"解，"辞"当作"语辞"解，"修辞"就是"调整或适用语辞"之义。①

黄伯荣、廖序东在《现代汉语》中指出，"修辞"一词有三种不同的含义：第一，指运用语言的方法、技巧和规律；第二，指说话和写作中积极调整语言的行为，即修辞活动；第三，指以加强表达效果的方法、规律为研究对象的修辞学或修辞著作。②

## 二、修辞学

修辞学的定义众多，我们主要引述两位学者的观点。

章衣萍说："修辞学是研究文辞美化的一种艺术。"③

胡裕树说："修辞是为适应特定的题旨情景，运用恰当的语言手段，以追求理想的表达效果的规律。修辞学就是研究这种规律的科学。"④

## 三、修辞原则

关于修辞原则，不同的学者因为视角不同，看法也不完全相同。我们主要引述两位学者的观点。

吕叔湘提出："有一个原则贯穿于一切风格之中，……可以叫做'适度'，……又可

① 陈望道．修辞学发凡[M]．上海：上海教育出版社，2001.
② 黄伯荣，廖序东．现代汉语[M]．北京：高等教育出版社，2017.
③ 章衣萍．修辞学讲话[M]．上海：上海天马书店，1934.
④ 胡裕树．现代汉语（重订本）[M]．上海：上海教育出版社，1997.

以叫做‘恰当’，……综合这两个方面用一个字眼来概括，就是‘自然’，就是一切都恰到好处。”①

陈汝东指出：“话语建构……要遵守的修辞原则……包括正确、准确、适切和恰切四个方面。正确……包括三个方面：一是语音和文字正确，二是语法正确，三是语义正确。……正确不等于准确，只有表达准确，才能使话语充分地传达出说话人的意思……适切，就是话语要切合语境……适切是话语建构的第三层次，其目标是修辞效果要好。……恰切是话语建构的更高层次……旨在使话语完成交际任务的效率达到最佳程度。”②

讨论修辞原则有多种角度，有学者曾指出，修辞原则的好坏要看它是否符合“公理法”（公理法就是从公理出发，按一定的逻辑规则，定义出其他有关的概念，推演出其他有关定理的一种演绎方法）的要求，是否经得起“奥卡姆剃刀”（奥卡姆剃刀定律，又称“奥康姆剃刀”，它是由14世纪英格兰的逻辑学家、圣方济各会修士奥卡姆的威廉提出。这个原理称为“如无必要，勿增实体”，即“简单有效原理”，也就是说，两个类似的解决方案，选择最简单的，即切勿浪费较多东西去做用较少的东西同样可以做好的事情）的检验，是否具有工具性。

修辞原则呈现多种面貌，也是由不同需要决定的，讲究“各有所宜”。

## 四、修辞同语音、词汇、语法的关系

语音、词汇、语法是修辞形成的材料和手段。修辞利用语音、词汇和语法三种不同的要素对语言进行综合的艺术加工。

### （一）修辞同语音的关系

谐音、叠音、拟声、双声、叠韵、平仄、押韵、重音、语调、轻声、节奏和儿化韵，可增强语言的音律美③。利用语音条件体现修辞效果的主要有双关、拈连、借代和仿拟等辞格。如：

> 风尘荏苒音书绝，关塞萧条行路难。（杜甫《宿府》）

诗中“荏苒”是双声，“萧条”是叠韵，双声叠韵造成音律和谐。

### （二）修辞同词汇的关系

从选择、锤炼的角度研究词语的表达作用，从声音、意义、色彩等方面对词语加以调整、安排。修辞使词汇在运用中“超凡脱俗”④。几乎所有修辞方式都同词汇有关。如：

> 桃花潭水深千尺，不及汪伦送我情。（李白《赠汪伦》）

---

① 王希杰．汉语修辞学[M]．北京：北京出版社，1983.
② 陈汝东．当代汉语修辞学[M]．北京：北京大学出版社，2004.
③ 黄伯荣，廖序东．现代汉语[M]．北京：高等教育出版社，2017.
④ 黄伯荣，廖序东．现代汉语[M]．北京：高等教育出版社，2017.

诗句中的“深”可以理解成“桃花潭水从上到下距离大”，也可以理解成“（李白与汪伦的）感情深厚”，这是语义双关。

### （三）修辞同语法的关系

修辞主要研究同义句法形式以及各种不同句式综合运用的表达效果[①]。如：

水生笑了一下。女人看出他笑得不像平常，“怎么了，你？”

水生小声说：“明天我就要到大部队上去了。”

女人的手指震动了一下，想是叫苇眉子划破了手。她把一个手指放在嘴里吮了一下。（孙犁《荷花淀》）

我们在《现代汉语》课程上讲授同义句法形式时曾引用过上述例句。当时就有学生问“怎么了，你？”与“你怎么了？”有什么不一样。诚然，这两者是有所区别的。“怎么了，你？”一句追问，显露了水生爱人对丈夫的极度关心、了解。如果换用“你怎么了？”，也能表达出一种关心，但是并不熟悉与了解，无法显示出他们亲密无间的夫妻关系。可见，同义句法形式“怎么了，你？”与“你怎么了？”有着不同的表达效果，这与句法形式息息相关。

## 五、修辞学的功用

对于修辞学的功用，学者大多认为：理论上，修辞知识能够帮助我们揭示人类的语言之谜，阐明人类的认识活动，而且具有美学价值。从实用角度来看，修辞知识可以帮助我们提高语言表达能力，即运用于说和写，也可以提高语言理解的能力，即运用于听和读。

## 六、语境

语境是言语活动进行的依据，也是检验修辞效果的依据。对于语境，学者们也有不同的看法，略摘几例。

陈望道先生在《修辞学发凡》中指出，普通作文书上常说的有所谓“六何”说，就是“何故”“何事”“何人”“何地”“何时”“何如”。“何故”是指写说的目的，“何事”是指写说的事项，“何人”是指谁对谁说的，就是说者和读听者的关系，“何地”是指写说者当时在什么地方，“何时”是指写说的时间，“何如”是指怎样的写说[②]。从修辞的角度来看，这“六何”实际上就是语境。

黄伯荣、廖序东认为，语境包括上下文语境和情景语境两大类，情景语境包括语言运用中对话语有影响的情景、情况和关系等[③]。

语境有着特殊的功能，主要体现在下面几个方面。

---

① 黄伯荣，廖序东．现代汉语[M]．北京：高等教育出版社，2017.

② 陈望道．修辞学发凡[M]．上海：上海教育出版社，2001.

③ 黄伯荣，廖序东．现代汉语[M]．北京：高等教育出版社，2017.

### （一）语境对语义有制约功效

如“我今天晚上补课”，这句话分别由一位教师与一位学生说出来，它表达的含义是不一样的。尽管都是同样的话语，由于教师和学生的职务身份不同而决定了同样一句话的语义有所不同。教师说这句话的意思是“我今天晚上要去给学生讲课”，而学生说这句话的意思是“我今天晚上要去听教师讲课”。

### （二）消除歧义

语境能够消除话语的歧义。如“鸡不吃了”。“鸡”可作动作动词“吃”的施事，也可作动作动词“吃”的受事，配以具体语境，歧义就会消除。如果配上在生日宴会上说“鸡不吃了”这样的语境，“鸡”就是受事，是人们“吃”的对象，指“鸡肉”。如果这句话是农家人茅舍喂鸡时所说，“鸡”就是施事，表示“鸡已经吃饱了”，指鸡这种动物。

## 思考与练习

一、下面是某学者的论述，请问它是否正确？为什么？

“小荷才露尖尖角，早有蜻蜓立上头。”（杨万里《小池》）按照逻辑常理，小荷只有露出水面后，蜻蜓才能停立上头。但诗人杨万里于此却出奇地用了一个表示某种情况或行为动作在另一种情况或动作产生之前就已经存在的副词“早”，与前句中的副词“才”互相呼应，构成“超前夸张”这一辞格，从而把蜻蜓与小荷相互依偎这一自然界的迷人景象表现得活灵活现。如果后句写成“已有蜻蜓立上头”，应该说更合乎事物发展的逻辑，但这样一来，诗歌的艺术魅力就减弱了。所以说积极修辞为了达到生动形象的目的，有时常常要故意违反形式逻辑的某些规律。

二、请以下列句子说明语境对句子的制约。

1. 在我的后园，可以看见墙外有两株树，一株是枣树，还有一株也是枣树。（鲁迅《秋夜》）

2. 一天是阴沉的上午，太阳还不能从云里面挣扎出来，连空气都疲乏着。耳中听到细碎的步声和咻咻的鼻息，使我睁开眼，大致一看，屋子里还是空虚；但偶然看到地面，却盘旋着一匹小小的动物，瘦弱的，半死的，满身灰土的……。我一细看，我的心就一停，接着便直跳起来。那是阿随。它回来了。（鲁迅《伤逝》）

3. 今天，这里有没有特务？你站起来！是好汉的站出来！你出来讲！凭什么杀死李先生？杀死了人，又不敢承认，还要诬蔑人，说什么“桃色事件”，说什么共产党杀共产党，无耻啊！无耻啊！这是某集团的无耻，恰是李先生的光荣！（闻一多《最后一次的讲演》）

4. 人们都拿着枫叶。……战士们背起背包，挎上了枪，走向夹道欢迎的人群。“万岁”声响起来了，火红的枫叶举起来了，孩子们奋力地撒着纸屑的花雨，欢呼着……不知道是哪个老妈妈忍不住了，捧着战士的手，第一个哭出了声，接着是姑娘们、孩子们哭出声来，然后是那些男人们无声的眼泪，低低的啜泣，这时候，战士们简直是在朝鲜人民送行的泪雨中进行。（魏巍《依依惜别的深情》）

5. 不是焦大一个人，你们就做官儿享荣华受富贵？你祖宗九死一生挣下这家业，到如今了，不报我的恩，反和我充起主子来了。不和我说别的还可，若再说别的，咱们红刀子进去白刀子出来！（曹雪芹《红楼梦》）

6. 相传，古时有位诗人写了一句“柳絮飞来片片红”，遭到了同行们的嘲笑。在同行们看来，“红”字不恰当，柳絮本是“白”的。于是他后又加了一句“夕阳方照桃花坞”，同行们却大加赞赏。

7. 操与宫坐久，忽闻庄后有磨刀之声。操曰：“吕伯奢非吾至亲，此去可疑，当窃听之。”二人潜步入草堂后，但闻人语曰：“缚而杀之，何如？”操曰：“是矣！今若不先下手，必遭擒获。”遂与宫拔剑直入，不问男女，皆杀之，一连杀死八口。搜至厨下，却见缚一猪欲杀。宫曰：“孟德心多，误杀好人矣！”急出庄上马而行。

8. 某日，一学生对他的朋友大声喊道：“快叫医生，快叫医生！”朋友焦急地问他：“你哪儿痛？”学生激动地喊：“我从医学院毕业了。”

9. 一穷诗人和一富翁并肩而坐，富翁想侮辱诗人，便问他：“告诉我，你跟一头驴能差多少？”诗人目测了一下他俩之间的距离，答：“不远，总共只有二十五厘米！”

**三、请施以具体语境，消除下列例句中的歧义。**

1. 杀猪的和卖茶的打赌。杀猪的说：“用铁锤锤蛋锤不破。”卖茶的说：“锤得破！”杀猪的说：“锤不破！”卖茶的不服气，拿来一个鸡蛋，用锤子使劲打下去，鸡蛋破了。说：“这不是破了吗？”杀猪的说：“蛋是破了，可我说的是锤不破啊！”说着他指指铁锤。

2. 一个人来到炸油条摊上对主人说：“呀！炸油条，一天要用多少油？”主人说：“哪有炸油条不用油的。”“真浪费，怪可惜。”“可惜，也要炸，不用油，怎能炸油条？”“我家祖宗几代都是卖油条的，从来不用油炸。”主人想得到他的秘诀，忙请他吃饭，殷勤地招待他。酒足饭饱之后，他低声地对主人说：“我家几代人卖油条，都是贩来卖的，所以不用油炸。”主人一听，傻眼了。

3. 顾客：“癣药，价钱多少？”店员：“每瓶3角！”顾客：“一滴，卖多少钱？”店员：“怎么可以买一滴？起码一瓶。”顾客：“你们广告上明明说‘一滴就灵’！”

4. 一房地产商为推销房地产，打出“买房子送家具”的广告后，某人买了一套新房，装饰一新后去领家具。“老板，我们买了你的房，来领家具了。”“先生，对不起，我们只承诺帮你把家具送回家，没说白送给您家具。”

5. 某公的儿媳要入京，正赶上某公卧病在床，某公把儿媳喊到床前说：“我年纪大了，老怕中头风，你到京城给我买一只头巾寄回。”第二天儿媳准备启程，亲戚们都来送行。某公忽然对儿媳喊道：“千万别忘了昨天咱们俩枕边的话。”亲戚们惊骇，问某公到底是怎么一回事。某公说明了情况，亲戚们大笑不止。

6. 1954年国庆前夕，某机关的游行筹备小组开会，筹备小组里的一位女同志宣布：“今年游行，女同志一律不准穿裤子！”机关人员哄堂大笑。

7. 一地方官谒见上司。上司问：“听说贵地山村有狗熊，不知都有多大？”“大的有大人那么大。”地方官自觉不妥，随即补充道：“小的有卑职那么大。”

**四、下面是某位教师教学生结合语境理解词义的步骤，你认为对吗？为什么？**

我们先看第一个词“司空见惯”。我们先找到这个词所在的句子读一读。你了解这句话表达的意思吗？你说。那换个什么词，这句话表达的意思不变呢？你说。对，“习以为常”。那么我们就可以把“司空见惯”理解为“习以为常”，这种方法叫近义词替换解词法。

谁能用这种方法来解释“锲而不舍”这个词语？我们还是先读它所在的句子。然后猜一猜句子的意思和词语的意思。这个词换成什么词，这句话表达的意思不改变呢。谁来说？“坚持不懈”。

“司空见惯”“锲而不舍”这两个词我们用了近义词替换解词法。我们接着看，“人声鼎沸”这个词怎么理解？先读句子，然后猜测句子和词语的意思。你说。“人的声音就像锅里烧开的水。”这是它的字面意思，但把这个词的字面意思放到句子当中表述准确吗？显然是不准确的。看来要想准确理解词语，还得结合课文来想想，这个词是形容什么的？你说。“形容声音的。”形容声音的什么特点呢。“声音大。”你来。“声音乱。”那么也就是说这个词就是来形容声音的大又乱，那么我们就可以把“人声鼎沸”这个词解释为人群发出的声音就像水在锅里沸腾了一样，形容人声嘈杂喧闹。这就是描述事物特点解词法。

我们用这样的方法来解释“烟熏火燎”这个词。还按照上面的四个步骤。“玛丽烟熏火燎。”是玛丽经过烟火的熏燎吗？其实这个词是形容什么的？“环境。”有什么样的特点？“非常的恶劣。”是啊，那我们就可以把这个句子解释为玛丽被烟火熏烤着，形容玛丽工作的环境十分恶劣。

我们再来看“积劳成疾”这个词。“疾”有“急速猛烈”“痛恨”“疾病”几种不同的含义。在“积劳成疾”中，这个“疾”是什么意思呢？你说。对，后文说住进医院，所以“疾”解释为疾病。那这个词“积劳成疾”我们结合上下文知道它是长期工作，过度劳累而生出疾病。这个词我们是抓住了“疾”这个关键字，结合上下文来知道整个词语的意思。我们就结合上下文抓关键字，来解释“饶有趣味”这个词。“饶”有丰富、宽容等意思，那么在这儿，“饶”是什么意思呢？读一读句子，来猜一猜。“饶”就是“丰富”“多”，“饶有趣味”就是“很有趣味”之意。

**五、下列故事是真实的案例，请问其中发生的事实与修辞现象相关吗？为什么？**

毕业36年，阿华的班级组织起了同学会。为纪念曾经一起走过的日子，大家相约做一本纪念册。班级组委会给每位同学都发了一张表，用来填写个人资料，编辑后印制成册。阿萍被委托做这件事情。不过，阿华迟迟没有提交表格，于是阿萍就代为填写，在纪念册的职务一栏里，给阿华填上了“教师”，写明了工作单位。编辑工作完成后，经班级组委会的几位同学审阅，印制了50册。不料，阿华在收到纪念册后，不仅毫无喜悦，反而十分气恼。原来，他的工作单位被阿萍写错了，他觉得阿萍是故意的。同时，他是高级教师，被阿萍写成了教师。阿华随后找阿萍沟通，后者不仅没有改正，反而把阿华踢出了群聊。沟通无果，阿华将阿萍诉至法院，要求其赔礼道歉，销毁所有纪念册，并赔偿名誉损失5000元。法院审理后认为，教师是职务，高级教师是职称，阿萍在没有收到阿华提交的材料的情况下，将其职务写成教师，并不会导致阿华名誉受损。至于单位填写错误，因为纪念册是非公开发行刊物，也在同学之间可以容忍的范围内。因此，驳回阿华全部诉讼请求。老同学之间，因为这一点小事就打起了官司，太不值当。

**六、请分析以下这段文字，说明修辞的意义。**

汽车夫把私带的东西安置了，入座开车。这辆车久历风尘，该庆古稀高寿，可是抗战时期，未便退休。机器是没有脾气癖性的，而这辆车倚老卖老，修炼成桀骜不驯、怪僻难测的性格，有时标劲像大官僚，有时别扭像小女郎，汽车夫那些粗人休想驾驭了解。它开动之际，前头咳嗽，后面泄气，于是掀身一跳，跳得乘客东倒西撞，齐声叫唤，孙小姐从座位上滑下来，鸿渐碰痛了头，辛楣差一点向后跌在那女人身上。这车声威大震，一口气走了一二十里，忽然要休息了，汽车夫强它继续前进。如是者四五次，这车觉悟今天不是逍遥散步，可以随意流连，原来真得走路，前面路还走不完呢！它生气不肯走了，汽车夫只好下车，向车头疏通了好一会，在路旁拾了一团烂泥，请它享用，它喝了酒似的，欹斜摇摆地缓行着。每逢它不肯走，汽车夫就破口臭骂，此刻骂得更利害了。骂来骂去，只有一个意思：汽车夫愿意跟汽车的母亲和祖母发生肉体恋爱。骂的话虽然欠缺变化，骂的力气愈来愈足。(钱锺书《围城》)

**七、请阅读下列诗句，并且回答相关问题。**

我打江南走过，
那等在季节里的容颜如莲花的开落。
东风不来，三月的柳絮不飞；
你底心如小小寂寞的城，
恰若青石的街道向晚。
音不响，三月的春帷不揭，
你底心是小小的窗扉紧掩。
我达达的马蹄是美丽的错误，
我不是归人，是个过客。(郑愁予《错误》)

有人说，该诗存在明显的逻辑错误。从逻辑上来看，“美丽”与“错误”是一对语意上相互排斥、不可兼容的概念。“错误”怎么还有“美丽”可言呢？你如何看待这种说法，为什么？

**八、比较下列两个标题，请说明修辞的功用。**

世界围棋最强战弈罢九轮，副帅马晓春马失前蹄。

世界围棋最强战弈罢九轮，副帅马晓春输了。

# 第二章 比 喻

## 第一节 比喻概述

比喻，就是人们通常所说的“打比方”，是在描写事物或说明道理时，通过相类似的联想，用同它有相似点的其他事物或道理来打比方的一种修辞方法[①]。对于比喻，人们主要从其构成成分与分类来看待。

### 一、比喻的构成成分

比喻的构成，一般要求是“三个成分”“两个条件”。“三个成分”即是本体、喻体和喻词：一个是所描写的对象，即被比喻的事物，叫作“本体”；一个是用来作比的事物，叫作“喻体”；另一个是联系本体和喻体的词语，叫作“喻词”。两个条件：一个是本体和喻体必须是两类本质不同的事物；另外一个是本体和喻体之间必须具有某种相似之处[②]。

### 二、比喻的分类

从本体和喻体的关系以及喻词的异同和隐现来看，比喻可以分为明喻、暗喻和借喻三大类[③]。

1. 明 喻

在一个句子当中，本体和喻体同时出现，常用的喻词有“像”“好像”“如”“如同”“犹如”“仿佛”“似”“恰似”“一样”“一般”“像……一样”“如……一般”“好像……似的”等，明喻的基本格式是“甲（本体）像（似）乙（喻体）” [④]。如：

希望是本无所谓有，无所谓无的。这正如地上的路，其实地上本没有路，走的人多了，也便成了路。（鲁迅《故乡》）

“希望”是本体，“地上的路”是喻体，比喻词是“正如”，相似点是“有无”。鲁迅用“路的有无”这个浅显通俗的事理，来比喻“希望的有无”这个有深刻内蕴的哲理，让人能快速明白这个意味深长的道理。

---

① 黄伯荣，廖序东. 现代汉语[M]. 北京：高等教育出版社，2017.
② 陈望道. 修辞学发凡[M]. 上海：上海教育出版社，2001.
③ 黄伯荣，廖序东. 现代汉语[M]. 北京：高等教育出版社，2017.
④ 黄伯荣，廖序东. 现代汉语[M]. 北京：高等教育出版社，2017.

2. 暗　喻

"暗喻"，有的教材叫"隐喻"。"暗喻"就是本体和喻体都出现，常用的喻词有"是""成""成了""成为""变成""变为""当作""看作""做"等，基本格式是"甲是乙"[①]。如：

我们的空军战士，永远做搏击长空的雄鹰、迎接风雨的海燕。

该例句中有两个暗喻句：其一，"空军战士"是本体，"雄鹰"是喻体，相似点是"搏击长空"，比喻词是"做"；其二，"空军战士"是本体，"海燕"是喻体，相似点是"迎接风雨"，比喻词是"做"。这两个暗喻句赞美了空军战士的英雄气概。

3. 借　喻

"借喻"中，本体、喻词都不出现，直接用喻体代替本体，这种比喻的本体、喻体之间的关系十分紧密，其格式是"乙（代甲）"[②]，如：

燕雀安知鸿鹄之志哉？（《史记·陈涉世家》）

此例中有两个借喻：其一，"见识短浅之人"是本体，喻词没有出现，喻体是"燕雀"，相似点是"视野窄"；其二，"志向远大之人"是本体，喻词没有出现，喻体是"鸿鹄"。此语是《史记·陈涉世家》中陈涉发出的深情感慨：平凡、普通的人哪里知道英雄人物的志向呢？

## 第二节　比喻形成机制

比喻的存在有其客观基础，有其心理基础，还有其思维基础。

### 一、比喻的心理基础——联想

比喻是人们对感知和认识过程中的联想进行描述的普遍与主要方式之一。关于这方面的知识，张少云论述得比较清楚，他认为，比喻的关键是"比"，从行为主义心理学的角度分析，比喻的心理基础就是联想。联想就是在意识中两件或者更多事物之间形成的联系；就是由于某人、某事或者某种概念引起与它相关的某些人、事或者某些概念的一种心理现象。人们在感知某一对象后，就会在我们的大脑皮层留下兴奋过的痕迹，而这些痕迹在满足一定的条件下会再次发生兴奋。特别是当某种与以前感知过的刺激物有某种联系的刺激物出现在眼前时，以前感知过的刺激物留在大脑皮层上的兴奋痕迹就会相应地兴奋起来，会帮助我们认识当前的刺激物[③]。

具体的事物或者情景最容易产生联想，因为它们的形象较具体。比如人们看到苍松翠柏挺立在风雪严寒中，就会联想到那些在社会生活中不屈服于邪恶势力的英雄人物，

① 黄伯荣，廖序东．现代汉语[M]．北京：高等教育出版社，2017.
② 黄伯荣，廖序东．现代汉语[M]．北京：高等教育出版社，2017.
③ 张少云．比喻的心理基础[J]．平顶山师专学报，2000（3）：24-26.

继而会联想到英雄人物与苍松翠柏之间的相似之处，于是人们就用松柏来表现英雄人物的性格①。

## 二、比喻的思维方式——直观性、整体性

比喻的产生源自人们“观物取象”的认知方式以及“类万物状”的思维方式。观物取象是人类早期认知事物的主要方式，事物的相似不仅仅只停留在事物声、形、色、味等诸多表征中，而且存在于早期先民混沌的思想里。事物之间，万物相类。人们可以从一个事物的事理推导到另一个事物的事理，可以在事物之间互相感知和暗示的关系中体会这种相似的关系②。

在历史的发展中，中华民族形成了辩证的、发展的、直观综合的模糊化思维模式，这种思维模式充分表现了中华民族古代思维的活性、弹性。这种直观综合的模糊化思维方式在社会生活现实中的表现就是人们凭着直观去感知外在事物的表象，通过直觉综合地感知客观世界。这样导致人们在言语交际中习惯于运用类比思维方法，产生相似联想，而这恰恰是产生比喻的客观基础③。

比喻应用于成语、广告、对联、诗歌中，可以使成语、广告、对联、诗歌的语言表达形象生动，富于艺术的魅力。

# 第三节　比喻成语

比喻赋予成语以艺术的效果，使成语精辟凝练、形象生动；比喻成语也以其简练性、生动性取悦于人。我们可以从喻词的有无、本体的有无、所表达的情感色彩三个方面来看待比喻成语。

## 一、从喻词的项数来看比喻成语

有的比喻成语有两个喻词，如“如胶似漆”“如狼似虎”“如饥似渴”“如花似玉”“如龙似虎”“如鱼似水”“如花似锦”“如火如荼”“如痴如醉”“若即若离”。在比喻成语中，两个喻词可以相同，如“如火如荼”“如痴如醉”中的喻词“如”；两个喻词也可以不一样，如“如狼似虎”“如饥似渴”“如花似玉”“如龙似虎”中的喻词“如”和“似”。

在比喻成语中，有的比喻只有一个喻词，如“易如反掌”“亲如兄弟”“轻如鸿毛”“浩如烟海”“安如泰山”“坚如磐石”等，它们的喻词都是“如”。在比喻成语中，比喻词可以居于句首，如“若无其事”中的“若”；也可以是成语的第二个字，如“亲如兄弟”中的“如”。

---

① 张少云. 比喻的心理基础[J]. 平顶山师专学报，2000（3）：24-26.

② 加晓昕. 论比喻的起源和结构[J]. 金田，2013（8）：299.

③ 田荔枝. 汉语比喻与传统思维方式[J]. 山东大学学报，1994（4）：24-28.

有的比喻成语没有比喻词，即比喻词为零项的，如“空中楼阁”“一丘之貉”“九牛一毛”“雨后春笋”“瓮中之鳖”“害群之马”等。

## 二、从有无本体来看比喻成语

有的比喻成语中有本体出现。如“恩重如山”的本体是“恩”，“挥汗如雨”的本体是“挥汗”，“暴跳如雷”中的本体是“暴跳”，“宾至如归”的本体是“宾至”，“对答如流”中的本体是“对答”，“心急如焚”中的本体是“心急”，“心乱如麻”中的本体是“心乱”，“胆小如鼠”中的本体是“胆小”，“峰峦如聚”中的本体是“峰峦”，“波涛如怒”中的本体是“波涛”，“守口如瓶”中的本体是“守口”，“水平如镜”中的本体是“水”。

有的比喻成语中没有本体出现。如“稳如泰山”“坚如磐石”，孙孟明指出，这种格式是“本体+比喻词（第二位）+喻体”，本体“稳”“坚”是抽象事物①。我们认为，“稳如泰山”“坚如磐石”中的本体不是“稳”“坚”，“稳”“坚”是相似点。请看下列例句：

① 为什么 2019 年姚迪在中国女排地位稳如泰山？

② 我们不惹事，但也决不怕事，中国各族人民维护国家统一、民族团结的意志坚如磐石，实现中华民族伟大复兴的步伐不可阻挡。

③ 外围市场剧烈震荡，A 股能否坚如磐石？

例①中，本体是“2019 年姚迪在中国女排地位”，比喻词是“如”，喻体是“泰山”，相似点是“稳”。例②中，本体是“中国各族人民维护国家统一、民族团结的意志”，比喻词是“如”，喻体是“磐石”，相似点是“坚”。例③中，本体是“A 股”，比喻词是“如”，喻体是“磐石”，相似点是“坚”。

## 三、从喻体来看比喻成语的构成

### 1. 从语言单位看比喻成语的构成

在比喻成语中，喻体可以是词。喻体中的词可以是名词，如“光阴似箭”中的“箭”是名词，“如胶似漆”中的“漆”是名词，“挥金如土”中的“土”是名词，“胆小如鼠”中的“鼠”是名词，“稳如泰山”中的“泰山”是名词；喻体也可以是动词，如“如饥似渴”中的“渴”是动词。

在比喻成语中，喻体也可以是短语。其中，喻体既可以是主谓短语，如“如雷贯耳”中的“雷贯耳”是主谓短语，“如梦初醒”中的“梦初醒”是主谓短语，“如牛负重”中的“牛负重”是主谓短语，“如日方升”中的“日方升”是主谓短语，“如鱼得水”中的“鱼得水”是主谓短语，“心如刀割”中的“刀割”是主谓短语；喻体也可以是动宾短语，如“如临大敌”中的“临大敌”是动宾短语，“势如破竹”中的“破竹”是动宾短语；喻体还可以是偏正短语，如“坚如磐石”中的“磐石”是偏正短语，“杳如黄鹤”中的“黄鹤”是偏正短语，“味如鸡肋”中的“鸡肋”是偏正短语。

---

① 孙孟明. 带有比喻词的成语及其组合形式[J]. 当代修辞学，1994（4）：35-36.

2. 从喻体位置看比喻成语的构成

比喻成语中，有的喻体在前，本体在后。如在“金玉良缘”中，“金玉”是喻体，而“良缘”是本体；在“锦绣河山”中，“锦绣”是喻体，而“河山”是本体。

比喻成语中，有的喻体在后，本体在前。如在“江山如画”中，“画”是喻体，而“江山”是本体；在“繁花似锦”中，“锦”是喻体，而“繁花”是本体。

成语通过一定的形象来进行比喻，从而使得成语生气勃勃、形象鲜明。比喻成语因其表意上的丰富性和表达上的形象性，广受人们的喜爱。

# 第四节　比喻对联

比喻对联可谓中国传统文化宝库中的一颗璀璨明珠。不同的比喻对联，其功能不一样。有的比喻对联能表达见解和看法，有的比喻对联暗含哲理，有的比喻对联具有嘲讽的功能，还有的比喻对联具有描绘场景的功能。本节主要参考了李玉方《浅说比喻在传统对联中的运用》[①]、韩崇文《不常见的比喻对联》[②]、朱英贵《对联中的比喻与比拟》[③]等。本节主要从功能来看待比喻对联。

## 一、嘲讽功能

比喻对联具有嘲讽的功能。且看如下例句：

> 解缙自幼聪明好学，7岁就能诗善文，且生性刚直。告老还乡的李尚书不信解缙有此高才，他宴请几个权臣显贵作诗，派人叫解缙前来应对，想有意当众奚落他一番。中间的对联过程很是精彩，解缙不负才情都能一一应对，让尚书和其他权贵很是窝囊。临到末了，作为收尾对联，解缙举杯祝酒说：“难得今日群才雅集，我愿题赠一联助兴。”尚书听罢，忙叫人拿来文房四宝。解缙挥毫舞墨，然后掷笔大笑而去。众人走过来一看此联为“墙上芦苇，头重脚轻根底浅；山间竹笋，嘴尖皮厚腹中空”，都瞠目结舌，半天说不出话来。

“墙上芦苇，头重脚轻根底浅；山间竹笋，嘴尖皮厚腹中空”是一副对仗工整、形象鲜明的比喻对联，本体是那些没有真才实学又夸夸其谈的浅薄之人，喻体是“(头重脚轻根底浅之)墙上芦苇”“(嘴尖皮厚腹中空之)山间竹笋”。该对联以物喻尚书和其他权贵，借物寓讽，贴切又生动。

又如：

> 《笑林广记》中有这样一个小故事：有一个贪官，新春佳节在衙门贴出一对联，自我标榜清廉，联曰“爱民若子；执法如山”。百姓见了非常气愤，一人将此联续为“爱民若子，金子银子皆吾子也；执法如山，钱山靠山其如山乎？”

---

① 李玉方. 浅说比喻在传统对联中的运用[J]. 语文知识，2002（4）：42-43.

② 韩崇文. 不常见的比喻对联[J]. 对联，2017（10）：111-112.

③ 朱英贵. 对联中的比喻与比拟[J]. 晚霞，2019（1）： 50-51.

“爱民若子”是一个明喻句，“民”是本体，喻词是“若”，“子”是喻体，相似点是“爱”，该比喻写出了县官认为自己十分爱百姓、爱人民。“执法如山”同样是一个明喻句，“执法”是本体，“如”是喻词，“山”是喻体，相似点是“公正”，该比喻形容县官执行法令像大山一样不可动摇，形容执法严厉。县官贴出此联是为了标榜自己清廉，说明自己铁面无私①。

“爱民若子，金子银子皆吾子也；执法如山，钱山靠山其如山乎？”也是比喻句，“爱民若子”前文已有分析，“金子银子皆吾子也”中的“金子银子”是本体，“吾子”是喻体，喻词没有出现。上联表明，该县官爱的子民是金子银子，不是百姓。下联中，“执法如山”前文已有分析，“钱山靠山其如山乎”中的“钱山靠山”是本体，而“山”是喻体。下联表明县官执法的准绳是钱和权，而非法律。该对联讽刺了该县官的贪婪与虚伪②。

## 二、描绘场景

比喻对联具有描绘场景的功能。如：

> 清朝有个宰相张英，平时喜欢对联，很有一些文才。有一次，他到民间微服私访，碰上那里的农民用稻草捆秧，一位农民要张英对对子，其上联是“稻草捆秧父抱子”。张英在田头想了好久也没有对出下联，回家后他和夫人谈起此事，自己觉得很不好意思。他的话正好被一个侍女听见了，侍女笑了笑。张英问她笑什么，她笑道：“这有什么难对的，下联就是‘竹篮装笋母怀儿’。”张英听后连连点头称赞。

上联“稻草捆秧父抱子”中，“稻草捆秧”是本体，“父抱子”是喻体，上联描绘的是眼前的实景实情，生动而又传神。下联“竹篮装笋母怀儿”中，“竹篮装笋”是本体，“母怀儿”是喻体，下联描绘的是现实中的实景，十分形象③。下联对得工整巧妙，与上联意境相通相合，堪称绝对。

又如：

> 清末广州滑稽大师何淡如与友人游珠江，友人即景出上联：珠海船如梭，横织波中锦绣。何淡如对下联：羊城塔似笔，倒写天上文章。

该对联中的上下联均采用了比喻的修辞手法，生动而又形象。上联“珠海船如梭，横织波中锦绣”中，“船”是本体，“如”是比喻词，“梭”是喻体，相似点是动作。下联“羊城塔似笔，倒写天上文章”中，“塔”是本体，“似”是比喻词，“笔”是喻体，相似点是形状。该对联巧妙运用比喻或动态或静态地描绘珠江的现实景物，如诗如画，极为生动④。

## 三、表明胸襟

比喻对联能表明一个人的胸襟、格局。如：

---

① 李玉方. 浅说比喻在传统对联中的运用[J]. 语文知识，2002（4）：42-43.

② 韩崇文. 不常见的比喻对联[J]. 对联，2017（10）：111-112.

③ 韩崇文. 不常见的比喻对联[J]. 对联，2017（10）：111-112.

④ 韩崇文. 不常见的比喻对联[J]. 对联，2017（10）：111-112.

林则徐任两广总督，查禁鸦片时期，曾在自己的府衙写了一副对联："海纳百川，有容乃大；壁立千仞，无欲则刚。"

上联"海纳百川，有容乃大"是借喻，本体是林则徐，喻体是"(纳百川之)海"，意在告诫自己，要广泛听取各种不同意见，才能把事情办好，立于不败之地。下联"壁立千仞，无欲则刚"是借喻，本体是林则徐，喻体是"(立千仞之)壁"，意在砥砺自己，当官必须坚决杜绝私欲，才能像大山那样刚正不阿，挺立世间。林则徐"海纳百川"的胸怀和"壁立千仞"的刚直精神在这副形象生动、寓意深刻的比喻对联中体现得淋漓尽致①。

## 四、暗含哲理

有的比喻对联暗含哲理。如：

郑板桥题书斋联："删繁就简三秋树，领异标新二月花。"

上联是暗喻，"删繁就简"是本体，而"三秋树"是喻体，"删繁就简"指去掉一些繁杂的文辞，使文章简明精练，"三秋树"就是深秋的树，没有细枝密叶，瘦劲秀挺。上联主张以最简练的笔墨表现最丰富的内容，以少胜多。下联也是暗喻，"领异标新"是本体，"二月花"是喻体，"领异标新"意谓与众不同，富有新意，而"二月花"是指早春盛开的花，一花引来百花开，独领风骚。下联主张"自出手眼，自树脊骨"，创造与众不同的新风格②。

又如：

心似平原驰马，易纵难收；学如逆水行舟，不进则退。(《增广贤文》)

在上联中，"心"是本体，"似"是比喻词，"平原驰马"是喻体，相似点是"易纵难收"。上联表明，心就像是马在平原上跑，如果你不懂得收放自如，马就会很快跑得没影儿。在下联中，"学"是本体，"如"是比喻词，"逆水行舟"是喻体，"不进则退"是相似点。下联表明，学习如同船在水中逆行，如果你不往前进的话就会顺着水往后退。此联以"逆水行舟""平原走马"两个具体行为来分别比喻"学"和"心"这两样抽象的事物，使得外在的学习和内心的自控由抽象变为具体，以提醒人们注意学习，注意自律③。

又如：

旧日蒙馆对联：教小子如养芝兰，此日栽培须务本；愿先生毋弃樗栎，他年长大尽成材。

上联中，"教小子"是本体，"如"是比喻词，"养芝兰"是喻体，上联是说蒙馆先生教学童要如栽培芝兰香草，从头开始，应以关怀、爱护为本。下联中，"樗栎"(即臭椿和麻栎)比喻顽劣的厌学者、无用之材，意即希望先生因材施教，悉心培育，以期学生日后皆成材。该对联强调因材施教，见解深刻。

---

① 李玉方. 浅说比喻在传统对联中的运用[J]. 语文知识，2002(4)：42-43.

② 朱英贵. 对联中的比喻与比拟[J]. 晚霞，2019(1)：50-51.

③ 朱英贵. 对联中的比喻与比拟[J]. 晚霞，2019(1)：50-51.

## 五、表明看法

有的比喻对联能表达自己的见解和看法。如：

> 清代诗人张尔荩撰写了一副纪念明朝大忠臣史可法的对联：数点梅花亡国泪，二分明月故臣心。

在上联中，“数点梅花”是本体，“亡国泪”是喻体，表明残落的梅花瓣就像亡国者流下的血泪。在下联中，“二分明月”是本体，“故臣心”是喻体，表明明朝老臣的心也如同残月一样残缺。该比喻对联盛赞明末清初率领孤军坚守扬州的史可法[①]。

又如：

> 《清朝野史大观》中有一段关于纪晓岚的记载，云：纪文达公自言，自四岁至老，未尝一日离笔砚。乾隆壬子三月，俱在直庐，戏谓友人云：“昔陶靖节自作挽歌，余亦自题一联，云：‘浮沉宦海如鸥鸟，生死书丛似蠹鱼。’百年之后，诸公书以见挽，足矣。”刘文清公墉笑曰：“上联殊不类公，若以挽陆耳山，乃确当耳。”

上联中，“浮沉宦海”是本体，“如”是比喻词，“鸥鸟”是喻体。上联说尽为官感慨，描绘了仕途之艰辛。下联中，“生死书丛”是本体，“似”是比喻词，“蠹鱼”是喻体。下联表面自贬、自嘲，实则自诩、自得，勾画出旧知识分子对书的热爱。该比喻对联表达出纪晓岚对官场的厌倦，也让人对纪晓岚从政之坎坷起伏、治学之严谨刻苦有所了解[②]。

# 第五节　比喻广告语

刘勰《文心雕龙·比兴》中指出：“诗人比兴，触物圆览。物虽胡越，合则肝胆。”该句中的“比”即是比喻。在广告语中，比喻修辞常常用来说明商品的功能、特性等，可以使消费者更容易理解广告所要表达的含义，往往能取得事半功倍的效果。

## 一、广告语中使用比喻的原因

### 1. 增加熟悉度

心理学告诉我们，以主体来说，外界刺激的熟悉性、新奇性和重要性影响着注意的选择和集中。比喻广告语用人们熟悉的事物打比方，以此减小产品与受众之间的陌生度，让受众更易于理解并乐于接受被宣传的产品[③]。

### 2. 实现情感认同

比喻能使广告语更生动、形象。把商品比作某种事物，通过激发受众积极的情感体

---

① 朱英贵. 对联中的比喻与比拟[J]. 晚霞，2019（1）： 50-51.

② 韩崇文. 不常见的比喻对联[J]. 对联，2017（10）：111-112.

③ 王詠，管益杰. 现代广告心理学[M]. 北京：首都经济贸易大学出版社，2005.

验，适当消除人们对广告的逆反心理，使受众在潜移默化中受到广告的影响。比喻是丰富内涵和优美语句的结合，在广告语言的感染力和受众富有情趣的审美过程中通过修辞的情感输出和接受者的情感认同，调动人们的感情，让受众借助联想和想象，从而实现情感认同[①]。

## 二、广告语有无喻词

如果从有无喻词来看，比喻广告语可以分为有喻词的广告语和没有喻词的广告语两大类。

### （一）有喻词的广告语

#### 1. 明喻词

明喻广告语就是用明喻比喻词（这类比喻词主要有“像”“如”“若”“好像”“仿佛”“犹如”“好比”等）把两种拥有一致特征的不同事物联系起来以宣传商品或者某种思想的语言。

（1）“像”类词

① 像母亲的手一样柔软的儿童鞋。（小王子牌儿童鞋广告语）

② 让您的神经，像树一样强壮。（七叶神安片广告语）

③ State Farm 像一个好邻居一样。（State Farm 保险公司广告语）

例①中，本体是“小王子牌儿童鞋”，喻体是“母亲的手”，喻词是“像……一样”。广告人将儿童鞋比作母亲的手，表现了该儿童鞋的柔软，更通过母亲的手来突显出该儿童鞋的温暖和该品牌鞋子对孩子的关爱，从而使购买者实现情感认同，在选购的时候购买该产品[②]。例②中，本体是“您的神经”，喻体是“树”，喻词是“像……一样”。该比喻广告语意在表明该安神片独到的功效。例③中，本体是“State Farm 保险公司”，喻体是“一个好邻居”，喻词是“像……一样”。该比喻广告语意在表明 State Farm 保险公司不是亲人，却胜似亲人。

又如：

④ 欲望就像气球，极度膨胀结局只有一个——自我毁灭。（反腐倡廉公益广告语）

⑤ 美加净护手霜，像妈妈的手，温柔依旧。（美加净护手霜广告语）

⑥ 温暖像阳光，轻柔如浮云。（联合床上用品广告语）

例④中，本体是“欲望”，喻体是“气球”，喻词是“像”。该比喻广告语把抽象的心理欲望形象比喻为人人可视并且熟悉的气球，暗示欲望的极度膨胀与气球的膨胀的结局都会导致自毁灭亡。该比喻广告语告诫一些领导干部要克制欲望，否则会自取灭亡[③]。例⑤中，本体是“美加净护手霜”，喻体是“妈妈的手”，喻词是“像”。该广告语把大家较

---

① 王詠，管益杰. 现代广告心理学[M]. 北京：首都经济贸易大学出版社，2005.

② 吴为善. 广告语言[M]. 上海：上海教育出版社，2007.

③ 王林林. 广告语言中的比喻表达[D]. 郑州：河南科技大学，2011.

陌生的美加净护手霜比喻成妈妈的手，熟悉、温暖而可感，具有较强烈的亲和力[①]。例⑥中有两个比喻句：其一是“温暖像阳光”，在该比喻句中，本体是该床上用品，喻体是“阳光”，喻词是“像”；其二是“轻柔如浮云”，在该比喻句中，本体是该床上用品，喻体是“浮云”，喻词是“像”。该广告语突显出该床上用品的温暖与柔软。

（2）“如”类词

① 你犹如躺在洁白的云朵里。（荷兰弗朗杰鸭绒被广告语）

② 有如第二层皮肤，蓝哥牌伸缩牛仔裤，收放自如，贴身舒适。（蓝哥牌牛仔裤广告语）

③ 宛如春之玫瑰，使您笑口留芳。犹如醇酒一般，令您唇齿留香。（蓝天高级爽口口服液广告语）

例①是省略句，整句应该是“荷兰弗朗杰鸭绒被让你犹如躺在洁白的云朵里”，省略了本体“荷兰弗朗杰鸭绒被”，喻体是“洁白的云朵”，喻词是“犹如”。该比喻句将荷兰弗朗杰鸭绒被比作洁白的云朵，暗示该产品如云朵一样干净、柔软、轻盈、舒适而温暖[②]。例②也是省略句，整句当为“蓝哥牌伸缩牛仔裤有如第二层皮肤，收放自如，贴身舒适”。本体是“蓝哥牌伸缩牛仔裤”，喻体是“（人的）第二层皮肤”。该广告语将蓝哥牌伸缩牛仔裤比作人的第二层皮肤，表明该牛仔裤收放自如，贴身舒适。例③也是省略句，整句当是“蓝天高级爽口口服液宛如春之玫瑰，使您笑口留芳。蓝天高级爽口口服液犹如醇酒一般，令您唇齿留香”。该句有两个比喻句。一为“蓝天高级爽口口服液宛如春之玫瑰，使您笑口留芳”，一为“蓝天高级爽口口服液犹如醇酒一般，令您唇齿留香”。前一比喻句中，本体为“蓝天高级爽口口服液”，比喻词为“宛如”，喻体是“春之玫瑰”，该比喻句将蓝天高级爽口口服液比作春天的玫瑰，能让人感到开心，口有余香。后一比喻句中，本体为“蓝天高级爽口口服液”，比喻词为“犹如……一般”，喻体为“醇酒”，该比喻句将蓝天高级爽口口服液比作醇酒，使人唇齿留有余香，意犹未尽。

（3）“仿佛”类词

仿佛滴滴小雨渗透心田。（清开灵口服液广告语）

例句是省略句，省略了本体“清开灵口服液”，喻体是“滴滴小雨”，喻词是“仿佛”。该广告语意在表明该口服液清凉畅快，可以抚慰人们的心灵。

2. 暗喻词

暗喻广告语是用暗喻比喻词（“为”“是”“变成”等）把两种拥有一致特征的不同事物联系起来以宣传商品或者某种思想的语言[③]。

① 我们就是人类的翅膀。（东方航空公司广告语）

② 间间都是黄金铺，铺铺都是摇钱树。（某商铺正式发售前广告语）

③ 一本厚重的书是海，翻开湛蓝的封面，便能品读到悠远的历史及沧桑。（永州诚信书店广告语）

例①中，本体是“我们”，喻体是“人类的翅膀”，喻词是“是”。该广告语把航空公

---

① 曹志耘. 广告语言艺术[M]. 长沙：湖南师范大学出版社，1992.

② 曹志耘. 广告语言艺术[M]. 长沙：湖南师范大学出版社，1992.

③ 曹志耘. 广告语言艺术[M]. 长沙：湖南师范大学出版社，1992.

司比喻成为人类的翅膀，在满足了人们旅行需要的同时，也满足了人们对飞翔梦想的憧憬。例②中，有两个暗喻：其一本体是铺子，喻体是“黄金铺”，喻词为“是”；其二本体是铺子，喻体是“摇钱树”，喻词是“是”。该广告语表明，此处的铺子非常值钱，能让购买者发财致富[①]。例③中，本体是“一本厚重的书”，喻体是“海”，喻词是“是”。该广告语把有价值的“书”比作深邃、资源丰富的海，形象地展现了书无比宝贵的价值。

### （二）没有喻词的广告语

没有喻词的比喻广告语可以分为两大类，一类是出现了本体和喻体，而另一类是只出现喻体，即人们常说的借喻。

1. 出现了本体和喻体，但没有喻词的广告语

① 柳工机械：大地的美容师。（柳工机械广告语）

② 女人的美容院，男人的加油站。（重庆鹅掌门广告语）

③ 普通话——13 亿颗心与心之间的桥梁。（推广普通话广告语）

④ 血，友谊的桥梁，生命的源泉。（献血公益广告语）

⑤ 踏破青毡可惜，多行数步何妨？（护花护绿广告语）

例①中，本体是“柳工机械”，喻体是“大地的美容师”，比喻词没有出现。该广告语把机械比作了美容师，表现了柳工机械神奇的作用及精湛的工艺。例②中，喻体是“女人的美容院，男人的加油站”，本体是“重庆鹅掌门”，比喻词没有出现。该广告语巧妙地把握了男人和女人的不同社会消费心理，从女人爱美的本性和男人事业的雄心出发，吸引了社会上不同男女、不同追求的人对鹅掌门火锅的喜爱[②]。例③中，本体是“普通话”，喻体是“13 亿颗心与心之间的桥梁”，比喻词没有出现。该广告语突出了普通话的强大沟通功能。例④中，有两个比喻，本体都为“血”，喻体分别为“友谊的桥梁”和“生命的源泉”，表明（献出来的）血能增进朋友之间的交情，是人们重获新生的源头。例⑤中，本体是“草坪”，喻体是“青毡”，喻词没有出现。该广告语劝说人们要爱惜草坪。

2. 出现了喻体，但没有喻词的广告语

① 落发重现，再现生机，这个属于头顶的填空题已经有了答案……（某生发药水广告语）

② 快腿勤务员。（联邦快递广告语）

③ 心有明灯，便不会迷路，便可拒绝黑暗、胆怯，拥有一份明朗的心情，一份必胜的信念，一份坦荡的胸怀。（暨南大学图书馆公益广告语）

例①中，本体是“秃发”，没有出现；喻体是“头顶的填空题”，喻词没有出现。该广告语以“填空题”为喻体，形象地说明了该生发水的功效，在给人以希望的同时维护了顾客的尊严。例②中，本体是“联邦快递”，没有出现；喻体是“快腿勤务员”，喻词没有出现。该广告语形象地揭示出联邦快递办理业务迅速、快捷的特点。例③中，本体

① 曹志耘. 广告语言艺术[M]. 长沙：湖南师范大学出版社，1992.

② 王林林. 广告语言中的比喻表达[D]. 郑州：河南科技大学，2011.

是“我们阅读书本所获取的知识”，没有出现；喻体是“明灯”，喻词没有出现。该广告语运用借喻手法，将我们从书本中获得的知识比喻为明灯，照亮我们前进的路，让人们战胜黑暗，形象地说明了读书的无穷益处[①]。

总之，“精彩的比喻，好像童话里的魔棒，碰到哪里，哪里就会有着奇特的变化”。比喻辞格能把复杂的广告语变得浅显易懂，形象生动，能有效地吸引受众的注意力，而且有利于激发受众的接受兴趣，从而让顾客购买某种商品或者接受某种思想[②]。

## 第六节　比喻诗歌

比喻是我国诗词基本的表现手法。朱熹《诗集传》：“比者，以彼物比此物也。”比喻是非常重要的一种修辞手段，作家秦牧把它比作“语言艺术的花朵”，钱锺书认为它是“文学语言的根本”。就诗歌而言，从某种意义上可以这样说，没有比喻便没有诗歌。

### 一、描事摹物

比喻诗句可以用来描摹景物。如：

> 北风卷地白草折，胡天八月即飞雪。忽如一夜春风来，千树万树梨花开。（岑参《白雪歌送武判官归京》）

这段诗句中，本体是“白草上的白雪”，喻体是“千树万树上盛开的梨花”，比喻词为“如”。该比喻句巧妙利用白雪与梨花之间的相似性，将寒冬的严寒转化为春天景物的色彩，让人如沐春风，如饮甘醇[③]。

又如：

> 碧玉妆成一树高，万条垂下绿丝绦。不知细叶谁裁出，二月春风似剪刀。（贺知章《咏柳》）

在该诗句中，“二月春风”是本体，“似”是比喻词，“剪刀”是喻体，该诗句从侧面描写出了柳条婀娜的体态，匠心独具。

又如：

> 日照香炉生紫烟，遥看瀑布挂前川。飞流直下三千尺，疑是银河落九天。（李白《望庐山瀑布》）

在该诗句中，“（飞流直下三千尺的）瀑布”是本体，“是”是比喻词，“（落九天的）银河”是喻体。该比喻诗句将瀑布飞流直泻的雄伟奇丽、气象万千刻画得淋漓尽致[④]。

又如：

> 一道残阳铺水中，半江瑟瑟半江红。可怜九月初三夜，露似真珠月似弓。（白

① 何新祥. 广告语言修辞策略[M]. 长沙：中南大学出版社，2003.
② 王林林. 广告语言中的比喻表达[D]. 郑州：河南科技大学，2011.
③ 吴宗渊. 古典诗歌中的比喻[J]. 固原师专学报，1990（4）：6-9.
④ 吴宗渊. 古典诗歌中的比喻[J]. 固原师专学报，1990（4）：6-9.

居易《暮江吟》)

在该诗中有两个比喻：在“露似真珠”中，“露”是本体，“似”是比喻词，“真珠”是喻体，该比喻用“真珠”做比喻，写出了露珠的圆润，也写出了在新月的清辉下露珠闪烁的光泽。在“月似弓”中，“月”是本体，“似”是比喻词，“弓”是喻体。该比喻形象地描绘出在碧蓝的天幕上，悬挂了一张精巧无比的“弓”的形象①。

## 二、说明事理

比喻诗句可以用来说明事理。如：

煮豆持作羹，漉菽以为汁。萁在釜下燃，豆在釜中泣。本自同根生，相煎何太急？（曹植《七步诗》）

该诗中，本体是“豆”和“豆萁”，喻体是曹植、曹丕兄弟俩，相似点是“同根”，豆和豆秸是同一个根上长出来的，就好比同胞兄弟，而豆萁燃烧起来却把锅内的豆煮得翻转“哭泣”，以此来比喻兄弟相残，十分贴切感人。该比喻诗句表达出兄弟间自相残害，实有违天理，为常情所不容的道理②。

又如：

郁郁涧底松，离离山上苗。以彼径寸茎，荫此百尺条。世胄蹑高位，英俊沉下僚。地势使之然，由来非一朝。金张藉旧业，七叶珥汉貂。冯公岂不伟，白首不见招。(左思《咏史·郁郁涧底松》)

该诗句以“涧底松”比喻“下僚”(出身寒微的士人)，以“山上苗”比喻“世胄”(世家大族子弟)，描写出在门阀制度下，有才能的人因为出身寒微而受到压抑，不管有无才能的世家大族子弟占据要位，造成“上品无寒门，下品无势族”的不平现象。该诗用比喻手法借自然景象抒写人世间的不平，形象鲜明，表达含蓄③。

## 三、抒发情感

诗言志，比喻诗歌能抒发作者的情感。如：

凌波不过横塘路，但目送，芳尘去。锦瑟华年谁与度？月桥花院，琐窗朱户，只有春知处。飞云冉冉蘅皋暮，彩笔新题断肠句。试问闲愁都几许？一川烟草，满城风絮，梅子黄时雨。(贺铸《青玉案》)

在该诗中，“试问闲愁都几许？一川烟草，满城风絮，梅子黄时雨”一句中有三个比喻：其一，本体是“闲愁”，喻体是“一川烟草”，这个比喻写出了烟草连天的场景，比喻愁之大；其二，本体是“闲愁”，喻体是“满城风絮”，这个比喻写出了柳絮蒙蒙之景象，比喻愁之乱；其三，本体是“闲愁”，喻体是“梅子黄时雨”，这个比喻写出了梅雨时间之长，喻愁之绵绵不断。这三个比喻句用烟草、风絮、梅雨等三种景物，将不可触

---

① 吴宗渊. 古典诗歌中的比喻[J]. 固原师专学报，1990(4)：6-9.
② 吴宗渊. 古典诗歌中的比喻[J]. 固原师专学报，1990(4)：6-9.
③ 吴其南. 审美虚构与现实：文本间性[J]. 温州师范学院学报，2002(4)：1-5.

摸的虚幻的感情，转化为可见、可体味的实的景[1]。

又如：

> 春花秋月何时了？往事知多少。小楼昨夜又东风，故国不堪回首月明中。
> 雕栏玉砌应犹在，只是朱颜改。问君能有几多愁，恰似一江春水向东流。（李煜《虞美人》）

该诗中，本体是“几多愁”，比喻词是“恰似”，喻体是“（向东流的）一江春水”。该比喻句将“愁苦”比喻成“绵绵不绝的一江春水”，显示出“愁恨”的悠长与深远，也显示“愁恨”的汹涌翻腾。

又如：

> 我是个蒸不烂、煮不熟、捶不扁、炒不爆、响当当一粒铜豌豆，恁子弟每谁教你钻入他锄不断、斫不下、解不开、顿不脱慢腾腾千层锦套头。（关汉卿《南吕一枝花·不伏老》）

在该曲中，“我”是本体，喻词为“是”，喻体是“蒸不烂、煮不熟、捶不扁、炒不爆、响当当一粒铜豌豆”。该比喻句突显出关汉卿的硬骨头，表现了他在恶势力的欺压、围攻中坚韧不屈的战斗意志和反抗精神[2]。

## 思考与练习

一、请分析下列句子中成语的本体、喻体和比喻词。另外，请指出下列句子中所使用的成语是否正确？如果不正确，请用正确的成语替换。

1. 暮春时节是潭柘寺“二乔玉兰”的盛花期，4 月上旬，这两株玉兰的树冠上就布满了含英咀华的花蕾。

2. 环境专家试图用向鄱阳湖里放鱼的方法治理湖水污染，因为鄱阳湖里的渔业资源已经到了竭泽而渔的地步。

3. 在签名售书活动开始前，作者恳切地对大家说，书中不少看法都是一孔之见，欢迎大家指正批评。

4. 爷爷收藏的那些产于不同时代、不同国家的玩具汽车，把一间小小的书房挤得满满当当，间不容发。

5. 今年有三到五成的国画作品流拍，成交总额同比减少三四成，这说明以往超过底价数十倍成交的火爆场面已成为明日黄花。

6. 老李家的衣柜里摆满了他多年收藏的各种老旧瑞士表，每当他向慕名来访的参观者介绍这些宝贝时，总是如数家珍。

7. 工会准备组织职工去西江千户苗寨旅游，大家兴致勃勃，小李更是推波助澜，积极鼓动年轻人提出要搞个人自助游。

8. 朋友们，考入大学仅仅是人生的一个新的起点，让我们志存高远，学海无涯苦作舟，在老师们的推波助澜下，直挂云帆济沧海。

9. 我俩考虑问题时，他习惯从大的方面着眼，我总是从具体方法入手，虽然南辕北

---

① 吴其南. 审美虚构与现实：文本间性[J]. 温州师范学院学报，2002（4）：1-5.

② 吴其南. 审美虚构与现实：文本间性[J]. 温州师范学院学报，2002（4）：1-5.

辙，但总能殊途同归。

10. 现在少数媒体放着有重要新闻价值的素材不去挖掘，反倒抓住某些明星的一点逸闻就笔走龙蛇，这种做法真是令人费解。

二、阅读诗歌，然后回答问题。

1. 阅读下面一首唐诗，然后回答问题。

**登金陵凤凰台**

李白

凤凰台上凤凰游，凤去台空江自流。
吴宫花草埋幽径，晋代衣冠成古丘。
三山半落青天外，一水中分白鹭洲。
总为浮云能蔽日，长安不见使人愁。

诗句中，“总为浮云能蔽日”用了何种修辞手法？有着什么样的表达效果？

2. 阅读下面的宋诗，然后回答问题。

**过松源，晨炊漆公店**

杨万里

莫言下岭便无难，赚得行人错喜欢。
正入万山圈子里，一山放出一山拦。

这首诗运用了哪些修辞手法？表达了怎样的人生感悟？

3. 阅读下面这首诗歌，完成后题。

**水调歌头·赋三门津**

元好问

黄河九天上，人鬼瞰重关。长风怒卷高浪，飞洒日光寒。峻似吕梁千仞，壮似钱塘八月，直下洗尘寰。万象入横溃，依旧一峰闲。

仰危巢，双鹄过，杳难攀。人间此险何用，万古秘神奸。不用燃犀下照，未必佽飞强射，有力障狂澜。唤取骑鲸客，挝鼓过银山。

下列对本词的理解，正确的是（　　）。

A. 本词起首句“黄河九天上”与李白诗“黄河之水天上来”所造之境极为相似。其后三句，写黄河之长、黄河之险

B.“峻似吕梁千仞，壮似钱塘八月”连用两个比喻，形象具体地描绘出黄河水浪之高，高过千仞；水浪之急，可比钱塘怒潮。高险，壮观，形神兼备

C.“仰危巢，双鹄过，杳难攀”三句，反用苏轼《后赤壁赋》“攀栖鹘之危巢”句意，其中“危”即“危险”之意，可谓一字传神，突出了砥柱山之高峻艰险

D. 上阕写景按空间方位顺序：由近及远，从低到高，富有层次。描写方法：虚实结合，动静掩衬，相映成趣

三、请谈谈下列诗句中比喻的功用。

1. 日出江花红胜火，春来江水绿如蓝。（白居易《忆江南》）

2. 桃花潭水深千尺，不及汪伦送我情。（李白《赠汪伦》）

3. 长江万里白如练，淮山数点青如淀。江帆几片疾如箭，山泉千尺飞如电。晚云都变露，新月初学扇。塞鸿一字来如线。（周德清《塞鸿秋·浔阳即景》）

4. 怀旧空吟闻笛赋，到乡翻似烂柯人。沉舟侧畔千帆过，病树前头万木春。今日听君歌一曲，暂凭杯酒长精神。（刘禹锡《酬乐天扬州初逢席上见赠》）

5. 千锤万凿出深山，烈火焚烧若等闲。粉身碎骨全不怕，要留清白在人间。（于谦《石灰吟》）

6. 君当作磐石，妾当作蒲苇。蒲苇纫如丝，磐石无转移。我有亲父兄，性行暴如雷，恐不任我意，逆以煎我怀。（《孔雀东南飞》）

四、请指出下列对联比喻的本体、喻体与喻词。

1. 世事洞明皆学问，人情练达即文章。

2. 水能性淡为吾友，竹解心虚即我师。

3. 千年老树为衣架，万里长江作浴盆。

4. 铜盆冻冰金镶玉，荷叶洒雨翠迭珠。

5. 荷尽已无擎雨盖，菊残犹有傲霜枝。

6. 不幸周郎竟短命，早知李靖是英雄。

7. 月来满地水，云起一天山。

8. 天雨虽宽不润无根之草，佛门广大难度不善之人。

9. 福如东海长流水，寿比南山不老松。

10. 书似青山常乱叠，灯如红豆最相思。

五、请指出下列对联比喻的功用。

1. 黄河水滚滚而来，文应如是；韩信兵多多益善，士亦宜然。

2. 文泉如流水出峡，心境似皓月当空。

3. 友如作画须求淡，文似看山不喜平。

4. 欲把西湖比西子，从来佳茗似美人。

5. 朝霞似锦晚霞似锦，东川锦西川锦；新月如弓残月如弓，上弦弓下弦弓。

6. 燕入桃花，犹如铁剪裁红锦；鸾穿柳树，却似金梭织绿绦。

7. 世事如棋，一着争来千古业；柔情似水，几时流尽六朝春。

8. 入席后，尚书见解缙穿着一件绿袍子，其色颇近青蛙绿，便出一联相戏：“出水蛙儿穿绿袄，美目盼兮。”解缙乍一听，没找到适当的对句，正愁间，桌上刚好上来一道大红虾，他见尚书穿的那件红袍正似虾色，又猛地联想到曹尚书迎送客人总要点头弯腰，于是马上得了下联：“落汤虾子着红袍，鞠躬如也。”

六、下列广告语，采用了哪种修辞手法，有着何种表达效果？

1. 让情人的体贴，温暖你整个严冬。（莎莉斯围巾广告语）

2. 生活的伴侣。（某咖啡广告语）

3. 新雪细凝滑冰肌，四十桃花尚娇妍。（新雪肌护肤系列广告语）

4. 给孩子们请一位全天候、全能的教师。（新力牌彩色录影机广告语）

5. 牛奶香浓，丝般感觉。（德芙巧克力广告语）

6. 像小溪流一样清亮明澈，像百灵一样悦耳动听，像鲜花一样色彩鲜明。（金峰牌电视机广告语）

7. 君当如梅，笑迎霜雪，傲骨不折；君当如兰，幽谷长风，宁静致远；君当如竹，高风亮节，坚韧不拔；君当如菊，洁身自好，寒芳自赏。（中央电视台《梅兰竹菊篇》广

告语）

8. 人生如舞台，庄严体面的退场，和隆重光亮的出场同样精彩。（中央电视台《精彩人生》广告语）

**七、下列比喻广告语中，本体、喻体、喻词分别是什么？比喻用在下列广告语中有着何种表达效果？**

1. 生命像一面镜子，你微笑所以她微笑，你皱眉所以她皱眉。（中央电视台公益广告语）

2. 长夜如诗，衣裳如梦。兰薇儿陪伴你，在夜的温柔里！（兰薇儿睡衣广告语）

3. 勇往直前的伴侣。（北京吉普车广告语）

4. 人生，就像一场旅行，不必在乎目的地，在乎的是沿途的风景以及看风景的心情，让心灵去旅行。（利群集团广告语）

5. 一款杰出的笔记本电脑就像一辆终极跑车，体现拥有者的深邃品味。（东芝电脑广告语）

6. 小洋人妙恋，初恋般的感觉。（小洋人妙恋广告语）

7. 黄山电子，美如黄山。（黄山电子广告语）

8. 钻石音响，音响中的钻石。（钻石牌音响广告语）

**八、根据下列材料，请分别为西江千户苗寨、敦煌莫高窟创作数则比喻辞格广告语，以吸引游客来旅游，并说明您的创作理据。**

1. 西江千户苗寨位于贵州省黔东南苗族侗族自治州凯里市雷山县西江镇，是中国乃至世界现存最大的苗族村寨，民族语言、服饰、建筑、生活习性得以完整的保存。西江千户苗寨绿水青山，风景宜人，苗族传统建筑吊脚楼更是值得称赞。西江千户苗寨地处国家级自然保护区雷公山山麓，是清水江的源头之一；冬无严寒，夏无酷暑。

2. 敦煌莫高窟是甘肃省敦煌市境内的莫高窟、西千佛洞的总称，是我国著名的四大石窟之一，也是世界上现存规模最宏大、保存最完好的佛教艺术宝库。前秦苻坚建元二年（366）有沙门乐尊者行至此处，见鸣沙山上金光万道，状有千佛，于是萌发开凿之心。后历建不断，遂成佛门圣地，号为敦煌莫高窟，俗称千佛洞。敦煌莫高窟因岩质不适雕刻，故造像以泥塑壁画为主。整个洞窟一般前为圆塑，而后逐渐淡化为高塑、影塑、壁塑，最后则以壁画为背景，把塑、画两种艺术融为一体。敦煌莫高窟，唐时有窟千余洞，现存石窟 492 洞，其中魏窟 32 洞，隋窟 110 洞，唐窟 247 洞，五代窟 36 洞，宋窟 45 洞，元窟 8 洞。

# 第三章　夸　张

## 第一节　夸张概述

夸张这种修辞手法产生很早，刘勰在《文心雕龙》中首先提出“夸饰”，并指出“故自天地以降，豫入声貌，文辞所被，夸饰恒存”，“饰穷其要，则心声锋起；夸过其理，则名实两乖”①。

夸张就是用故意超过客观事实和实际可能的说法来强调突出某种思想或感情的修辞方法，其特点是人们在抒发和描写深切的情感时，着重在主观情意的畅发，而不在客观事实的记录②。

本章节主要探讨夸张的形成机制、夸张的分类及夸张的具体应用等。

### 一、夸张形成机制

夸张的形成与人们的好奇心分不开，也是人们超常想象的再现。

1. 人们好奇心的需要

夸张产生的原动力在于人们的好奇之心。东汉学者王充认为：“俗人好奇。不奇，言不用也。”为了满足“俗人”的“好奇”之心，故“誉人不增其美，则闻者不快其意；毁人不益其恶，则听者不惬于心”。

“俗人好奇”，是说一般的人注意力容易指向新异的事物，新异的人或者事物能刺激人的大脑神经并使其高度地兴奋。心理学研究表明，当人的大脑受到新异的人或者事物的刺激时，神经元就会处于较活跃的状态，大脑皮层的相应区域就会出现一个优势兴奋中心。这样，暂时的神经联系容易建立，从而使有机体对自己的思想、行为、情感以及外界事物反映得最鲜明、最清晰③。而夸张正是这样，刺激人们的大脑，使大脑神经高度兴奋，使其对思想行为等反映得最为鲜明，从而满足人们无穷的好奇心。

当主体具有一定动机需要时，心理便形成一种张力系统。当人们的某种需要得不到满足时，就要求从另一方式如艺术中得到补偿。当人们对事物产生一种喜爱的感情时，就有一种美化这种事物的“冲动”，而如果这种冲动在生活中无法实现，就只好借助于想象，将所有美好的东西都附加于其上。就夸张的创作者来说，夸张可满足其极言其好恶的需要。对夸张的受众来说，则是满足了他们追求新奇的心理④。

---

① 向莉. 论夸张艺术的情感基础和现实基础[J]. 西南民族大学学报，2003(8)：167-171.

② 张雅娟. 论夸张修辞格的心理学视点[J]. 孝感学院学报，2003（1）：32-35.

③ 李英霞. 夸张的心理基础[J]. 修辞学习，1993（5）：15-17.

④ 余夕仁. 夸张论[J]. 高等函授学报，1996（5）：8-10.

2. 超常想象的再现

人们创造夸张修辞的心理视点是想象，人们理解夸张修辞格的心理基础也是想象。人们借助想象，既可以反映某些未曾经历过的事物形象，也可创造现实生活中不存在或尚未存在的事物形象①。

夸张以想象为心理基础，是通过想象，对现有的事物进行艺术的扩大和变形，从而描绘出客观世界中不曾存在也不可能存在的事物；是由于人们对客观世界认知关系的改变而产生的一种超常规的变异心理过程②。

正因为想象是夸张的心理视点，而在想象的王国里，时间会缩短或延伸，空间会压缩或放大，所以就有了不同类型的夸张③。

## 二、夸张的分类

大多数修辞学著作都认为，从内容上看，夸张可以分为扩大夸张、缩小夸张和超前夸张。

1. 扩大夸张

扩大夸张即是故意把事物往“大”“多”“高”“长”“快”“强”处说。如：

> 当我们回顾四年这一切，笑声和泪水不仅仅限于嘴和眼睛，甚至从肚脐眼里溢出。（敬超《毕业歌》）

“笑声和泪水”只能从嘴和眼睛里出来，不可能从肚脐里溢出来，但正是这从肚脐里溢出的“笑声和泪水”夸大了我们感情激动的程度，让人感动。

2. 缩小夸张

缩小夸张即是故意把事物往“小”“少”“矮”“短”“慢”“弱”处来说。如：

> 我以为你这样的男人心里都盛得下事，哼，没想到连根针都搁不下。（晓光《生之歌》）

针所占用的空间极其微小，“连根针都搁不下”更突显其空间的微小，是缩小夸张，表明“你这样的男人”心胸极其狭窄。

3. 超前夸张

超前夸张即是在先后出现的两个事物中，把后出现的事物说成先出现或同时出现，以加深人们的印象。如：

> 他酒没沾唇，心早就热了。（郑直《激战无名川》）

科学研究证明，人在喝酒后之所以会感到身上发热，是因为人在喝酒时，肝脏会对人体摄入的酒精进行代谢分解，这是一个释放大量热量的过程。而在例句当中，酒刚刚到唇边，还没下肚就心头发热，这是故意将后发生的情况提前，故是超前夸张。

---

① 张雅娟. 论夸张修辞格的心理学视点[J]. 孝感学院学报，2003（1）：32-35.
② 李英霞. 夸张的心理基础[J]. 修辞学习，1993（5）：15-17.
③ 张雅娟. 论夸张修辞格的心理学视点[J]. 孝感学院学报，2003（1）：32-35.

## 三、夸张的作用

夸张可以突出事物特征，深刻地揭示事物的本质，启发人们的联想，从而使读者获得深刻的印象，还可以鲜明地表现出作者对客观事物的感受和态度，引起人们的共鸣，以增加语言的生动性和感染力①。

# 第二节　夸张笑话

笑话凝结了人类的智慧，反射出人类对社会生活的深刻理解，调剂着人们单调而乏味的生活。笑话是我国文艺府库里的瑰宝，三言两语往往使读者笑得前仰后合，起到"振危释惫""颇益讽诫"（《文心雕龙·谐隐》）的作用②。笑话之所以能"欢声满座""揭瓦哄堂"，原因之一就是常采用夸张的表现手法。夸张笑话能辛辣讽刺某人或某事，能逗人开心，也能表达自嘲。

## 一、辛辣讽刺

夸张笑话可以用来表达辛辣的讽刺。如：

> 一人性极鄙吝，道遇溪水新涨，吝出渡钱，乃拼命涉水。至中流，水急冲倒，漂流半里许。其子在岸旁，觅舟救之。舟子索钱，一钱方往。子只出五分，断价良久不定。其父垂死之际，回头顾其子，大呼曰："我儿，我儿，五分便救，一钱莫救！"（《广笑府·一钱莫救》）

一般来讲，在生死攸关之时，救命要紧。可此人在生死攸关之时，犹抱住"五分"钱不放，可谓"爱财如命""爱钱甚过性命"！作者利用夸张表达了对"视钱若命"的悭吝之徒的辛辣讽刺③。

又如：

> 有一家宴请宾客，主人忽然闻到一股奇臭味，忙呼家童询问。家童附在主人耳边小声说："是我家娘子在那边脱鞋了。"主人低声沉吟道："即使是脱掉了鞋，也未必这么臭唉。"家童便又附在他耳边说："娘子两只脚全脱了。"(《笑林·臭脚娘子》)

脱鞋而致家里奇臭无比，这在现实生活中原本不可能的事情在笑话中却真实地发生了。这则笑话通过扩大夸张讽刺此娘子不讲究个人卫生，令人感到可怕而可怖。

再如：

> 一官府生辰，吏曹闻其属鼠，醵黄金铸一鼠为寿。官喜曰："汝知奶奶生辰亦在日下乎？奶奶是属牛的。"（《笑府》）

---

① 黄伯荣，廖序东. 现代汉语[M]. 北京：高等教育出版社，2017.

② 王杰文. 民间笑话三论[J]. 民族文学研究，2003（3）：20-26.

③ 陆震谷. 夸张辞格的审美情趣[J]. 当代修辞学，1987（2）：43-45.

属鼠就送金鼠，那么属牛便送金牛，这官员的推理让人感到不可思议，也让人感到可笑。正是这无限扩大的夸张笑话讽刺了旧时官员的无比贪婪。

## 二、逗人开心

夸张笑话的目的之一就是给人生活增添笑料，引他人开心。如：

每个人都有他办事的效率。四个乌龟在一起打扑克，突然发现啤酒喝光了。大家凑了一些钱，请最年轻的乌龟去买啤酒。两天过去了，他还没有回来。“他准是带着我们的钱逃走了。”一个乌龟说。“又说这种话，我干脆不去了！”年轻的乌龟在门外叫道。

最年轻乌龟走了两天还在门外，事实上绝不可能发生。该夸张笑话通过这最年轻乌龟到了极点的“慢”逗人开心，引人发笑。

又如：

一妇人极懒，日用饮食，皆丈夫操作，她只知衣来伸手、饭来张口而已。一日，夫将远行，五日方回。恐其懒作挨饿，乃烙一大饼，套在妇人项上，为五日之需，乃夫归，已饿死三日矣。夫大骇，进房一看，其妇只将项上饼面前近口之处吃了一块，余饼依然未动也。(《笑林广记》)

懒妇再懒，也不至于懒到身上有吃的东西还会饿死。该夸张笑话通过妇人的“懒”逗人一乐。

再如：

一个妇女去买羊肉，专拣肥的挑来挑去，但没有买，只沾了两手羊油。回到家里，她用水洗手，然后用这些水熬了一大锅汤，她得意地笑了：“没花钱便足够全家喝一顿的。”丈夫知道后，生起气说：“你为什么不洗在水缸里？可以喝好几顿！”正在夫妻争吵时，村长来了，问了原委之后说：“你们真糊涂，把汤倒在井里，不是够全村喝一顿了吗？”

用水洗掉“两手羊油”，然后用这些水熬了一大锅汤来供全家人喝，这已然是极大的夸张了。然而，此笑话却从沾满双手的羊油从“锅里”到“水缸”里再到“井里”步步升级，笑料就在这不断扩大的夸张中产生，让人在这不断的升级中感到好笑。

## 三、自　嘲

弗洛伊德曾指出，矛盾指向自己的幽默是一种成熟的幽默，让人们以一个局外人的身份审视自身的错误或者弱点，从而让人看到事情幽默、可笑的一面。如：

玛丽是一著名的女影星，年轻时她一直活跃在银幕上，晚年时日渐发胖，最后连去海上游泳也不好意思了。在一次记者招待会上，一名记者问道：“请问，你是不是因为自己太胖，怕丢丑才不去海滩上游泳的？”玛丽立刻回答：“我是因为自己胖才不去海滩，因为我怕我们的空军驾驶员在天上看到我，以为他们又发现了一个大岛。”

“人”与“大岛”在体积方面存在巨大的差别，无法相提并论。晚年的玛丽竟然胖成了一个大岛，事实上不可能，但人们能从玛丽扩大夸张中体会到玛丽的自嘲，体会到她的幽默。

## 第三节　夸张成语

成语在表达强烈的思想感情，突出事物的本质特征时，常常运用夸张对事物或现象作夸饰性的描述，如“人山人海”“恍如隔世”“一字千金”等。成语中的夸张主要有扩大夸张和缩小夸张两大类。

### 一、成语的扩大夸张

成语的扩大夸张，就是将客观事物在气势、数量、范围、感情、时间、程度、容貌等方面往“大”“快”“高”“重”“长”“强”“多”“深”等方面作夸饰性的描述，从而使人印象深刻。

1. 气势方面的扩大夸张

“排山倒海”中，“排山”“倒海”极言其力量之大，气势之强盛。“拔树撼山”中，则是以“拔树”“撼山”说明其力量之大，气势之强盛。“气凌霄汉”中，“霄汉”指云霄、天河，可见气势如虹，直冲天宇，气概豪壮。

2. 数量方面的扩大夸张

成语中，数量之夸张可以采用数字来表达。如“千疮百孔”中的“千”“百”是扩大夸张，极言数量之多，不可胜数。“万死不辞”中的“万”是扩大夸张，即使死一万次也不推辞，表示愿意拼死效劳。“九死不悔”中的“九”是扩大夸张，表示说纵然死很多回，也毫无后悔之心。该成语形容意志坚定，决不动摇退缩。

成语中，数量夸张也可以采用其他词语来表达。如“血流成河”是扩大夸张，极言流血之多，死伤之惨烈。“冠盖如云”，表示冠盖之多如云层一样遮天蔽日，极言官吏之多。“衣冠云集”中“云集”即如云集拢，表示达官显贵多。

3. 范围方面的扩大夸张

成语“包罗万象”中“万”是扩大夸张，极言内容之复杂，范围之广阔，无所不包，没有例外。“饿殍遍野”，“遍野”是扩大夸张，形容到处都是饿死的人。

4. 感情方面的扩大夸张

成语“椎心泣血”中“泣血”表示哭得眼中流血，是扩大夸张，形容非常悲痛。成语“摧心剖肝”中“摧心”是扩大夸张，“剖肝”也是扩大夸张，表示心肝断裂剖开。该成语形容悲伤至极，哀痛无比。

5. 时间方面的扩大夸张

“日月如梭”中“梭”是扩大夸张。该成语表示太阳、月亮像穿梭一样来去，无法把握。“光阴似箭”中的“箭”是扩大夸张，形容时光流逝似箭一样，表示时间消逝得迅速，无法把握。“一日三秋”中，“一日”之简短与“三秋”之漫长作比，表示思念心切，一天没见面，就像隔了“三年之久”一样。

6. 程度方面的扩大夸张

“挥汗如雨”，形容汗出得多，汗洒下来就像下雨一样，夸张性地表示天热出汗多。“虚怀若谷”表示胸怀像山谷一样深广，夸张性地表示十分谦虚。“血海深仇”中，“血海”是夸张，形容仇恨极大、极深，仇恨像海一样深。“涕泗滂沱”中，“滂沱”是夸张，表示流眼泪鼻涕像下大雨，形容哭得十分伤心。

7. 容貌方面的扩大夸张

“闭月羞花”中“闭月”“羞花”都是扩大夸张，形容女子容貌美丽。“百里挑一”中，“挑”的范围是“百”，“挑”的结果是“一”，两者相比较，比喻人才或美好事物十分难得。“沉鱼落雁”中“沉鱼”“落雁”是扩大夸张，衬托女子容貌美丽。“倾国倾城”中，“倾国”“倾城”均系扩大夸张，形容妇女容貌极美。“国色天香”中，“国色”“天香”均是扩大夸张，形容女子极美。

8. 防御方面的扩大夸张

“铜墙铁壁”中，“铜墙”指墙像铜一样坚固，“铁壁”指壁像铁一样坚硬，“铜墙”“铁壁”夸张性地说明了该防御十分坚固，不可摧毁。

9. 价值方面的扩大夸张

“寸土尺金”是用“寸土”和“尺金”价值相差甚远做对比，土地收益极高，极其贵重。“腰缠万贯”中，“万贯”是扩大夸张，形容钱财极多。“堆金积玉”中，“堆金”“积玉”表示金玉多得可以堆积起来，夸张性地显示财富极多，十分有钱。

## 二、成语的缩小夸张

成语的缩小夸张就是将客观事物往“小”“慢”“矮”“轻”“短”“弱”“低”“少”“浅”等方面作夸饰性的描述。

1. 程度方面的缩小夸张

“毫末之利”表示极其细微的利益，是缩小夸张，形容利益非常小。“吹灰之力”，是缩小夸张，表示力量极其微小。“举手之劳”，是缩小夸张，表示做某件事情轻而易举，毫不费力。“富贵浮云”，是缩小夸张，表示把金钱、地位看得很轻。

2. 数量方面的缩小夸张

数量方面的缩小夸张常常用数量词来表达，这时候的数词常常是“一”。如“一鳞半爪”“一星半点”“一丝一毫”“一言半语”“一毛不拔”“一针一线”等，它们均表示数量极其少。“一毛不拔”是说连一根汗毛都不肯拔出，夸张性地表示此人极其吝啬。“一介不取”是缩小夸张，表示一根小草都不拿，形容十分廉洁。

3. 时间方面的缩小夸张

“一朝一夕”是缩小夸张，表示一个早晨或一个晚上，形容很短的时间。“一时半刻”是缩小夸张，表示极短的时间。“弹指之间”是缩小夸张，表示时间极其短暂。

4. 距离方面的缩小夸张

“立足之地”是缩小夸张，表示无处容身。“盈尺之地” 是缩小夸张，表示地方非常狭小。“立锥之地”是缩小夸张，表示极小的一块地方。“寸土尺地”是缩小夸张，表示极小的一块地盘。

5. 价值方面的缩小夸张

“身无寸缕”是缩小夸张，指身上没有一寸线，表示极其穷困。“一钱不名”是缩小夸张，指身无分文，表示特别贫穷。“贫无立锥”是缩小夸张，表示穷得连插下锥子那样小的地方都没有，形容极其贫穷。“一文不值”是缩小夸张，说明一点价值都没有，表示毫无价值。“一厘一毫”是缩小夸张，表示极小或很少。

## 第四节　夸张对联

对联中的夸张可以分为扩大夸张和缩小夸张两大类。

### 一、扩大夸张

扩大夸张是对事物的形象、性质、特征、程度等往“大”“快”“多”“高”里进行夸饰性扩大。

1. 往大里的扩大夸张

一粒米中藏世界，半边锅里煮乾坤。（峨眉山山顶宝殿灶房联）

大世界竟然可以藏身于一粒米之中，浩瀚的乾坤竟然可以置身于半边锅中，这是对“米粒”“锅”之大进行了无限制的夸张。

又如：

苏轼题的门联：门大要容千骑入，堂深不觉百男欢。

上联对“门”进行了扩大性的夸张，表示门要大，即使千骑骑入，也要容得下；下联对“堂深”进行了扩大性的夸张，表示堂屋要深长，即使百余男子在里面狂欢也不觉得拥挤。苏轼表示，做人当如此，要有恢宏的气度[①]。

2. 往快里的扩大夸张

声驱千骑急，气卷万山来。（钱塘江观潮亭联）

该对联夸张性地表明了钱塘江潮来时的无限汹涌与壮观。“千骑急”形容的是钱塘江潮来时的声音之大，如千军万马赶来，声势宏大；“万山来”是扩大性夸张，表示钱塘江

① 朱英贵. 对联中的夸张与反语[J]. 晚霞，2019（3）：50-51.

潮来时的气势之壮观，如万山崩裂[1]。

3. 往多里的扩大夸张

泪添九曲黄河溢，恨压三峰华岳低。(《西厢记》中的对联)

眼泪再怎么淌，也不可能使黄河水溢；一个人的恨再怎么多，也绝无可能使华岳低下头；但正是这扩大夸张显示眼泪之多、怨恨之深。该对联表明莺莺在泣别张生时那种发自心底的离愁别恨，真切又感人。

4. 往高里的扩大夸张

高阁通天红日近，一川如画晚晴初。(汉阳晴川阁联)

阁楼再高，也不会接近太阳。此联夸大性地展示了汉阳晴川阁楼的高大、雄伟。

## 二、缩小夸张

缩小夸张是对事物的数量、距离、空间、形象、性质、特征、程度等往“小”“慢”“少”“低”等方面无限地缩小，以表达人们的情感态度。

1. 数量方面的缩小夸张

送秦一椎，辞汉万钟。(于右任为汉朝张良所题的对联)

张良痛恨秦始皇的暴政，当秦始皇的车队过其境时，他以大椎掷秦始皇车队；当他为汉朝的建立立下了汗马功劳时，却辞却了万户侯，归隐山林。“一椎”夸张性地表示他恨不得一椎灭了秦始皇，“万钟”夸张性表示财富之多。该对联夸张性地表示出张良淡泊名利的人生态度[2]。

2. 距离方面的缩小夸张

顷刻间演出千秋事业，咫尺地囊来万里河山。(戏台联)

该对联是缩小夸张，把整个戏台空间浓缩为咫尺之地，但却能把万里河山的美景表达出来；把千秋万代的事情浓缩为顷刻之间，但却能把千秋万代的事业展露无遗。

3. 空间方面的缩小夸张

神龙万变海天小，猛虎一声山月高。

该对联通过“海”“天”的缩小，夸张性地展示了神龙的气势与声威。

# 第五节　夸张广告语

在广告语中恰当地使用夸张，可以使广告语熠熠生辉。夸张是广告艺术性的生动体现，有助于提高广告语的说服力[3]。在广告语中，夸张可以分为扩大夸张、缩小夸张和超

① 朱英贵. 对联中的夸张与反语[J]. 晚霞，2019(3)：50-51.

② 朱英贵. 对联中的夸张与反语[J]. 晚霞，2019(3)：50-51.

③ 赵云鹤. 试论广告语中的夸张与幽默[J]. 新闻传播，2005(11)：98-99.

前夸张。

## 一、扩大夸张

广告语中的扩大夸张，就是刻意将商品的数量、距离、性状与速度等进行扩大描写，从而突出商品的性能与质量等，故而获得消费者的喜爱。

1. 数量方面的扩大夸张

① 一夫当关，万夫莫开。（某防盗锁广告语）

② 一个世纪的新娘都爱戴它。（某戒指广告语）

③ 哪怕你稀释一千倍，它依然有着纯正的奶香。（国外某炼乳广告语）

例①中，“万夫”是夸张，显示出如果用了此锁就会万无一失，抓住消费者需要防盗锁安全的心理，让消费者信赖此商品。例②中，“一个世纪”是夸张，指的是时间跨度长，十分悠久。该广告语表明，该戒指的受欢迎程度经久不衰，在群众中有着良好的口碑。例③中，“一千倍”是夸张，扩大稀释的程度。该广告语表明该炼乳质量的可靠。

2. 距离方面的扩大夸张

距离扩大夸张的语言形式十分丰富。距离上的扩大夸张广告语中，可以使用表示范围极其广阔的“地球”类词语。如：

① 北极绒保暖内衣，地球人都知道。（北极绒保暖内衣广告语）

② 如果您到唐城美食街转一圈，您可以吃遍半个地球。（西安唐城美食街广告语）

例①中，“地球人”是距离上的扩大夸张，说明北极绒保暖内衣的影响力巨大，给消费者以强烈的信心。例②中，“美食城”的饮食与“半个地球”的饮食相比，相差悬殊；“您可以吃遍半个地球”是扩大夸张，表明美食街食品丰富多样。

距离上的扩大夸张广告语中，可以使用范围极其广阔的“天下”类词语。如：

③ 一匙洗净天下污。（某洗衣粉广告语）

④ 春都进万家，宾朋满天下。（春都火腿肠广告语）

例③中，“天下”是扩大夸张，表示该洗衣粉良好的洁净效果。例④中，“天下”是扩大夸张，表示春都火腿肠好吃，故而朋友遍天下。

距离上的扩大夸张中，可以使用“十”“百”“千”等数词。如：

⑤ 隔壁千家醉，开坛十里香。（口子酒广告语）

该广告语中，前一个分句极言酒味之浓，能使千家醉；后一个分句极言酒气之醇，能远播十里。总之，该广告语表示这种白酒质量上乘，有着挡不住的吸引力。

距离上的扩大夸张广告语中，可以使用“一切”等词语。如：

⑥ 除了人以外，我们出租一切。（某出租公司广告语）

⑦ 除了钞票，我们承印一切。（法国某印制公司广告语）

这两则广告语是扩大夸张，以提醒人们他们的业务范围十分广泛，无所不包。

3. 性状方面的扩大夸张

广告语通过对商品性质、状态的特别渲染，使商品的某种性质、状态达到不可能达到的程度。如：

① 此锁这般坚固，俺老孙也难对付。（鱼牌挂锁广告语）

② 天下第一厚皮。（鹤鸣鞋广告语）

③ 诱外星人飞来。（马丁尼酒广告语）

④ 给你送去另一个太阳。（某取暖器公司广告语）

在例①中，孙悟空是万人崇拜的齐天大圣美猴王，手中的金箍棒更是横扫一切妖魔鬼怪的神器，可谓是无所不能、无所不晓。既然连孙悟空也承认无法打开，由此可见该挂锁质量之上乘。在例②中，这则广告道出了该鞋皮厚的特点。在例③中，该广告语夸张性地显示这酒的香醇。在例④中，该广告语夸张性地表现了该取暖器的卓越性能。

4. 速度方面的扩大夸张

广告语通过速度方面的渲染，以表现商品的效果或事物的后果。

① 一枕便能入睡。（某枕头广告语）

② 眼睛一眨，冰块已经制成。（某制冰机广告语）

③ 天堂不远，超速就到。（交通安全广告语）

④ 汽车开得快，阎王最喜爱。（交通安全广告语）

例①中，夸张性地显示出该枕头效果好。例②中，夸张性地显示出该制冰机制冰速度之快。例③④中，夸张性地显示超速可能会导致交通事故，给人们的生命带来巨大的危害。

## 二、缩小夸张

广告语中的缩小夸张，就是刻意将商品的数量、速度、范畴等方面进行缩小描写，进而突出商品的优越性能，让消费者动心。

1. 数量方面的缩小夸张

在广告语中，缩小夸张可以是数量方面的。如：

① 滴滴香浓，意犹未尽。（麦斯威尔咖啡广告语）

② 你可能不相信，三个轮子的轿车也能跑。（法国某轿车广告语）

例①中，广告语夸张性地显示出每一滴咖啡的香与浓，令人喝了还想喝。例②中，尽管少了一个轮子，但仍然能安全行驶，夸张性地说明该轿车的平稳和安全性能好。

2. 程度方面的缩小夸张

在广告语中，缩小夸张可以是程度方面的。如：

① 它灵敏得可以感受到一片羽毛的触碰。（某触摸式电器开关广告语）

② 你会把最后一点面包屑也放进嘴里的。（某面包广告语）

例①中，广告语是对触摸式电器开关的优越性能进行夸张描写。例②中，广告语夸张性地描写此面包非常好吃。

3. 范围方面的缩小夸张

在广告语中，缩小夸张可以表示范围方面的。如：

① 非洲到南极一步之遥。(格力空调广告语)

② 有人群的地方，必有矛牌剪刀。(矛牌剪刀广告语)

例①中，非洲和南极相距千万里，但是广告语却说它们仅仅是“一步之遥”，这是空间距离的缩小夸张，这夸张将格力空调制冷效果的迅速表现得淋漓尽致。例②中，整句是夸张，突显出矛牌剪刀消费群体的广泛。

4. 动作方面的缩小夸张

缩小夸张可以表示动作方面的。如：

① 我家的小猫也学会了做鱼。(菲利浦小家电广告语)

② 它唯一的缺点是每小时跑 110 公里时，你仍能听得见后座上丈母娘唠叨的每一个字眼。(某汽车广告语)

例①中，广告语夸张性地显示出该小家电简便、容易操作的特点，连家中的宠物小猫都能学会。例②中，“听得见后座上丈母娘唠叨的每一个字眼”夸张性地显示出该汽车噪声小的特点。

### 三、超前夸张

超前夸张，就是不管时间的先后，把后来发生的事情提前。如：

① 今年二十，明年十八。(白丽香皂广告语)

② 酒未沾唇人自醉。(湄窖酒广告语)

例①中，广告语迎合了人们想年轻、漂亮的心理，把该香皂的好处描绘得神奇无比[①]。例②中，广告语夸张性地表现了湄窖酒的无比香醇。

综上可知，在广告语中运用夸张，可以使广告语出新、出奇、生趣，让人在惊叹中感受夸张带来的无穷魅力。

## 第六节　夸张诗歌

夸张是诗歌语言中较普遍的辞格，是诗歌语言重要的表达手段。在诗歌中，夸张能引起人们丰富的想象，并且让人产生强烈的共鸣，让人们通过想象去体验诗歌中夸张所产生的壮美，增强诗歌的表达效果与艺术魅力。

### 一、写景状物

在诗句中，采用夸张，可以将自然山水描写得出神入化，使诗歌语言超凡脱俗。如：

日照香炉生紫烟，遥看瀑布挂前川。飞流直下三千尺，疑是银河落九天。(李白《望庐山瀑布》)

---

① 张勇军. 广告的夸张与夸大[J]. 修辞学习，1997(2)：38-39.

“飞流直下三千尺，疑是银河落九天”是夸张，“三千尺”夸张性地表明了山之高峻陡峭，也表现了瀑布的壮观；“落九天”夸张性地表明水之高空直落、势不可挡的气势①。

又如：

蜀道之难，难于上青天！蚕丛及鱼凫，开国何茫然。尔来四万八千岁，不与秦塞通人烟。（李白《蜀道难》）

“蜀道之难，难于上青天”夸张性地写出了蜀道极其闭塞、艰险、难以逾越的特点，同时也向我们展现出蜀道的峥嵘、突兀、崎岖等奇丽惊险和不可凌越的磅礴气势。

又如：

红军不怕远征难，万水千山只等闲。五岭逶迤腾细浪，乌蒙磅礴走泥丸。金沙水拍云崖暖，大渡桥横铁索寒。更喜岷山千里雪，三军过后尽开颜。（毛泽东《七律·长征》）

“五岭逶迤腾细浪，乌蒙磅礴走泥丸”是缩小夸张，连绵起伏的雄伟南岭在毛泽东眼中却是翻腾的细小波浪，磅礴高大的乌蒙山在毛泽东眼中却是渺小的泥丸，这夸张突出了红军战士克服困难，不畏艰难险阻的豪迈情怀，表现出他们的革命乐观主义精神②。

## 二、抒发情感

在诗歌中，人们故意言过其实，即通过夸张来抒发自己的主观情感，让读者与作者共欢喜、同忧愁，从而产生思想上的共鸣。

### 1. 抒发孤独之感

在诗歌中，夸张性语句可以彰显自己内心深处的孤独。如：

千山鸟飞绝，万径人踪灭。孤舟蓑笠翁，独钓寒江雪。（柳宗元《江雪》）

“千山鸟飞绝，万径人踪灭”这两句极度夸张的写景句，淋漓尽致地表现了诗人身处荒凉之地时内心的孤独。

### 2. 抒发忧愁之感

在诗歌中，夸张性语句可以抒发自己内心深处的忧愁与郁闷。如：

白发三千丈，缘愁似个长。不知明镜里，何处得秋霜？（李白《秋浦歌》）

因为忧愁而生白发，这是人所皆知的道理。但是，一个人的头发无论怎样生长，都不可能到三千丈，故“白发三千丈”是扩大夸张。这三千丈的白发，那该有多么深重的愁思！千钧重量落在“愁”字上，“三千丈”渲染了忧愁的深长与深重。

又如：

春花秋月何时了，往事知多少。小楼昨夜又东风，故国不堪回首月明中。雕栏玉砌应犹在，只是朱颜改。问君能有几多愁？恰似一江春水向东流。（李煜《虞美人》）

南唐后主李煜由皇帝沦为阶下囚，自然的永恒和人事的沧桑，让作者内心充满无限

---

① 黄晓林，张惠．李白诗歌语言艺术的夸张特色[J]．绵阳师范学院学报，2010(3)：9-11.

② 张超．夸张辞格的认知阐释[J]．贵州教育学院学报，2009（8）：63-66.

的悲愁悔恨。该词中的“一江春水向东流”是夸张，显示出愁思之汪洋恣肆、倾泻奔放，又如一江春水之不舍昼夜，长流不断，无穷无尽。“一江春水向东流”夸张地写尽了南唐后主李煜寄人篱下的悲怨与惆怅，夸张性地写尽了南唐后主李煜沦为阶下囚后的满腔愁苦①。

3. 抒发喜悦之感

在诗歌中，夸张性语句可以用来抒发对人生的喜悦。如：

剑外忽传收蓟北，初闻涕泪满衣裳。却看妻子愁何在，漫卷诗书喜欲狂。白日放歌须纵酒，青春作伴好还乡。即从巴峡穿巫峡，便下襄阳向洛阳。（杜甫《闻官军收河南河北》）

“却看妻子愁何在，漫卷诗书喜欲狂”是夸张，这两句诗通过“喜”字，体现了诗人欣喜若狂、赶着回乡的急切心情，写出了作者在饱经战乱痛苦之后，听闻祖国山河收复后的兴奋之情②。

## 三、抒发对人生之感慨

在诗歌中，夸张性语句能表达诗人的人生感慨。如：

君不见黄河之水天上来，奔流到海不复回。君不见高堂明镜悲白发，朝如青丝暮成雪。（李白《将进酒》）

“君不见高堂明镜悲白发，朝如青丝暮成雪”是扩大夸张，早上还是像青丝一样的乌发，到了晚上却是白发如雪了。作者用此夸张句强调人生短暂，感叹时间流逝的不可逆转。

## 四、表达自己的人生抱负

在诗歌中，夸张性语句能表现诗人的人生抱负。如：

大鹏一日同风起，扶摇直上九万里。假令风歇时下来，犹能簸却沧溟水。世人见我恒殊调，闻余大言皆冷笑。宣父犹能畏后生，丈夫未可轻年少。（李白《上李邕》）

“大鹏一日同风起，扶摇直上九万里”是扩大夸张，诗人李白用这能飞上“九万里”高空的大鹏来表明自己高远的志向与远大的政治抱负。

### 思考与练习

一、请指出下列诗句中的夸张是扩大夸张还是缩小夸张，并说明其表达效果。

1. 岱宗夫如何？齐鲁青未了。造化钟神秀，阴阳割昏晓。荡胸生曾云，决眦入归鸟。会当凌绝顶，一览众山小。

2. 读书破万卷，下笔如有神。

---

① 陆震谷. 夸张辞格的审美情趣[J]. 当代修辞学，1987（2）：43-45.

② 张超. 夸张辞格的认知阐释[J]. 贵州教育学院学报，2009（8）：63-66.

3. 一片花飞减却春，风飘万点正愁人。

4. 一夫怒临关，百万未可傍。

5. 精微穿溟涬，飞动摧霹雳。

6. 霜皮溜雨四十围，黛色参天二千尺。

7. 万里赴戎机，关山度若飞。

8. 白发三千丈，缘愁似个长。

9. 瑶台雪花数千点，片片吹落春风香。

10. 桃花潭水深千尺，不及汪伦送我情。

**二、下列诗句中哪些运用了夸张的修辞手法，它有着何种表达效果？**

1. 谁道此水广，狭如一匹练。

2. 三杯吐然诺，五岳倒为轻。

3. 乾坤万里眼，时序百年心。

4. 忽闻水上琵琶声，主人忘归客不发。

5. 烟笼寒水月笼沙，夜泊秦淮近酒家。

6. 把吴钩看了，栏杆拍遍。

7. 可惜流年，忧愁风雨，树犹如此。

8. 倩何人唤取，红巾翠袖。

9. 春来堂里琴书润，花满阶前几席香。

10. 日暮北风吹雨去，数峰清瘦出云来。

**三、请分析下列笑话的中修辞手段，并说明其表达效果。**

1. 一人易怒，偶见六月戴毡帽者，恶其不时，便欲殴之。众劝归，因发病，久之始愈。值腊月迎春，其弟偕往观，冀为纾闷；遥见一戴鬃帽者，急趋谓之曰："家兄病初好，乞足下少避？"（冯梦龙《广笑府》）

2. 性急人过面店即乱嚷曰："为何不拿面来？"店主持面至，倾之桌上曰："你快吃，我要净碗。"其人怒甚，归谓妻曰："我气死了。"妻忙打包袱曰："你死，我去嫁人。"及嫁过一宿，后夫欲出之归，问故，曰："怪我不养儿子。"（醉月子《精选雅笑》）

3.两个星期的假期过后，一位男子回到办公室。他的一位同事问他，假期过得怎么样。"整整两个星期我都在帮助妻子粉刷家里的房间。"他痛苦地说。"她常常粉刷房间吗？"那位男士说："几年前，我们搬进去的时候，客厅是九米宽、十二米长，现在的客厅宽八米、长十一米。"

4. 有两个人在屋里下象棋，双方棋艺都不甚高明，而两人又偏好悔棋，往往争得面红耳赤，连周围的旁观者也禁不住替他们害臊。旁观者出去小便，回来后再也不见了这两个下棋者，遍寻各处，才在厨房门角落里找到他俩，原来他二人正为争夺一车而在那儿厮打呢！

5. 有个斯文先生，性格非常宽缓，言行从不急躁。有一年严冬季节，他和一位友人围着炉子烤火，忽然看见友人的衣角正被火燃着，便慢条斯理地对友人说："有一件事，我看到好长时间了，本想告诉您，但又怕您性子太急；如果不告诉您呢，又恐您受伤太重。既然如此，那么究竟告诉您对呢？还是不告诉您对呢？"友人忙问是什么事情，他不急不躁地答道："炉火燃烧了您的衣角。"友人慌忙脱衣灭火，怒斥他道："你既然发现这么长时间了，为何不及早告诉我？”他笑了笑，摇头晃脑地反驳道：“我说您性子太急躁吧，怎么样？果如我言。”

6. 有个乡下人，极吝啬，但却靠吝啬富了起来。后来他得病将死，快咽气的时候苦苦哀求妻子道：“我一生苦心贪吝，断绝六亲，今得富足，死后可剥皮卖给皮匠，割肉卖给屠户，刮骨卖给漆店。”在得到妻子的应诺后，他才断气。可是死了半天又活过来，再嘱咐妻子道：“当今世情浅薄，切不可赊给他们。”（冯梦龙《广笑府》）

7. 有一个好忘事的农夫。有一天他带着斧子到田里去砍柴，他的妻子也随他一块去了。到了田里，农夫不觉便意频频，便急转身到旁边大便，于是把斧子放在地上。大便毕，农夫返到田里，忽然看见地上的斧子，欣喜若狂地对妻子说：“我捡了一把斧子。”边说边手舞足蹈起来，结果踏踩着他刚才的粪便，大喊道：“这把斧头原来是有人在此大便才遗忘在这里的。”他的妻子见他这样昏聩健忘，便郑重其事地提醒他：“刚才你带着斧子来砍柴，因为到旁边去大便，才把它放在地上的，你怎么忘得这么快？”农夫听了，愈加疑惑不解，便仔细地端详着妻子的面孔，惊问道：“这位娘子贵姓？我过去好像在什么地方见过你，现在怎么想不起来了。”

**四、下列笑话中运用了扩大夸张还是缩小夸张，为什么？**

1. 牙医（在检查病人的口腔）：“你的牙上有个大洞！有个大洞。”

病人（不高兴地）：“是有个洞，可是你也不用说两遍呀。”

牙医：“我只说了一遍，那是回音，是回音。”

2. 一个农夫的女儿长得实在是太丑了，嫁不出去。农夫只好让她去玉米地当稻草人吓唬乌鸦。结果到那儿后，她不仅吓走了乌鸦，甚至还吓得三只乌鸦把以前偷的玉米送了回来。

3. 传说有一贫穷人家，一日忽然来了客人。丈夫连连唤妻子泡茶，妻子在一旁没有好气地反问道：“你一年到头从不买茶叶，拿什么泡茶？”丈夫不耐烦地说：“没茶叶，喝点白开水也行呀。”没料到妻子的嗓门反而更大了：“家里柴禾没一根，冷水用什么来烧开？”丈夫气得破口大骂：“你这个浪婆娘，怎么心眼儿这么死，难道咱枕头里就没有几根稻草吗？”妻子不听则已，听了火冒三丈，指着丈夫的鼻子臭骂道：“你这个人真是站着说话不腰痛，枕头里那些砖头石块，难道是烧得着的？”

4. 把弟兄均爱吹牛。把兄谓把弟曰：“我昨日吃极大的煮饽饽，再没有比它大的。一百斤面，八十斤肉，二十斤菜，包了一个，煮好了，用八张方桌才放得下。二十几个人，四面转着吃，吃了一天一夜，没吃到一半。正吃得高兴，不见了两个人，遍寻无踪，忽然煮饽饽肚内有人说话，揭开一看，那两人钻在里头掏馅儿吃呢。你说大不大。”把弟说：“我昨日吃顶大的肉包子，那才算得大呢。几十人吃了三天三夜，没见着馅儿，望里紧吃，吃出一块石碑来，上写‘离馅儿还有三十里’。你看大不大？”把兄说：“你这大包子用什么锅蒸的？”把弟说：“用的是你下煮饽饽那个锅。”

5. 两人好为大言，一人说：“敝乡有一大人，头顶天，脚踏地。”一人曰：“敝乡有一人更大，上嘴唇触天，下嘴唇着地。”其人问曰：“他身子在哪里？”答曰：“我只见他一张大口。”

6. 一杭人有三婿，第三者甚呆。一日，丈人新买一马，命三婿题赞，要形容马之快疾，出口成文，不拘雅俗。长婿曰：“水面搁金针，丈人骑马到山阴。骑去又骑来，金针还未沉。”岳丈赞好。次及二婿曰：“火上放鹅毛，丈人骑马到余姚。骑去又骑来，鹅毛尚未焦。”岳丈再次称好。轮到三婿，呆子沉吟半晌，苦无搜索。忽丈母放一响屁，呆子曰：“有了。丈母放个屁，丈人骑马到诸稽。骑去又骑来，孔门犹未闭。”

7. 一人奔走仓皇，友问：“何故而急骤若此？”答曰：“我十八年前干差了一事，今日发觉。”问：“毕竟何事？”乃曰：“小女出嫁。”

8. 一医看病，许以无事。病家费去多金，竟不起，因恨甚，遣仆往骂。少顷归，问：“曾骂否？”曰：“不曾。”问：“何以不骂？”仆答曰：“要骂要打的人，多得紧在那里，叫我如何挨挤得上？”

**五、请指出下列成语是扩大夸张还是缩小夸张，并指出其表达效果。**

粒米束薪　只言片语　一针一线　杯水车薪　举手之劳

尺寸之功　一手一足　一成一旅　咫尺天涯

**六、下列对联运用了何种辞格，又有着何种表达效果呢？**

1. 三万卷书轴无存，入室追思名宰相；九千丈云山不改，凭栏细认古烟霞。

2. 门可通天，仰视碧落星辰近；路承绝顶，俯看翠微峦屿低。

3. 酒味冲天，飞鸟闻香化凤；糟粕落地，游鱼得味成龙。

4. 海到天边天作岸，山登绝顶我为峰。

5. 一支笔挺起江汉间，到最上层，放开肚皮，直吞将八百里洞庭，九百里云梦；千年事幻在沧桑里，是真才人，自有眼界，哪管他去早了黄鹤，来迟了青莲。

6. 雷为战鼓电为旗，风云际会；天作棋盘星作子，日月争光。

7. 榨响如雷，惊动满天星斗；油光似月，照亮万里乾坤。

8. 洗砚鱼吞墨，烹茶鹤避烟。

9. 上联：惊天动地事业。下联：数一数二人家。横批：先斩后奏。

10. 沽酒客来风亦醉，卖花人去路也香。

**七、下列广告语是扩大夸张吗？如果是，请指出其表达效果。**

1. 一滴，就让你的肌肤晶莹剔透。

2. 体验零毛孔的吸引力。

3. 追求肌肤零污垢，每天清洁如初。

4. 心有多大，舞台就有多大。

5. 有黑松有快乐，有快乐就有黑松。

6. 车到山前必有路，有路必有丰田车。

**八、下列广告语是缩小夸张吗？如果是，请指出其表达效果。**

1. 哪里不会点哪里！妈妈再也不用担心我的学习，so easy！步步高点读机。（步步高点读机广告语）

2. 如果说姑娘的脸就像一张天然画布，那么抹上一点美加净爱萝利，呀！就会诞生一幅世界名画。（爱萝利化妆品广告语）

3. 寿星喝了矿泉水，扔了拐杖比健美。（某矿泉水广告语）

4. 汾酒必喝，喝酒必汾。（汾酒广告语）

5. 不喝董酒不懂酒，喝了董酒回味久。（董酒广告语）

6. 东西南北中，好酒在张弓。（张弓酒广告语）

7. 东奔西走，要喝宋河好酒。（宋河粮液广告语）

8. 银幕上的一颗重磅催泪弹。（影片《妈妈再爱我一次》广告语）

**九、根据下列不同夸张广告语，说明其表达效果。**

1. 不要对刚刚从我们这里出来的姑娘使眼色，她很可能是您的奶奶！（某美容院广告语）

2. 难言之隐，一洗了之。（洁尔阴广告语）

3. 服月月舒，月月舒服。（月月舒广告语）

4. 我们像双手捧一个鸡蛋那样，爱护您的货物。（某运输公司广告语）

5. 一拍即合，生死不离。（某黏合剂广告语）

6. 它能将整个世界粘在一起。（某黏合剂广告语）

7. 在劳斯莱斯轿车以每小时60英里的速度行驶时，车里最大的声音不过来自里面的电子钟。（劳斯莱斯轿车广告语）

十、下列广告语是夸张修辞吗？为什么？

1. 走遍世界，我只看中阿迪达斯。（阿迪达斯广告语）

2. 海里游的，这里都有。（某海鲜餐馆广告语）

3. 到处逢人说汉斯。（汉斯啤酒广告语）

4. 剪裁春夏秋冬，风行东西南北。（某服装公司广告语）

5. 天上玉液琼浆，人间陕西杜康。（杜康酒广告语）

6. 年年如青春少女。（牡丹灵芝膏广告语）

7. 女性魅力，尽在霞飞。（霞飞化妆品广告语）

8. 送你一万个细腻温柔的感觉。（某洗面巾广告语）

9. 谁能使青春永驻？谁能使衰老延缓？（霞飞化妆品广告语）

十一、下列广告语运用了何种修辞手法，请说明它的表达效果。

1. 客上天然居，居然天上客。（天然居酒楼广告语）

2. 一杯饮进全身爽，一滴点唇口中香。（某葡萄酒广告语）

3. 洁净世界，举手之劳。（某洗衣粉广告语）

4. 无论谁、无论从任何角度考虑，春兰空调都是您最好的选择。（春兰空调广告语）

5. 我们的渔具连鱼儿见了都喜欢。（某渔具广告语）

6. 一旦拥有，别无选择。（飞亚达手表广告语）

十二、下列材料分别是丽江古城、云南石林的简介，请据此分别创作数则夸张辞格广告语，以吸引游客来旅游，并说明创作理据。

1.丽江古城位于云南省丽江市古城区，是世界文化遗产。丽江古城始建于宋末元初，古城内的街道依山傍水修建，为第二批被批准的中国历史文化名城之一，是中国以整座古城申报世界文化遗产获得成功的两座古城之一。丽江古城有着多彩的地方民族习俗和娱乐活动，纳西古乐、东巴仪式、占卜文化、古镇酒吧以及纳西族火把节等，别具一格。丽江古城体现了中国古代城市建设的成就，是中国民居中具有鲜明特色和风格的类型之一。

2. 云南石林是大自然恩赐于人类的超然艺术杰作，以其雄、奇、险、幽的地貌风光独树一帜。在世界溶岩地貌风光中，中国云南石林又以其面积广，岩柱高，小尺度造型见长，一定范围内景点集中而独占鳌头。科学家认为，两三亿年前这里是一片大海，经过漫长的地质运动和物质进化，才使昔日的茫茫沧海变成了今日的莽莽石林。当地的老百姓说，石林是一位大力神用神鞭像赶着羊群一样从遥远的地方赶来的，本来要赶它们去阻挡肆虐的洪水，不知是神鞭失灵，还是这群有灵性的石头恋上了这方水土、这方人，行色匆匆的石群，戛然止步，无悔无怨地在这里安了“家”。

# 第四章 双 关

## 第一节 双关概述

双关辞格极有魅力，它在人们的生活中使用频率极高，被人们誉为“语言的精灵”，是盛开的一朵语言奇葩。本节主要叙述双关的定义、分类与作用。

### 一、双关的定义

双关的定义众多。我们主要引述两种著名的观点。

1932 年，我国著名语言学家陈望道先生在他的《修辞学发凡》中正式将这一修辞格命名为“双关”，并定义为：“双关是用了一个语词同时关顾着两种不同事物的修辞方式。”①

黄伯荣、廖序东认为，双关是在一定的语言环境中，利用语音或语义的条件，有意使某些语句具有明暗双重意义，言在此而意在彼的修辞方法②。

### 二、双关的分类

几乎所有的现代汉语教材都把双关分为谐音双关和语义双关两大类。

1. 谐音双关

谐音双关，即在语言表达中，利用音同或音近的条件构成的双关。如：

> 我失骄杨君失柳，杨柳轻飏直上重霄九。（毛泽东《蝶恋花·答李淑一》）

“杨柳”表面上是指自然界的杨花、柳絮，但在毛泽东这首诗歌中却是指革命烈士杨开慧、柳直荀。

2. 语义双关

语义双关，即在语言表达中，利用词语的多义性构成的双关。如：

> 通曰：“相君之面，不过封侯，又危不安；相君之背，贵乃不可言。”（司马迁《史记·淮阴侯列传》）

“背”常常用来指物体的后面或反面，也有“违反”的含义。该例中的“相君之背，贵乃不可言”，表面上说的是看你的背相，却尊贵无比，实际上说的是你如果“背叛”刘邦，则可能会“贵不可言”，将会与刘邦、项羽三分天下。

---

① 陈望道. 修辞学发凡[M]. 上海：上海教育出版社，2001.

② 黄伯荣，廖序东. 现代汉语[M]. 北京：高等教育出版社，2017.

## 三、双关的作用

双关语含蓄而又曲折，言在此而意在彼。人们常常用双关语来表达弦外之音、言外之意，或者借题发挥，即物抒怀，把内容表达得更加委婉，意境更加深远。另外，人们运用双关语，亦能造成幽默风趣的效果，使话语生动活泼，妙趣横生①。

# 第二节　双关对联

双关对联即指在对联中人们利用语音和语义的条件，故意使语句具有双重意义，言在此而意在彼②。本节主要探讨双关对联的类型与作用等。

## 一、双关对联的类型

1. 语义双关对联

虽然毫末技艺，却是顶上功夫。（某理发店对联）

“毫末”有两种不同的理解，一是指“头上的毛发”，一是指“细微”；与之相对的“顶上”也有两种不同的理解，一是指“头顶之上”，一是指“最好”。该对联一方面可以理解成为“理发只是头发上的技艺，是在头顶上面使功夫”，另一方面也可以理解成为“理发虽然是细微技艺，但却是最好的功夫”。该双关对联盛赞理发师理发的技艺细致入微，手艺世上绝佳③。

又如：

相逢尽是弹冠客，此去应无搔首人。（清人董邦达为一理发店题的对联）

该对联十分之妙，妙在既隐喻理发，又隐喻当官。“弹冠”一方面指“弹弹帽子”，另一方面是指“当官者”。“搔首”可以理解成“搔搔头部”，也可以理解为“无可奈何的样子”。理了发，当官有望，万事如意，弹冠相庆。该对联巧用双关，吉祥又欢庆④。

2. 谐音双关对联

宋朝吕蒙正少时家境贫寒，生活窘迫。有一年春节，家中缺衣少食，过得冷冷清清，吕蒙正于是写下此联。

上联：二三四五。下联：六七八九。横批：南北。

这副对联巧用谐音双关修辞，上联缺少“一”（“一”与“衣”相谐音），下联缺少“十”（“十”与“食”相谐音）；横批“南北”，表明“无东西”。该联表示缺少了“一”和“十”，谐音为缺“衣”又少“食”。该双关对联反映出吕蒙正早年生活穷困潦倒，陷入了“缺衣少食无东西”的困境⑤。

① 李庆荣. 实用汉语修辞[M]. 北京：北京大学出版社，2002.
② 李庆荣. 实用汉语修辞[M]. 北京：北京大学出版社，2002.
③ 朱英贵. 对联中的双关与转类[J]. 晚霞，2019（19）：50-51.
④ 朱英贵. 对联中的双关与转类[J]. 晚霞，2019（19）：50-51.
⑤ 朱英贵. 对联中的双关与转类[J]. 晚霞，2019（19）：50-51.

## 二、双关对联的表达效果

双关对联有着多样的表达效果，可以表达辛辣讽刺，可以表达幽默情趣，还可以使话语含蓄蕴藉等。

1. 辛辣讽刺

双关对联，可以用来表示辛辣讽刺。如：

> 有人给清朝时做大官的洪承畴写了一对联，洪承畴非常生气，这是为什么呢？因为这对联是这样的：一二三四五六七；孝悌忠信礼义廉。

上联“七”后面是“八”，没有“八”就是“忘八”，“忘八”与“王八”相谐音。下联“孝悌忠信礼义廉”，这后面应该还有一个“耻”，没有“耻”那就是“无耻”。上下联合起来就是“王八无耻”，难怪洪承畴无比生气！该对联辛辣地讽刺了“满口仁义道德，一肚子男盗女娼”的洪承畴，认为他是“王八”，十分“无耻”①。

又如：

> 据《中吴记闻》记载：从前，一位塾师叶先生出了一句上联“鸡冠花未放”。有人取笑这位塾师，对以“狗尾草先生”。

上联“鸡冠花未放”可以理解为“鸡冠花没有开放”义，其中的“未放”理解成为“没有开放”，是一偏正短语。下联“狗尾草先生”可以理解成为“狗尾草先生出来”，其中的“先生”理解成为“先生出来”，也是一偏正短语。另外，“先生”还可以理解成为名词，指代“塾师叶先生”，骂他是“（像）狗尾草（一样的摇尾乞怜的）先生”，后一种理解正是对塾师叶先生的一种取笑、一种嘲讽。

2. 幽默情趣

双关对联，可以用来表示幽默情趣。如：

> 李梦阳是明代著名的文学家，他在江西督学时，有一个童子和他同名同姓。在唱名时，就开玩笑说：“你怎么和我同名呢？现在我出联让你对，对不上，你就改名，不要丢‘梦阳’的人。”于是他随口念道：“蔺相如，司马相如，名相如实不相如。”这个童子很有才学，略假思索即对：“魏无忌，长孙无忌，彼无忌此亦无忌。”

蔺相如是战国时赵国上卿，忍让谦逊，令一向高傲的廉颇负荆请罪，后来两人成为至交，传为美谈。司马相如是西汉辞赋家，一生创作了大量优秀作品，是中国文化史文学史上杰出的代表。上联“蔺相如，司马相如，名相如实不相如”中“相如”是谐音双关，一是指其名“相如”，一是指“相同”“相似”的意思。李梦阳借“相如”之名做文章，其名同而人异。魏无忌是战国时期魏国贵族“信陵君”，就是“窃符救赵”的公子无忌。长孙无忌是唐代大臣，唐太宗长孙皇后之兄。下联“魏无忌，长孙无忌，彼无忌此亦无忌”中的“无忌”也是谐音双关，一是指其名“无忌”，一是指双方“不要忌讳”的意思。这个童子巧借“无忌”暗示李梦阳不要太在意姓名相同这事。该对联谐音双关，别有一番幽默情趣②。

---

① 张梦新，张进. 古今对联集萃[M]. 杭州：西冷印社出版社，2008.

② 张梦新，张进. 古今对联集萃[M]. 杭州：西冷印社出版社，2008.

3. 使话语含蓄

双关对联，可以使话语含蓄蕴藉。如：

明末清初，江苏徐州爱国诗人阎尔梅的一副对联：清风满地难容我，明月何时再照人？

“清风”指自然界的清风，也指清朝；“明月”一方面指“明亮的月亮”，也指“明朝”。该对联一方面表示，清风拂地，我似乎无处可逃，明亮的月亮什么时候才能再次照到我呢？另一方面表示，这是清朝的世界，容不下我，何时明朝的统治能恢复呢？诗人巧妙地借“清风”“明月”的词义双关性含蓄地暗指“清朝”反动统治，“怀念明代故国的光辉”，言在此而意在彼，表意含蓄①。

又如：

陈道复与唐伯虎外出游玩，他们来到了一处道观，道童正在用锅煮茶招待他们，于是陈道复出了一个上联：道童锅里煎茶，不知罐煮。唐伯虎听闻后，苦思冥想一会，随即对出了下联：和尚墙头递酒，必是私沽。

上联“道童锅里煎茶，不知罐煮”，表示道童用锅来煎茶，却不知道用罐来煮茶，叙述了客观实景；另一方面，“罐煮”与“观主”相谐音，表示道童在锅里煎茶，却不知观主是谁。下联“和尚墙头递酒，必是私沽”，一方面表示和尚墙头接到酒，必定是私下买的；另一方面，“私沽”与“师姑”谐音，表示“和尚墙头接到酒，必定是师姑送的”。那么，这和尚与师姑是什么关系，联语中未曾细说，他人自明②。该对联十分含蓄，令人思而得之。

4. 写景状物

双关对联可以用来写景状物。如：

月照纱窗，个个孔明诸葛亮。

雪飞梅岭，处处香山白乐天。

上联的“孔明诸葛亮”，语意双关。“孔明”，既指人名，又指纱窗之孔明亮；“诸葛亮”，既是人名，指三国时期蜀汉丞相，中国古代杰出的政治家；又谐“诸阁亮”，指房中诸阁之亮堂。下联“香山乐天”，语意亦双关。“香山”，是唐朝著名诗人白居易之号，又指梅岭花香；“白乐天”是白居易的字，又指雪白梅香之乐。上下联巧妙地嵌入历史名人之字号，构成了一副完整的动态图画：窗内如月色映照，窗外雪花纷飞。

又如：

普天同庆，当庆当庆当当庆；

举国若狂，且狂且狂且且狂。

此联一方面表示普天同庆，自然是应当庆祝；全国的人民好像疯狂了一样，这也是应当的。另外，对联中的“当庆”“且狂”是谐音词，谐锣鼓之声，不难让人想象到那锣鼓喧天的欢乐气氛③。

---

① 张梦新，张进．古今对联集萃[M]．杭州：西泠印社出版社，2008.

② 朱英贵．对联中的双关与转类[J]．晚霞，2019（19）：50-51.

③ 朱英贵．对联中的双关与转类[J]．晚霞，2019（19）：50-51.

5. 表明志向

双关对联，可以用来表明自己的志向。如：

未出土时便有节，及凌云处尚虚心。

上联中的“节”指节气，又指竹节；上联既表示竹子在没有出土的时候便有了竹节，又表示人在尚未取得成就之时就要坚守气节。下联中的“心”既指“竹心”，又指“心胸”；下联既表示竹子即使长到靠近云层时，竹心也是空的，又表示等到出人头地仍要虚心。据传此联为画家李苦禅所撰，借写竹咏物以言志①。

6. 描写内心感受

双关对联，可以用来描写自己内心的感受。如：

清初大文学家、文学批评家金圣叹因冒犯皇帝而被朝廷处以极刑。行刑那天，金圣叹儿子望着慈父泪如泉涌。金圣叹为了安慰儿子说：“哭有何用，来，我出个对子你来对吧！”于是吟出了上联“莲子心中苦”。儿子哪有心思对对联。金圣叹一会儿念出了下联“梨儿腹内酸”。

上联“莲子心中苦”一方面表示自然现象，莲子心是苦的；另一方面，“莲”与“怜”相谐音，表示他看到儿子悲切痛苦甚为爱怜。下联“梨儿腹内酸”，一方面表示自然现象，梨子熟了内部是酸的；另一方面，“梨”与“离”相谐音，意即自己即将离别儿子，心中感到酸楚难忍。该双关对联描写生离死别的心情，出神入化，摄人魂魄②。

又如：

传说龙汝言中状元后还乡，乡绅贤达拜贺不绝，亲朋好友应接不暇。龙汝言忙于应酬，未及时拜谢幼时老师。他的老师就派人给他送上一联，云：“嫩竹长长过老竹，荫蔽先生。”龙汝言见联羞愧，亲往老师家谢罪，并对下联曰：“旧莲种种出新莲，包涵小子。”以请原谅。

上联中的“先生”，既可指“先生长出的竹子”，又可指称谓“先生（老师）”。上联可以理解为“嫩竹生长，长长了超老竹，把先生长出来的老竹遮蔽住了”，又可以理解成为“你考上状元了，成就超过老师了，应该庇荫老师一下了”。下联中的“小子”，指“小小莲子”，又指“小子（晚辈人）”。下联可以理解成为“旧莲子种下去，会长出新莲子，包含着小莲子”，又可以理解成为“老师，你原谅一下我这个做学生的礼数不周”。上下联似易实难，借物喻人，均描写了自己的内心感受③。

7. 用于戏谑

双关对联，可以用于戏谑。如：

明代文学家李东阳，官至大学士。一天，有人到他府上索对，对守门人说要拜见“阁下李先生”。李东阳把客人延请室内，客人说悟得一句上联“庭前花始放”，想不出下联，特登门求教。李东阳微微一笑，说：“就用您来时讲的第一句话来对，如何？”

---

① 朱英贵. 对联中的双关与转类[J]. 晚霞，2019（19）：50-51.

② 张梦新，张进. 古今对联集萃[M]. 杭州：西泠印社出版社，2008.

③ 朱英贵. 对联中的双关与转类[J]. 晚霞，2019（19）：50-51.

“庭前花始放”表示门庭前花开始开放了，“阁下李先生”表示阁楼下李子已经先生出来了（自然现象：李子是先结果，后开花）。另一方面，“阁下李先生”又可以解释为您就是李先生，“阁下”（对人敬称用的）与“李先生”是复指关系或说是同位关系。“阁下李先生”中的“阁下”可以理解成为“阁楼之下”，也可以理解成为“您”。该对联采用双关辞格，精妙配对，巧妙戏谑，可谓珠联璧合①。

## 第三节　双关诗歌

中国古代诗歌是中华民族文学艺术宝库的精品。诗人为了有效地传情达意、抒发情感，常运用双关辞格来对语言进行选择、美化②。双关诗歌可以表达相思之情，可以用来写景状物，还可以用来表达离别之情，等等。

### 一、相思之情

诗歌中的双关，可以用于表达相思之情。如：

低头弄莲子，莲子清如水。置莲怀袖中，莲心彻底红。（佚名《西洲曲》）

“莲子”与“怜子”谐音，“莲心”与“怜心”谐音。这首诗表面含义是：低下头拨弄着水中的莲子，莲子就像湖水一样青。把莲子藏在袖子里，那莲心红得通透底里。实际含义是：低着头，想着你，我爱怜你清新的样子，怜你贫寒的身世。我对你的心意，如同莲心一样的纯洁③。

又如：

相见时难别亦难，东风无力百花残。春蚕到死丝方尽，蜡炬成灰泪始干。晓镜但愁云鬓改，夜吟应觉月光寒。蓬山此去无多路，青鸟殷勤为探看。（李商隐《无题·相见时难别亦难》）

在“春蚕到死丝方尽”中，“丝”与“思”相谐音，诗人巧妙地借用谐音双关，写出了人间的千古至情，春蚕吐丝，死后方尽；同时也微妙地传达出了刻骨铭心的儿女之情，表达出坚贞不渝的爱情。

又如：

道路阻且长，会面安可知。胡马依北风，越鸟巢南枝。相去日已远，衣带日已缓。浮云蔽白日，游子不顾返。思君令人老，岁月忽已晚。（佚名《行行重行行》）

“相去日已远，衣带日已缓”是语义双关，诗句中的“远”，可以表示空间距离之长，表明离别之苦，路途遥远，相见必定很难，离别后会因为相思日渐消瘦；“远”也可以表示时间距离，表示时间很长，表明相互离开的时间已经很是久远，因为思君而日渐消瘦④。

---

① 张梦新，张进. 古今对联集萃[M]. 杭州：西泠印社出版社，2008.
② 张思齐. 诗文批评中的对偶范畴[D]. 上海：复旦大学，1992.
③ 陈剑静，李特夫. 古典诗歌中双关与典故的英译[J]. 广西教育学院学报，2002(3)：42-45.
④ 陈剑静，李特夫. 古典诗歌中双关与典故的英译[J]. 广西教育学院学报，2002(3)：42-45.

## 二、人生感慨

诗歌中的双关，可以用于表达人生感慨。如：

向晚意不适，驱车登古原。夕阳无限好，只是近黄昏。（李商隐《登乐游原》）

“夕阳无限好，只是近黄昏”表面上可以解释为，傍晚的时光是美好的，但就是太短暂了；深层意义是才子佳人到了暮年，过往的良辰美景早已远去，青春难再。此诗歌巧妙运用双关来表达才子佳人迟暮者对美好人生的眷念①。

## 三、写景状物

诗歌中的双关，可以用来写景状物。如：

碧玉妆成一树高，万条垂下绿丝绦。不知细叶谁裁出，二月春风似剪刀。（贺知章《咏柳》）

诗句中的“碧玉”有双关的意义。诗中的“碧玉”比喻柳树鲜嫩青绿，如同碧玉一样美丽。“碧玉妆成一树高，万条垂下绿丝绦”表明了垂柳的特征：高高的树干，下垂的万千柳条。诗中的“碧玉”又指年轻貌美的少女，“碧玉妆成一树高，万条垂下绿丝绦”描绘出美丽少女那亭亭玉立的风姿，以及裙摆上的千万条丝带。

## 四、男女爱情

诗歌中的双关，可以用来表达男女爱情。如：

杨柳青青江水平，闻郎江上踏歌声。东边日出西边雨，道是无晴却有晴。（刘禹锡《竹枝词二首·其一》）

在“东边日出西边雨，道是无晴却有晴”中，“情”与“晴”谐音。该谐音双关不仅关乎天气的阴晴，更关乎少女“无情还有情”的微妙心理。诗人巧妙地运用了“情”与“晴”的谐音双关来刻画诗中初恋少女含蓄蕴藉之情感②。

## 五、离别之情

诗歌中的双关，可以用来表达离别之情。如：

谁家玉笛暗飞声，散入春风满洛城。此夜曲中闻折柳，何人不起故园情。（李白《春夜洛城闻笛》）

在“此夜曲中闻折柳”中，“柳”与“留”相谐音；同时，“折柳”是语义双关，“折柳”既指曲名，同时古人又有折柳送别的习俗，“折柳”几乎就是离别的同义语。“此夜曲中闻折柳”透过谐音双关与语义双关，引发了诗人“折柳”的怀念故园之情③。

---

① 陈剑静，李特夫. 古典诗歌中双关与典故的英译[J]. 广西教育学院学报，2002（3）：42-45.

② 丹慧敏. 诗词中的双关举隅[J]. 文学教育，2011（8）：65.

③ 陈剑静，李特夫. 古典诗歌中双关与典故的英译[J]. 广西教育学院学报，2002（3）：42-45.

在古代诗歌中，双关讲究言外之意、弦外之音、画外之画的含蓄美[①]，这样人们在解读古代诗歌时，就有一种峰回路转、豁然开朗之感，能领略到古代诗歌含蓄蕴藉之美。

## 第四节　双关广告语

“我们呼吸的空气由氧气、氮气和广告组成。”法国广告评论家罗贝尔·格兰如是说。在当今社会，广告铺天盖地，几乎充斥了社会的每一个角落。为了适应广告语的需要，人们有意利用语言材料在语音或语义上的相关性，使广告语兼有双重意义。广告语的双重意义一表一里，一宾一主；字面上的表层语义处于次要的地位，而需要重点表达的真意却隐含在内，这样的广告语可以收到“一箭双雕”的表达效果[②]。双关用在广告语中，能有效地增强广告语的吸引力和趣味性，可谓点石成金！广告语的双关语分为语义双关和语音双关。

### 一、语义双关广告语

实不相瞒，菊花的名气是吹出来的。（菊花电扇广告语）

在该广告语中，“吹”既可以表示吹牛、说大话，又可以表示风扇吹风；因此，这则广告语可以理解成为“实不相瞒，菊花的名气是依靠人们说大话说出来的”，也可以理解成“实不相瞒，菊花的名气是依靠风扇不停地转动，吹风吹出来的”。后一种含义，才是菊花牌广告语所要表达的。由此可知，这款电风扇质量上佳。该广告语的“吹”字，在貌似违背常理、让人费解的同时，又紧扣电扇的功用特点，一语双关，令人拍案叫绝[③]。

又如：

健康人生，从美晨开始。（美晨牙膏广告语）

在该广告语中，“美晨”有两种理解，可以理解为“美丽的早晨”，也可以理解成为“美晨”牌牙膏。因此，这则广告语可以理解成为享受健康的人生，从美丽的早晨开始；又可以理解成为享受健康的人生，从早晨刷牙用“美晨”牙膏开始。后一种含义，才是该广告语所要表达的。

又如：

康乐为我出气。（康乐抽油烟机广告语）

在该广告语中，“出气”可以理解成为“把心里的怨愤发泄出来”，也可以理解成为“排放空气”。因此，“康乐为我出气”可以理解为“康乐抽油烟机非常好，抽气效果极佳”，也可以理解为“康乐油烟机给人们带来的烦恼将一扫而光”。前一种含义，才是康乐抽油烟机广告语所要表达的[④]。

---

① 陈剑静，李特夫. 古典诗歌中双关与典故的英译[J]. 广西教育学院学报，2002（3）：42-45.

② 李立. 简评现代媒体中的谐音双关广告[J]. 西部广播电视，2013（17）：30-31.

③ 杜丹. 广告语言中修辞的运用[J]. 辽宁工学院学报，2007（6）：56-58.

④ 郭庆. 文学修辞在平面广告中的运用[D]. 南京：南京林业大学，2009.

## 二、语音双关广告语

语音双关广告语中，谐音的词语来源不一样，有的来源于成语，有的源于俗语，等等。

1. 成语

借用成语的语义双关广告语较为多见　。如：

推尘出新。（某吸尘器广告语）

在该广告语中，“推尘出新”与“推陈出新”中的“尘”与“陈”相谐音。成语“推陈出新”指对旧的文化进行批判地继承，剔除其糟粕，吸取其精华，创造出新的文化。“推尘出新”去掉了“推陈出新”的内在含义，取而代之的是与吸尘器有关的“吸尘”的意义，从而强化、突出了吸尘器的独特功效①。

又如：

面目一新的大成面。（某方便面广告语）

在该广告语中，“面”可以理解成为“表面、外形、包装等”，这也是成语“面目一新”中“面”的含义；“面目一新”表示样子完全改变，有了崭新的面貌。“面”又指面条、面粉、方便面等，广告中的“面目一新”则表示面粉是新的，面条也是新的。这则方便面广告语利用“面”字的语义双关，别出心裁，令人喜爱②。

2. 惯用语

惯用语是人们口语中短小定型的习惯用语，口语色彩浓，简明生动，通俗有趣③；因此惯用语在广告语中多有应用。如：

味道好，当然吃得开。（春都火腿肠广告语）

在该广告语中，“吃得开”的本义是指办事行得通，受大家欢迎。广告语用其字面义表示春都火腿肠分量十足、味道相当好，深受人民大众的欢迎。

又如：

吃不了，兜着走。（某餐馆广告语）

在该广告语中，“吃不了，兜着走”本来表示出了问题要承担一切后果，字面义是表示吃不完就打包带走。上述餐饮广告语妙用其字面义，为顾客着想，劝顾客把吃不完的饭菜带回家，树立勤俭节约的良好形象。该广告语幽默又诙谐，让人忍俊不禁④。

## 三、语法双关

爱立信，一切尽在掌握。（爱立信手机广告语）

在该广告语中，“掌握”一词有着不同的理解。“掌握”可以理解为“手掌握着”，从结构上看，这是主谓短语；故该广告语可以理解成为“爱立信手机能全部握在手掌中”，

---

① 杜丹. 广告语言中修辞的运用[J]. 辽宁工学院学报，2007（6）：56-58.

② 郭庆. 文学修辞在平面广告中的运用[D]. 南京：南京林业大学，2009.

③ 黄伯荣，廖序东. 现代汉语[M]. 北京：高等教育出版社，2017.

④ 韩颖. 浅谈谐音双关语的运用及修辞效果[J]. 作家，2011（10）：45-46.

突出爱立信手机的小巧轻便。“掌握”也可以理解成为“控制”，作动词用；该广告语可以理解成为“爱立信手机，能让您控制一切局面”。

又如：

好吃好好吃，好吃不含糊。（某黑芝麻糊广告语）

在该广告语中，“好好吃”中的第一个“好”可以理解为“真”“很”，是程度副词，“好吃不含糊”中的“含糊”是形容词，表示“不清楚”。因此，该广告语可以理解成“黑芝麻糊真好吃，确实好吃，令人回味无穷”。“好好吃”中的“好”是形容词，表示“使人满意的性质在哪方面”之义，“好好吃”可以理解成为“尽情地吃”，“好吃不含糊”即是“好吃，爽口”义。因此，该广告语还可以理解成“好吃就尽情地吃，好吃还爽口”①。

## 第五节　双关笑话

双关用在笑话中，可以使话语生动活泼，妙趣横生；也可以使语言表达含蓄隐晦，幽默诙谐。另外，双关笑话还可以用于调侃生活，为人们的生活增添几多欢乐。

### 一、用于调侃

在笑话中，双关可以用于调侃。

小亮出院了，高兴地向医生告别：“再见，医生！”小亮的奶奶在一旁听了，很生气地说：“再见？你还要来医院吗？”小亮慌忙改口说：“那……医生，永别了！”

“再见”有“离别、临别”之义，又有“再次见到”之义。小亮在这里无意之中用了语义双关，使其语言表达更为糟糕，但小亮的糟糕双关话语却给人们的生活增添了欢乐②。

又如：

梅贻琦任清华大学校长的时间很长，而清华大学从1911年开办时起，大约换了十几任校长。有人问梅贻琦：“怎么你做了这么多年？”梅贻琦笑道：“大家倒这个，倒那个，就是没有人愿意倒霉吧！”

“倒霉”与“倒梅”相谐音，“倒霉”表示不良状况，尤指关于健康、命运或前途的坏状况。“倒梅”即打倒梅贻琦。梅贻琦巧妙运用谐音双关来自我调侃，显示出谦逊和幽默的品质③。

### 二、巧妙还击

在笑话中，双关可以用于巧妙还击。如：

明宣宗宣德年间，杨士奇、杨荣、杨溥三位官员共同执政。当时，有一个

① 何新祥．广告语言修辞策略[M]．长沙：中南大学出版社，2003.

② 蒋华．笑话中的语言学[M]．长沙：湖南大学出版社，2008.

③ 刘魁立．中国笑话[J]．民族艺术，1998（2）：196-198.

叫齐雅秀的妓女，极其聪慧灵巧。一天，三杨让她去助兴，众人对她说："你能不能让三位阁老大人笑一笑呢？"齐雅秀回答："我只要一入酒席便能让他们笑。"于是让她去见三杨。等到见面，三杨问齐雅秀："你为什么来晚了？"她回答说："我在看书。"三杨又问："看什么书？"她答道："是《烈女传》。"三位阁老一边笑着，一边骂她："母狗无礼！"原来《烈女传》是记叙古今贞节烈女的书籍，齐雅秀身为青楼妓女，却说在看《烈女传》，明显是在骗三位阁老。齐雅秀马上反唇相讥："如果我是母狗，你们几位就是公猴了。"

"如果我是母狗，你们几位就是公猴了"中的"公猴"与"公侯"相谐。"公侯"一语是词，其含义是"地位高高在上，权势显赫，威震八方"；"公猴"如果理解为"公的猴子"，则是偏正短语，其含义是"地位一下降格为低下的动物"。妓女齐雅秀巧妙地运用"公猴"一词结构上的不同导致不同的语义理解的语义双关，巧妙还击了位高权重的"三杨"，捍卫了自己的人格尊严，这种机智，令人欣赏①。

又如：

一穷诗人和一富翁并肩而坐，富翁想侮辱诗人，便问他："告诉我，你跟一头驴能差多少？"诗人目测了一下他俩之间的距离，答："不远，总共只有二十五厘米！"

"不远，总共只有二十五厘米！"是一语双关，表面上说"诗人与一头驴的距离只有二十五厘米"，实际上说的是"我与你这只驴的距离只有二十五厘米"。在该笑话中，富翁话语中的"告诉我，你跟一头驴能差多少"在骂诗人就是一头驴。诗人运用语义双关来巧妙回击富翁的蓄意挑衅②。

## 三、表达讽刺

在笑话中，双关可以用于表达讽刺。如：

南宋的张俊贪财好利。有一次，宫中的优伶为皇上演戏，扮作一个善于看天象的术士。他说："人世间的贵人，必定应合天象，如果用浑天仪来观看他们，就只能看到星星看不到人。现在没有浑天仪，可以用一枚铜钱代替。"让他看皇上，他从钱孔一看，说："这是帝星。"看秦桧，说："这是相星。"看韩世忠，说："这是将星。"轮到看张俊，说："看不见星。"大家大吃一惊，叫他再看一遍，术士说："到底还是看不见星，只见张王坐在钱眼里。"满座大笑起来。

在该笑话中，"只见张王坐在钱眼里"有双重含义，一方面表示张王正好坐在钱眼的那个位置上，另一方面表示张王的眼里只有钱，没有其他的东西，宫中的优伶巧妙运用一语双关讽刺了张俊的贪财好利、无比贪婪③。

又如：

有个富人把多余的数亩田，租给一个叫张三的人耕种，但是要租给他，每

---

① 刘魁立. 中国笑话[J]. 民族艺术，1998（2）：196-198.

② 蒋华. 笑话中的语言学[M]. 长沙：湖南大学出版社，2008.

③ 蒋华. 笑话中的语言学[M]. 长沙：湖南大学出版社，2008.

亩地得交一只鸡。张三把鸡藏在背后，田主没有看到，以为张三不给他鸡，于是就用吟诗的声调吟道："此田不与张三种。"张三忙把鸡献出来。田主又叹道："不与张三却与谁？"张三说："您开始说不给我，后来又给我，这是为什么？"田主说："开始是无稽（鸡）之谈，后来是见机（鸡）行事嘛！"

在该笑话中，成语"无稽之谈"是指"毫无根据的说法"，而"无鸡之谈"则是指在没有鸡的情况下的谈话；"稽"与"鸡"相谐音。"见机行事"是指看准时机，灵活行动，"见鸡行事"则是指看到了"鸡"就灵活行事，"机""鸡"相谐音。这两个谐音双关充分显示了该富人的势利与吝啬[1]。

双关是语言的艺术，它集"明"与"暗"、"藏"与"露"于一句话语中，蕴藏着说话人的语言智慧。

## 思考与练习

一、下列笑话中运用了何种双关，有何作用？

1. 有两个人，一个叫达毅，一个叫王达，二人同为郎中官。一天签署公文时，王达开玩笑戏弄达毅说："每次签名时，都以你的上半做我的下半。"达毅应声答道："君子上达，小人下达。"

2. 一客人到别人家赴宴，十分恋席，久久不肯起身告别。主人偶然看到树上有只大鸟，便对客人说："这桌席坐得久了，盘中的菜肴也已吃尽，待我砍倒这棵树，捉下鸟来，做了给您下酒，您看怎样？"客人说道："只怕树一倒，鸟就飞了。"主人说："这是只呆鸟，它死也不肯动身的！"

3. 有人看见自己的傻儿子呆头呆脑，决定带他出去长长见识。一天，父子俩去赶集，走到一座桥下，父亲指着桥下的流水对儿子说："这叫细水长流。"走到一个村口，看见一个大黄狗抱着一个骨头在啃，就说："这叫狗啃骨头。"走到一个草滩，看见大牛和小牛在顶角，就说："这叫大牛欺小牛。"父亲说："我告诉你的话你要好好记着。"儿子从来没有出过门，觉得这些事很新鲜，就告诉父亲自己长了很多见识。到了集市，父亲带儿子去饭馆吃饭。父亲口渴得要命，一坐下就猛喝茶水。儿子见了说："爹，要细水长流。"父亲见儿子学的话一下就能用上。心里比喝了糖水还要甜。喝完茶水，父亲要了一盘排骨下酒。儿子见他津津有味地啃着，不禁大声说道："看，狗啃骨头了。"一旁的人个个捧腹大笑。父亲恼羞成怒，猛抽儿子一巴掌，儿子哭着说："大牛欺小牛，呜，呜。"

4. 介绍人抽了一口烟，然后问道："姑娘，你对那个男的初步印象如何？"姑娘："他说话和你抽烟一样。"介绍人："自然，潇洒？"姑娘："不，吞吞吐吐。"

5. 楚地有一显贵之人，他的妻妾们不和睦，常常吵架，即使宾客在堂，也毫不在乎，往往吵声自内宅传到客厅，使这位显贵很苦恼。一天，偶尔有一词客来拜访，恰好妻妾们又吵了起来，吵闹声传到客厅。这位显贵为了不让词客听到吵声，便想法掩饰。正好客厅上悬挂着一幅鸠鹊图，显贵便指给词客说："您善品题，请您试为老夫题咏此图，如何？"词客不假思索，便题道："鸠一声兮鹊一声，鸠呼风雨鹊呼晴；老夫却也难主张，

① 刘魁立. 中国笑话[J]. 民族艺术，1998（2）：196-198.

落雨不成晴不成。”

6. 一官人有书义未解，问吏曰：“此间有高才否？”吏误以为裁衣人姓高也，应曰：“有。”即唤进。官问曰：“贫而无谄，如何？”答曰：“裙而无裥，使不得。”又问：“富而无骄，如何？”答曰：“裤而无腰，也使不得。”官怒喝曰：“走！”答曰：“若是皱，小人有熨斗在此。”

二、下列广告语采用了何种辞格，有着何种表达效果呢？

1. 愿《健康》永远伴随您。(《健康》杂志广告语)

2. 相信您的选择——您不会拒绝《长寿》!(《长寿》杂志广告语)

3. 大众一心，共同腾飞。(大众汽车广告语)

4. 补脑又健脑，当然忘不了。(忘不了补脑营养品广告语)

5. 旅行随身携带好方便，海阔天空任您游。(好便纸裤广告语)

6. 立竿见影，飞霸天线。(飞霸天线广告语)

7. 人生得一《知音》足矣。(《知音》杂志广告语)

8. 遗臭万年，流传百世。(王致和臭豆腐广告语)

9. 人生新天地，“永久”伴你行。(永久自行车广告语)

10. 你的健康是天大的事。(天大药业广告语)

三、下列广告语运用了语义双关还是谐音双关，又有着何种表达效果呢？

1. 停电 24 小时！依旧冷若冰霜。(上海航天冰箱广告语)

2. 白加黑，清除感冒，黑白分明。(白加黑感冒药广告语)

3. 擦尽人间不平处。(骨质宁擦剂广告语)

4. 任劳任怨，只要还剩一口气。(某汽车轮胎广告语)

5. 聪明人选“傻瓜”。(柯达傻瓜照相机广告语)

6. 天尝地酒。(江苏双沟酒厂广告语)

7. 女人更年要静心。(静心保健药品广告语)

8. 平日注入一滴水，难时拥有太平洋。(太平洋保险公司广告语)

9. 面对面的关怀，面对面的爱。(无锡中萃方便面广告语)

10. 默默无蚊的奉献，任劳任怨，诚恳可嘉。(某蚊香广告语)

11. 一卷而净。(唯洁雅厨房用纸广告语)

12. 助君高升。(华达电梯广告语)

四、下列古代诗歌是谐音双关吗？如果是的话，它又有着何种表达效果呢？

1. 高山种芙蓉，复经黄檗坞。果得一莲时，流离婴辛苦。

2. 思欢久，不爱独枝莲，只惜同心藕。

3. 春蚕不应老，昼夜常怀丝。何惜微躯尽，缠绵自有时。

4. 渭城朝雨浥轻尘，客舍青青柳色新。

5. 始欲识郎时，两心望如一。理丝入残机，何悟不成匹。

五、《望洞庭湖赠张丞相》一诗中一语双关，暗示自己有所求的诗句是（　　）联。

八月湖水平，涵虚混太清。

气蒸云梦泽，波撼岳阳城。

欲济无舟楫，端居耻圣明。

坐观垂钓者，徒有羡鱼情。

六、下列使用了双关的诗句是（　　）。

A. 春蚕到死丝方尽，蜡炬成灰泪始干。

B. 飞流直下三千尺，疑是银河落九天。

C. 白发三千丈，缘愁似个长。

D. 江间波浪兼天涌，塞上风云接地阴。

七、请完成下列练习。

1. 文天祥《过零丁洋》诗中语义双关的“天然妙对”是（　　）联。

辛苦遭逢起一经，干戈寥落四周星。

山河破碎风飘絮，身世浮沉雨打萍。

惶恐滩头说惶恐，零丁洋里叹零丁。

人生自古谁无死？留取丹心照汗青。

2. 下列诗句是双关吗？为什么？

（1）少无适俗韵，性本爱丘山。误落尘网中，一去三十年。羁鸟恋旧林，池鱼思故渊。开荒南野际，守拙归园田。方宅十余亩，草屋八九间。榆柳荫后檐，桃李罗堂前。暧暧远人村，依依墟里烟。狗吠深巷中，鸡鸣桑树颠。户庭无尘杂，虚室有余闲。久在樊笼里，复得返自然。

（2）唐代诗人朱庆馀所写的《闺意》：“洞房昨夜停红烛，待晓堂前拜舅姑。妆罢低声问夫婿，画眉深浅入时无？”同时期的张籍《酬朱庆馀》做了唱和诗：“越女新妆出镜心，自知明镜更沉吟。齐纨未足时人贵，一曲菱歌敌万金。”

八、请指出下列对联采用了何种修辞手法，有着何种表达效果。

1. 端午以前，犹是夫人自称曰；重阳而后，居然君子不以言。

2. 因荷而得藕，有杏不须梅。

3. 两船并行，橹速不如帆快；八音齐奏，笛清难比箫和。

4. 昨夜敲棋寻子路，今朝对镜见颜回。

5. 劈破石榴红子露，捏开银杏绿颜回。

6. 行年七十尚称童，可云寿考；到老五经还未熟，不愧书生。

7. 酒热何须汤盏烫，滚开滚开；厅凉无用扇子搧，退下退下。

8. 雪逞风威，白占田园有几日；云随雨势，黑漫天地不多时。

9. 常熟年年告水荒，非为常熟；长安夜夜防风火，不是长安。

九、下列对联运用了谐音双关还是语义双关？请指出其表达效果。

1. 劈破石榴，红门中许多酸子；咬开银杏，白衣里一个大仁。

2. 耀武扬威，得意须防失意日；粉白黛绿，上台终有下台时。

3. 握一双拳，打尽天下英雄，谁敢还手？持三寸铁，削平大清世界，无不低头。

4. 名场利场，无非戏场，做得出泼天富贵；冷药热药，总是妙药，医不尽遍地炎凉。

5. 旧竹先生，新竹后生，后生不如先生高节；西瓜小子，东瓜大子，大子未若小子多仁。

6. 世事本浮沉，看他傀儡登场，也无非屠狗封侯，烂羊作尉；山河供鼓吹，任尔风云变幻，总不过草头富贵，花面逢迎。

7. 公门桃李争荣日；法国荷兰比利时。

8. 中国捷克日本；南京重庆成都。

9. 梳妆楼上，痴眼依依，痴情依依，有心取媚君子君不恋；延支山上，落木萧萧，落花萧萧，无缘省识春风春难留。

**十、下列短文是青城山和崆峒山的简单介绍，请根据这些材料，分别创作数则双关辞格广告语以吸引游客，并说明您的创作理据。**

1. 青城山，道教名山，著名旅游景点，古称天谷山，因青山四合，状若城郭，故名。青城山背靠岷山雪岭，面向成都平原，山体主要由砾岩组成。青城山现存主要宫观有建福宫、天师洞、朝阳洞、祖师殿、上清宫、圆明宫、玉清宫等，其中天师洞和祖师殿为道教全国重点宫观，青城山有 36 峰、8 大洞、72 小洞、108 处胜景之说，以“青城天下幽”著称。

2. 崆峒山是国家重点风景名胜区、国家地质公园，它东瞰西安，西接兰州，南邻宝鸡，北抵银川，为古丝绸之路要冲，自然景观奇险灵秀，人文景观古朴精湛，自古就有“西来第一山”“西镇奇观”之美誉。崆峒山景区峰峦雄峙，危崖耸立，似鬼斧神工；林海浩瀚，烟笼雾锁，如缥缈仙境；高峡平湖，山水一色，有漓江神韵，既富北方山势之雄伟，又兼南方景色之秀丽。凝重典雅的八台九宫十二院四十二座建筑群七十二处石府洞天，气魄宏伟，底蕴丰厚。

# 第五章 比 拟

## 第一节 比拟概述

原始先民由于生产力低下，对于大自然的威力难以用科学解释，故认为万物和人一样有灵魂，对一切东西都是依照人化的属性来考察[①]。在这种认知语境下，先民认知世界的结果在修辞上反映为比拟辞格。

比拟是形象思维的产物，因为偏向于想象和体会，所以选用审美经验中那些相关的形象来比拟，在联想的基础上，将这种形象性思维再向前推进一步，实现审美再创造，将现实生活中千姿百态的形象情态惟妙惟肖地再现出来，将写作主体的情感生活活生生地呈现在读者眼前，让读者自己去体悟，让人身临其境[②]。

根据想象把物当作人写或把人当作物写，或把甲物当作乙物来写，这种辞格叫比拟。比拟是物的人化或人的物化或把甲物拟作乙物，具有思想的跳跃性，能使读者展开想象的翅膀，捕捉它的意境，体味它的深意[③]。比拟可分为拟人和拟物。

拟人。拟人是把非生物或生物当作人来表现，赋予它们人的思想感情、声情笑貌，使它们人格化。如：

① 山歌向着高山唱，高山低头把路让。

例①中，把物体“高山”当人来写，会“低头”，也会“让路”，故该句话语是拟人辞格。

拟物。拟物是把人当作物来写，或把甲事物当作乙事物来写，使人具有物的情态或动作，或者使甲事物具有乙事物的属性。如：

② 我到了自家的房外，我的母亲早已迎着出来了，接着便飞出了八岁的侄儿宏儿。

③ 告诉你，祥子，搁在兜子里，一个子永远是一个子！放出去呢，钱就会下钱！

例②中，把人“宏儿”拟作“鸟”一类的动物，能“飞”，故该句话运用了拟物。例③中，“钱”本是事物，但在这里却把“钱”拟作动物，可以“下钱”，让人感到亲切，增加了感染力，故该句话运用了拟物。

比拟能把作者所描写的对象写得活灵活现，栩栩如生，给读者鲜明的印象。比拟还能在所描写的对象中寄托人的感情，抒发胸臆，唤起读者的联想，引起共鸣[④]。

---

① 汪爱武. 比拟辞格的认知和文化研究[J]. 安徽警官职业学院学报，2013(4)：113-116.
② 汪爱武. 比拟辞格的认知和文化研究[J]. 安徽警官职业学院学报，2013(4)：113-116.
③ 黄伯荣，廖序东. 现代汉语[M]. 北京：高等教育出版社，2017.
④ 黄伯荣，廖序东. 现代汉语[M]. 北京：高等教育出版社，2017.

# 第二节　比拟寓言

在汉语辞格中，比拟的历史可谓源远流长，早在先秦时期就已然产生。比拟在先秦寓言中比较多见。比拟寓言表达有讽刺功能，也有告诫功能。

## 一、讽刺功能

荆宣王问群臣曰："吾闻北方之畏昭奚恤，果诚何如？"群臣莫对。江乙对曰："虎求百兽而食之，得狐。狐曰：'子无敢食我也！天帝使我长百兽，今子食我，是逆天帝之命也。子以我为不信，吾为子先行，子随我后，观百兽之见我而敢不走乎？'虎以为然，故遂与之行；兽见之皆走。虎不知兽畏己而走也，以为畏狐也。今王之地方五千里，带甲百万，而专属于昭奚恤。故北方之畏奚恤也，其实畏王之甲兵也，犹如百兽之畏虎也。"(《战国策》)

在该寓言中，狐能"曰"，虎能"以为然"，这表明狐和虎都具备了人的本事，是拟人辞格。该比拟寓言讽刺了那些借他人势力作威作福、招摇撞骗、欺压他人的人。另外，该比拟寓言还告诫人们，要善于去伪存真，不然容易被"狐假虎威"式的人物所蒙蔽①。

又如：

坎井之蛙谓东海之鳖曰："吾乐与！出跳梁乎井干之上，入休乎缺甃之崖；赴水则接腋持颐，蹶泥则没足灭跗。还（视）虷、蟹与蝌蚪，莫吾能若也！且夫擅一壑之水，而跨跱坎井之乐，此亦至矣。夫子奚不时来入观乎？"东海之鳖左足未入，而右膝已絷矣。于是逡巡而却，告之海曰："夫海，千里之远不足以举其大，千仞之高不足以极其深。禹之时，十年九潦，而水弗为加益；汤之时，八年七旱，而崖不为加损。夫不为顷久推移，不以多少进退者，此亦东海之大乐也！"于是坎井之蛙闻之，适适然惊，规规然自失也。(《庄子》)

在该寓言中，坎井之蛙、东海之鳖均能"曰"，还能思考，均具备了人的言行。拟人使《庄子》的描写更具艺术魅力。该寓言讽刺了那些见识短浅而自鸣得意之人。

又如：

三虱相与讼。一虱过之，曰："讼者奚说？"三虱曰："争肥饶之地。"一虱曰："若与不患腊之至而茅之躁耳，若又奚患？"于是乃相与聚嘬其身而食之。彘臞，人乃弗杀。(《韩非子》)

"虱"是动物，非人，但在该寓言中，"虱"却能像人一样"曰"，能像人一样思考，故是拟人。该寓言讽刺了那些为了争夺眼前的小利而忘掉维护共同根本利益的人②。

## 二、告诫功能

① 汪爱武．比拟辞格的认知和文化研究[J]．安徽警官职业学院学报，2013(4)：113-116.
② 汪爱武．比拟辞格的认知和文化研究[J]．安徽警官职业学院学报，2013(4)：113-116.

庄周家贫，故往贷粟于监河侯。监河侯曰："诺！我将得邑金，将贷子三百金，可乎？"庄周忿然作色，曰："周昨来，有中道而呼者，周顾视车辙，中有鲋鱼焉。周问之曰：'鲋鱼来，子何为者邪？'对曰：'我，东海之波臣也。君岂有斗升之水而活我哉？'周曰：'诺，我且南游吴、越之王，激西江之水而迎子，可乎？'鲋鱼忿然作色曰：'吾失吾常与，我无所处。吾得斗升之水然活耳。君乃言此，曾不如早索我于枯鱼之肆！'"(《庄子》)

在该寓言中，"鲋鱼"能与庄周对话，具有了人的思想和行为。该比拟寓言告诫人们，当别人有困难的时候，要诚心诚意尽自己的力量去帮助，不能只说大话，开空头支票①。

又如：

蚌方出曝，而鹬啄其肉。蚌合而钳其喙。鹬曰："今日不雨，明日不雨，即有死蚌。"蚌亦谓鹬曰："今日不出，明日不出，即有死鹬。"两者不肯相舍，渔者得而并擒之。(《战国策》)

在该寓言中，"蚌""鹬"能相互争斗，并且还能"曰"，具备了人的思想。该比拟寓言表明，同志、朋友应当团结互助，而不应当钩心斗角；否则，会让敌人发现可乘之机，让敌人钻了空子，彼此都遭灾受难②。

## 第三节　比拟诗词

诗词是我国传统文化的精髓，经过千百年的沉淀，流传下来滋养着我们的心灵。诗词中运用比拟，会有生动形象、增强感染力的表达效果。

### 一、诗歌中的比拟

在诗歌中，比拟十分常见。如：

黄河远上白云间，一片孤城万仞山。羌笛何须怨杨柳，春风不度玉门关。(王之涣《凉州词》)

《凉州词》脍炙人口，后人将它评为唐人绝句的"压卷之作"，这与诗中比拟的巧妙运用有一定的关系。"羌笛何须怨杨柳，春风不度玉门关"采用了拟人手法：事物"羌笛"是"怨"动作的发出者，植物"杨柳"是"怨"的对象，"度"也赋予了事物"春风"人性化的动作。在这首诗歌中，"怨""度"这拟人化的动作使诗句增色不少，表达了诗人丰富的内心感受。

又如：

峡内多云雨，秋来尚郁蒸。远山朝白帝，深水谒彝陵。迟暮嗟为客，西南喜得朋。哀猿更起坐，落雁失飞腾。(杜甫《寄刘峡州伯华使君四十韵》)

在该诗歌中，"朝"即"向着""对着"之义，"谒"是拜见之意，这样就使得"远山"

---

① 汪爱武．比拟辞格的认知和文化研究[J]．安徽警官职业学院学报，2013(4)：113-116.

② 汪爱武．比拟辞格的认知和文化研究[J]．安徽警官职业学院学报，2013(4)：113-116.

“深水”都有了生命。该诗歌使用拟人极其传神、生动地表达了“远山”“深水”的恭敬模样，令人叹为观止。

又如：

千锤万凿出深山，烈火焚烧若等闲。粉骨碎身浑不怕，要留清白在人间。（于谦《石灰吟》）

在该诗歌中，“烈火焚烧若等闲”中的“若等闲”是拟人，表面在描写烧炼石灰石，实则反映了志士仁人面临“烈火焚烧”等严峻考验时的从容不迫。“粉骨碎身浑不怕”是拟人，“怕”字更是突显了拟人的效果，让人们联想到志士仁人在“粉骨碎身”时都无所畏惧，不怕牺牲。诗人将“石灰”拟人化，托物而言志，表达了作者愿意为国尽忠，不怕牺牲的意愿和坚守高洁情操的决心[①]。

又如：

凿开混沌得乌金，藏蓄阳和意最深。爝火燃回春浩浩，洪炉照破夜沉沉。鼎彝元赖生成力，铁石犹存死后心。但愿苍生俱饱暖，不辞辛苦出山林。（于谦《石灰吟》）

在该诗歌中，诗人将煤炭拟人化了，能“愿”，能“不辞辛苦”，托物言志。该诗巧妙采用拟人手法，把为国为民、竭尽心力的情怀与舍己为公的心志表现得一览无遗[②]。

再如：

东城渐觉风光好，縠皱波纹迎客棹。绿杨烟外晓寒轻，红杏枝头春意闹。浮生长恨欢娱少，肯爱千金轻一笑。为君持酒劝斜阳，且向花间留晚照。（宋祁《木兰花》）

在该诗歌中，“縠皱波纹迎客棹”是拟人，一个“迎”字将水波写得生动、亲切而又有灵性。“红杏枝头春意闹”是拟人手法，“闹”字形容出红杏的众多和纷繁，也把生机勃勃的大好春光全都点染出来了。一“闹”字将烂漫的大好春光描绘得活灵活现，呼之欲出，使整个画面有了动态之感，无比生动。王国维在《人间词话》中感叹：“着一‘闹’字而境界全出。”

综上所述可知，诗歌中运用比拟能从一定程度上满足了人类的五官感受从感觉到视听享受的飞跃，体现出动态的美。

## 二、词中的比拟

在词中，比拟也不少见。如：

驿外断桥边，寂寞开无主。已是黄昏独自愁，更著风和雨。无意苦争春，一任群芳妒。零落成泥碾作尘，只有香如故。（陆游《卜算子·咏梅》）

该词全然将“梅”拟人化了，梅花的“愁”，梅花的“无意”“苦”，群芳的“妒”均在这首词中体现了出来。该首词写出了梅花的朴实无华，不慕虚荣，与世无争、胸怀坦

---

① 唐华. 落笔对面，婉曲有致——例析古典诗歌中的“对写法”[J]. 文教资料，2007(5): 77-78.

② 唐华. 落笔对面，婉曲有致——例析古典诗歌中的“对写法”[J]. 文教资料，2007(5): 77-78.

荡，写出了梅花的傲然不屈。有学者评价此词是咏梅词中的绝唱，“前无古人，后无来者”[①]，实不为过。

又如：

> 淮左名都，竹西佳处，解鞍少驻初程。过春风十里，尽荠麦青青。自胡马窥江去后，废池乔木，犹厌言兵。渐黄昏，清角吹寒，都在空城。
>
> 杜郎俊赏，算而今重到须惊。纵豆蔻词工，青楼梦好，难赋深情。二十四桥仍在，波心荡，冷月无声。念桥边红药，年年知为谁生？（姜夔《扬州慢·淮左名都》）

自金人入侵后，烧杀掳掠，扬州城只剩下“废池乔木”了。该词把“废池乔木”拟人化，说其“厌兵”，一个“厌”字，恰当准确地刻画出了人民的苦难，朝廷的昏聩和金人的罪恶[②]。

## 第四节　比拟对联

对联融民俗性、文学性和艺术性于一体，是一种独特的文学艺术形式。比拟用在对联中可以用来写景状物，也可用来表达讽刺；使对联意味深长，形象生动。

### 一、写景状物

比拟对联可以写景状物，使之更加形象生动。

> 松竹梅岁寒三友，桃李杏春风一家。

在该对联中，“松”“竹”“梅”都是植物，这里却把拟作朋友；“桃”“李”“杏”“春风”本是自然界万物，在这里却拟作一家人。该对联借比拟表达出作者傲霜斗雪、铁骨冰心的高尚品格[③]。

又如：

> 春风放胆来梳柳，夜雨瞒人去润花。

在该对联中，把“春风”拟作人，说其“多情”“梳柳”，把“夜雨”拟作人，说其滋润美丽的花朵。该联借拟人描绘出春风拂柳树，细雨润万物的景象。

再如：

> 野寺多情留客住，青山无语看人忙。（青城山银杏阁对联）

“野寺”本无感情，此联语却把它看成能留住客人的多情主人，青山能“语”且能“看”。该对联把“野寺”“青山”拟化成人，描绘写出那时人们朝山进香的盛况[④]。

---

① 唐华．落笔对面，婉曲有致——例析古典诗歌中的“对写法”[J]．文教资料，2007(5)：77-78.

② 唐华．落笔对面，婉曲有致——例析古典诗歌中的“对写法”[J]．文教资料，2007(5)：77-78.

③ 朱英贵．对联中的比喻与比拟[J]．晚霞，2019（1）：50-51.

④ 朱英贵．对联中的比喻与比拟[J]．晚霞，2019（1）：50-51.

## 二、表达讽刺

比拟对联能够表达讽刺，使其意味深长。如：

鼠辈无知，不识好岂识歹？尔曹有义，能守夜更守家。

在该对联中，上联把家奴拟作“鼠辈”动物，骂他们不知道好歹；下联把“狗”拟作人，认为它们讲义气，能守家守夜。该对联巧妙地运用拟人揭露并且讽刺了旧社会颠倒黑白、甚是黑暗的社会现实。

又如：

烛谓灯云：靠汝遮光作门面。鼓对锣曰：亏汝空腹受拳头。

在该对联中，烛向“汝遮光作门面”的灯致意，鼓为空腹挨拳头的锣抱不平。作者把“烛”“灯”“鼓”“锣”赋予了人的性格，揭露与讽刺了当时社会的种种不平等现象①。

又如：

我若有灵，也不至灰土处处堆，筋骨块块落；汝休妄想，须知道勤俭般般有，懒惰件件无。

该对联运用拟人妙趣横生，模仿“菩萨”说话，意谓“菩萨”都满身剥落了，自身尚且难以保全，求财抽签者又何必痴心妄想呢？

再如：

青山有幸埋忠骨，白铁无辜铸佞臣。（秦桧跪像背后岳飞墓阙上的对联）

在该对联中，“青山有幸”和“白铁无辜”均是拟人手法。“青山”也以能掩埋精忠报国的英雄骨骸而感到荣幸；“白铁”无罪，却被铸成奸臣贼子，代替他们饱受人们的唾骂，为此感到羞惭！此联运用拟人手法，表达了国人对民族英雄岳飞的无比崇敬和怀念以及对卖国贼秦桧的无比憎恨②。

### 思考与练习

一、有人说，下列诗句中运用了比拟的修辞手法，你如何看待？

1. 向晚古原上，悠然太古春。碧云收去鸟，翠稻出行人。水色秋前静，山容雨后新。独怜溪左右，十室九家贫。（郑珍《晚望》）

2. 午梦初回，卷帘尽放春愁去。昼长无侣，自对黄鹂语。絮影蘋香，春在无人处。移舟去。未成新句，一砚梨花雨。（周晋《点绛唇·访牟存叟南漪钓隐》）

3. 雪里已知春信至，寒梅点缀琼枝腻。香脸半开娇旖旎。当庭际，玉人浴出新妆洗。造化可能偏有意，故教明月玲珑地。共赏金尊沈绿蚁。莫辞醉，此花不与群花比。（李清照《渔家傲·雪里已知春信至》）

4. 水调数声持酒听，午醉醒来愁未醒。送春春去几时回？临晚镜，伤流景，往事后期空记省。沙上并禽池上暝，云破月来花弄影。重重帘幕密遮灯，风不定，人初静，明日落红应满径。（张先《天仙子·水调数声持酒听》）

5. 闻道长安灯夜好，雕轮宝马如云。蓬莱清浅对觚棱。玉皇开碧落，银界失黄昏。

---

① 朱英贵．对联中的比喻与比拟[J]．晚霞，2019（1）：50-51.

② 朱英贵．对联中的比喻与比拟[J]．晚霞，2019（1）：50-51.

谁见江南憔悴客，端忧懒步芳尘。小屏风畔冷香凝。酒浓春入梦，窗破月寻人。（毛滂《临江仙》）

6. 心口莫要这么厉害地跳，灰尘呀莫把我眼睛挡住了……手抓黄土我不放，紧紧贴在心窝上。……几回回梦里回延安，双手搂定宝塔山。千声万声呼唤你，——母亲延安就在这里！（贺敬之《回延安》）

二、下列寓言中运用了何种修辞手法，并请说明其表达效果。

1. 葡萄架上，垂下几串成熟的葡萄。一只狐狸看见了，馋得直流口水。他想尽了各种办法去够葡萄，但是白费劲。狐狸感到无望了，只好转身离开。他边走边回过头来说："这些葡萄肯定是酸的，不好吃。"

2. 狼误吞下了一块骨头，十分难受，四处奔走，寻访医生。他遇见了鹭鸶，谈定酬金请他取出骨头，鹭鸶把自己的头伸进狼的喉咙里，叼出了骨头，便向狼要定好的酬金。狼回答说："喂，朋友，你能从狼嘴里平安无事地收回头来，难道还不满足，怎么还要讲报酬？"

3. 有个小孩在城墙前捉蚱蜢，一会儿就捉了许多。忽然看见一只蝎子，他以为也是蚱蜢，便用两手去捕捉它。蝎子举起它的毒刺，说道："来吧，如果你真敢这样做，就连你捉的蚱蜢也会统统死掉。"

4. 小山羊站在屋顶上，看见狼从底下走过，便谩骂他，嘲笑他。狼说道："啊，伙计，骂我的不是你，而是你所处的地势。"

5. 上级领导老虎下山视察，看到其他动物都在玩，而只有驴在拉磨。老虎顿时赞不绝口："有这样勤奋的员工，是我们动物王国的幸事！"领导秘书狐狸对老虎说："老板，驴很勤奋没错，但是，磨上已经没有东西了，他还在拉磨，这不是制造假象吗？"老虎一看，果真如此，不禁摇头叹息。

6. 猎人在打猎途中遇见一条花蛇，当即举起猎枪，瞄准它就要扣动扳机。花蛇急叫道："你可千万不要打我，我是好蛇，不会害人的！"猎人气鼓鼓地说："你上次连救你命的恩人农夫都害了，还说什么不会害人，这不是大白天说瞎话又是什么？""不，不，你千万不要误解！"花蛇急忙分辩道，"那绝对是一场误会，我醒来以后，以为农夫要来害我，才误咬了他一口，我现在每想起这些，就懊悔得要命啊！"花蛇说着说着，还挤出了几滴眼泪。猎人一见眼泪，心不由就软了，情不自禁地放下了猎枪。花蛇趁其不备，扑上去狠狠地咬了他一口。看到猎人临死前那痛苦的表情，花蛇叫道："这不能怪我，我不是故意的，谁叫你手里总是拿着猎枪呢，我不赶紧咬你，你早晚总会把我打死的啊！"

三、下列对联中运用了何种修辞手法，并请说明其表达效果。

1. 雪积观音，日出化身归南海；云堆罗汉，风吹漫步到西天。

2. 虚心竹有低头叶；傲骨梅无仰面花。

3. 母鸭无鞋空洗脚；公鸡有髻不梳头。

4. 青山忍坳埋忠骨；碧水含悲泣英魂。

5. 青山原不老，为雪白头；绿水本无忧，因风皱面。

6. 墙上芦苇，头重脚轻根底浅；山间竹笋，嘴尖皮厚腹中空。

7. 清风明月本无价；近水遥山皆有情。

8. 水如碧玉山如黛；云想衣裳花想容。

四、下列材料是凤凰古城、鄱阳湖的简单介绍，请根据这些材料，分别创作数则比拟辞格广告语，以吸引游客。

1. 凤凰古城，位于湖南省湘西土家族苗族自治州的西南部，居民由苗族、汉族、土家族等28个民族组成，为典型的少数民族聚居区。凤凰古城，建于清康熙四十三年（1704），是中国历史文化名城，湖南十大文化遗产之一；曾被新西兰著名作家路易·艾黎称赞为中国最美丽的小城，与云南丽江古城、山西平遥古城媲美，享有“北平遥，南凤凰”之美誉。

2. 鄱阳湖是中国第一大淡水湖，也是中国第二大湖，仅次于青海湖。鄱阳湖上承赣、抚、信、饶、修五河之水，下接长江。丰水季节浪涌波腾，浩瀚万顷，水天相连；枯水季节水落滩出，野草丰茂，芦苇丛丛；湖畔峰岭绵延，沙山起伏，沃野千里，候鸟翩飞，牛羊徜徉。美丽富饶的鄱阳湖养育了世代生长居息湖畔的万物生灵。

# 第六章 委 婉

## 第一节 委婉概述

我国著名语言学家陈望道先生在《修辞学发凡》中指出："说话时不直白本意，只用委曲含蓄的话来烘托暗示的，名叫婉转修辞。"又认为，"说话时遇有犯忌触讳的事物，便不直说该事该物，却用旁的话来回避掩盖或者装饰美化的，叫做避讳辞格"[①]。后来，学者就把婉转修辞、避讳辞称为委婉辞格，委婉是人们在说话时，遇有不便于直接说明或不愿意直接说明的话语时，而采用一些婉转、曲折的方式来表达的辞格。

### 一、因为禁忌

由于迷信、宗教等因素，出现了对某些事物或者现象的禁忌，由此也对用来指称这些事物或者现象的语言符号也产生了禁忌。人们认为语言符号与所指事物是一种等同的关系，故采用新的语言符号来表达[②]。

恩格斯在《路德维希·费尔巴哈和德国古典哲学的终结》一文中认为，远古时代的灵魂观念的产生与原始人的思维、感觉及梦中景象有关，最初人们信仰精灵，并认为各种现象包括语言现象都是精灵变化所导致。他们对语言产生了神秘的幻想，同时也萌生出崇敬和恐惧感，并认为语言有一种超人的神奇力量[③]。

高俊兰先生在他的论文中还举了这样一个事例来说明委婉的产生原因：

> 侗族在收割季节禁止在田边或在吃饭时吹口哨和讲"完"字。相传侗族祖先，当天在田里摘完禾穗，可第二天田里又长满了沉甸甸的禾穗，后来有人在田边吹口哨后讲了"完"字，于是田里的禾穗全不见了。打这以后，侗族人在收禾穗时再也不许吹口哨和说"完"字。[④]

委婉是由于语言禁忌而产生，因此才有了明代著名学者陆容在《菽园杂记》里的记载："民间俗讳，各处有之，而吴中为甚。如舟行讳'住'，讳'翻'。以'箸'为'快儿'，'幡布'为'抹布'。讳离散，以梨为'圆果'，伞为'竖笠'。讳狼藉，以榔槌为'兴哥'。讳恼躁，以谢灶为'谢欢喜'。此皆俚俗可笑处，今士大夫亦有犯俗称'快儿'者。"

---

① 陈望道. 修辞学发凡[M]. 上海：上海教育出版社，2001.
② 束定芳. 委婉语新探[J]. 外国语，1989（3）：28-33.
③ 高俊兰."婉曲"与社会心理[J]. 南通师范学院学报，1994（6）：45-47.
④ 高俊兰."婉曲"与社会心理[J]. 南通师范学院学报，1994（6）：45-47.

## 二、因为动听

束定芳认为，动听不指它的声音美妙动听，而是指它能有一个比较好的伴随意义，能给人一种比较好的联想。[1]钱冠连教授曾经说过，“拣好听的说”是言语活动中一条最普通的求美策略，它表现了人对意义的追求，表现了功利目的和对不宜说的话题的补救的努力。如把“死亡”说成“长眠了”，把“胆小”说成“谨慎”。[2]

在人们的生活中，“病”“死”“罢官”“落第”之类的话语是人们所不情愿看到的，应尽量避免直说。如：

> 她有时感到女儿女婿实在并没有“那个”，会有一天，搭，搭，搭，叩门声是他们特别的调子，走进来，是肩并肩活泼可爱的两个。(叶圣陶《夜》)

例中的“那个”是指女儿女婿的死。“母亲”实在不愿想、不愿说这个字眼，避免受刺激。

对别人，特别是对长辈、上司，要尊重，不敢冒犯。于是古代出现了一些敬辞，如“陛下”“阁下”“殿下”“足下”等。自己谦卑也是对对方的尊重，如“臣”“仆”“妾”“奴婢”等谦辞[3]。

在语言表达中，还存在一些临时性避冒犯的现象。如：

> 汉皇重色思倾国，御宇多年求不得。(白居易《长恨歌》)

唐朝诗人白居易不敢说当朝皇上唐玄宗好色，只好把汉皇拿来说事儿。

## 三、因为含蓄

“文似看山不喜平。”故而委婉就成了一种曲折的表达艺术。实话实说，显得直白无味，于是拐弯抹角地表达，这样就含蓄一些。如：

> 女人们到底有些藕断丝连。过了两天，四个青年妇女聚在水生家里来，大家商量。“听说他们还在这里没走。我不拖尾巴，可是忘下了一件衣裳。”“我有句要紧的话，得和他说说。”……“我本来不想去，可是俺婆婆非叫我去看看他——有什么看头啊！”(孙犁《荷花淀》)

几个青年妇女都很想念刚参军的丈夫，想去看看刚参军的丈夫，但她们大家都不直接说出口，而是委婉地找各种借口，言此意彼，让他人听起来“名正言顺”，表达含蓄生动，富有生活情趣。

外交需要言辞确当、不卑不亢、柔中带刚，曲折婉转是十分重要的手段。如：

> 曹操遗权书曰：“……今治水军八十万众，方与将军会猎于吴。”(司马光《资治通鉴》)

曹操大军压境，其意图很是明显，就是消灭吴国，但是他送给孙权的信上却说“与将军一起打猎”，十分客气。

综上可知，委婉语的产生是因为禁忌，因为动听，因为含蓄。委婉能够增强语言的

---

① 束定芳. 委婉语新探[J]. 外国语，1989 (3)：28-33.

② 钱冠连. 汉语文化语用学[M]. 北京：清华大学出版社，1997.

③ 束定芳. 委婉语新探[J]. 外国语，1989 (3)：28-33.

形象性和生动性，使语言表达婉转、含蓄。

## 第二节　委婉诗歌

司空图在《二十四诗品》中，专门就“含蓄”做了特别的解释：“不着一字，尽得风流，语不涉难，弱不堪优，是有真宰，与之沉浮，如渌满酒，花时返秋，悠悠空尘，忽忽海沤，浅深聚散，万取一收。”所谓“不著一字，尽得风流”，就是指含蓄的意境不能用文字直接表达，要含而不露，才能尽显意蕴[①]。委婉诗歌可以用于反映世事变迁，也能表达相思之苦，也可以用于问讯，等等。

### 一、反映世事变迁

在社会现实中，委婉诗歌能用来反映世事之变迁。如：

朱雀桥边野草花，乌衣巷口夕阳斜。旧时王谢堂前燕，飞入寻常百姓家。（刘禹锡《乌衣巷》）

在该诗中，“显官望族之府”变成了“寻常百姓之家”，历史沧桑的巨变，沉重的主题，却透过堂前燕巢的变化委婉含蓄地表达了出来，笔轻意重。

### 二、反映相思之苦

在生活中，委婉诗歌能用来表达相思之苦。如：

香冷金猊，被翻红浪，起来人未梳头。任宝奁闲掩，日上帘钩。生怕闲愁暗恨，多少事、欲说还休？今年瘦，非干病酒，不是悲秋。（李清照《凤凰台上忆吹箫》）

明明是因为离别后因相思而消瘦，李清照却偏偏转弯抹角地诉说“非干病酒，不是悲秋”。该诗歌明明写相思之苦，却不直露，极其委婉[②]。

### 三、用于问讯

在生活中，委婉诗歌能用来表达问讯。如：

洞房昨夜停红烛，待晓堂前拜舅姑。妆罢低声问夫婿，画眉深浅入时无？（朱庆馀《近试上张籍水部》）

该诗歌表面上是描写新娘去堂前行礼时的各种担心、羞涩的心情，实际上却表达朱庆馀不知道自己文章写得如何，是否符合主考官的心意等。该诗歌委婉而含蓄，一箭双雕。面试官张籍回复了信息：

---

① 高俊兰.“婉曲”与社会心理[J]. 南通师范学院学报，1994（6）：45-47.

② 高俊兰.“婉曲”与社会心理[J]. 南通师范学院学报，1994（6）：45-47.

越女新妆出镜心，自知明艳更沉吟。齐纨未足时人贵，一曲菱歌敌万金。（张籍《酬朱庆馀》）

在这首诗中，张籍将朱庆馀比作采菱的姑娘，相貌既美，歌喉又好，因此必然受到人们的称赞，委婉地告诉朱庆馀他的文章很有价值①。

又如：

八月湖水平，涵虚混太清。气蒸云梦泽，波撼岳阳城。欲济无舟楫，端居耻圣明。坐观垂钓者，徒有羡鱼情。（孟浩然《望洞庭湖赠张丞相》）

“欲济无舟楫，端居耻圣明。”是从眼前景物触发出来的，诗人面对浩浩湖水，想渡过湖去却没有船只，实则是委婉地表示自己不甘心闲居无事，要出来做一番事业，只是还找不到门路。这两句诗就很委婉地表达了孟浩然不甘心隐居、想做出一番千秋伟业的宏大愿望②。

## 四、体现战争灾难

委婉诗歌能用来描绘战争灾难的场景。如：

秦时明月汉时关，万里长征人未还。但使龙城飞将在，不教胡马度阴山。（王昌龄《出塞》）

“万里长征人未还”使人联想到战争给人带来的灾难，这是“马革裹尸，人埋边陲”的别种的委婉说法③。该诗句深切地表达了诗人悲愤的情感。

## 五、表达幽怨、抱怨之情

委婉诗歌能用来表达人们幽怨、抱怨的感情。如：

玉阶生白露，夜久侵罗袜。却下水晶帘，玲珑望秋月。（李白《玉阶怨》）

该诗是宫怨诗。“夜久侵罗袜”，表现诗中主人公伫立于阶梯已久，幽怨已深，因为寂寞才与月做伴，主人公的幽怨只有月亮才能读懂④。该诗看似平淡，却给人以无限的想象空间，这正是诗人“不着一字，尽得风流”审美倾向的体现。

又如：

寂寂花时闭庭门，美人相并立琼轩。含情欲说宫中事，鹦鹉前头不敢言。（朱庆馀《宫中词》）

该诗中，“鹦鹉前头不敢言”，为什么呢？因为宫中的美人们怕它学舌，怕鹦鹉把宫中的尔虞我诈、荒淫无耻、宫女的无聊凄苦传到宫外去⑤。这话语十分含蓄，留有无限的余地让人们回味咀嚼。

又如：

---

① 高俊兰.“婉曲”与社会心理[J]. 南通师范学院学报，1994（6）：45-47.

② 张鹏. 浅析唐诗中的委婉语[J]. 唐山文学，2017（2）：105-106.

③ 张鹏. 浅析唐诗中的委婉语[J]. 唐山文学，2017（2）：105-106.

④ 张鹏. 浅析唐诗中的委婉语[J]. 唐山文学，2017（2）：105-106.

⑤ 张鹏. 浅析唐诗中的委婉语[J]. 唐山文学，2017（2）：105-106.

黄河远上白云间，一片孤城万仞山。羌笛何须怨杨柳，春风不度玉门关。（王之涣《凉州词》）

“羌笛何须怨杨柳”，羌笛何必总是吹奏那首哀伤的《折杨柳》曲呢？说“何须怨”，并不是没有怨，也不是劝戍卒不要怨，怨了也没用。“春风”也暗指皇帝，因为皇帝的关怀到达不了这里（指边陲玉门关）。诗人借用“羌笛何须怨杨柳，春风不度玉门关”两句诗委婉地表达了对皇帝不顾及戍守玉门关边塞士兵的生死，不体恤边塞士兵的抱怨之情[①]。

## 第三节　委婉广告语

语言学家王希杰先生指出，我国传统广告语讲究含蓄，并且把含蓄看作是人生涵养的重要组成部分[②]。《小仓山房文集》中有句名言：“凡作人贵直，而作诗文贵曲。”“曲”就是含蓄，含蓄使“味之者无极，闻之者动心”。含蓄，就是不要把思想都摆出来，不要把所有的话都讲完，要留一些给读者去想。国人讲究含蓄，古代有一些经典论述。

南北朝著名文学理论家刘勰在《文心雕龙·隐秀》云：“隐也者，文章之重旨也。”晚唐诗人司空图在《二十四诗品》中云：“不着一字，尽得风流。”唐朝史学家刘知几在《史通·叙事》中云：“晦也者，省字约文，事溢于句外……夫能略小存大，举重明轻，一言而巨细咸赅，片言而洪纤靡漏，此皆用晦之道也。”[③]

广告语由于功利的目的，不能太过锋芒外露，所以用语委婉、含蓄。

### 一、避粗俗不雅

人体的隐私处等，在日常的语言表达中总是羞于出口的，因此广告语在说这些词语的时候需讲究委婉。女性身体某些部位、所使用的卫生用品不宜在公共场合谈论，采用含蓄的手法来表达，就能使广告语耐人寻味，隽永含蓄[④]。如：

①难言之隐，一洗了之。（洁尔阴广告语）

②没什么大不了的。（某丰胸产品广告语）

③做女人挺好。（某丰胸产品广告语）

④以前我不懂用丹碧丝，我总是照顾不好“那个”，所以，它老是向我开玩笑，再难堪我也要默默忍受。今天闺中密友推荐，我改用了“丹碧丝”，“那个”变乖了，它可以自己照顾自己了，丹碧丝体贴入微。（丹碧丝广告语）

例①中，女性生殖器官因为各种原因而引起的瘙痒症等某些妇科疾病一般来说是不可以拿到大众场合中来讲的，此处广告语用“难言之隐”来代替，十分巧妙。如果在广告语中直接说“一洗了之女性生殖器官由各种原因而引起的瘙痒症等某些妇科疾病”，这

---

① 张鹏. 浅析唐诗中的委婉语[J]. 唐山文学，2017（2）：105-106.

② 王希杰. 修辞学通论[M]. 南京：南京大学出版社，1996.

③ 蒋华. 广告语多维研究[M]. 哈尔滨：黑龙江人民出版社，2019.

④ 刘萍. 论委婉广告语的美学特征[J]. 文教资料，2013（20）：93-94.

样会使女性在看广告时可能会觉得尴尬。在这种尴尬的局面下，如果想让她们来买这种产品，她们是不太愿意的。例②例③中，“大”和“挺”指乳房丰满之意，如果直接说胸“大”、胸“挺”，这样会给女性带来尴尬，这两则广告语则回避了在公共场合谈论女性胸部这种敏感话题①。例④中用“那个”来替代例假这不便在公众场合中说出的事物，巧妙而得体。

与之同理，在公众场合，男性的某些生理部位也是羞于出口的，因此也会在广告语中有所隐晦。如：

⑤ 他好我也好。（汇源肾宝广告语）

⑥ 令君重振雄威。（某男性保健药广告语）

如果广告语直接用“腰腿酸痛”“精神不振”“身体被掏空”“肾虚”这类词语，男性消费者看了之后会觉得尴尬。而例句则避开了这些令人相当敏感的字眼，避免了难堪。上述广告语用委婉语来表达，使广告语的表达含而不露，给人以思索、回味联想的余地，易于消费者接受②。又如：

⑦ 您的秘密只有“西施兰”和您本人知道。如果您意识到每周花几秒钟时间就能恢复您的自尊和自信，您就会分外觉得西施兰的珍贵了。（西施兰夏露广告语）

例⑦中，如果直接说西施兰就是治疗腋臭的，这可能会令消费者面子上过不去，消费者可能因此而不去购买该产品。上述广告语婉转地表达了西施兰治疗腋臭的美丽功效，增强消费者的自信，同时使消费者避免了尴尬的场面③。

## 二、避凶险不吉

在人们日常的语言表达中，“病”“死”之类的词，是人们所不情愿的，应尽量避免直说。我国著名学者钱冠连先生指出，国人讲话却力求含蓄，这是中国文化传统与美学渊源在中国人言语行为中的渗透④。现代著名作家茅盾曾经说过，含蓄就是不要把主题思想都摆出来，不要把所有话都讲完，要留一些让读者去想。含蓄在广告语能给人以想象的空间，让人感受到它丰富而深刻的内涵。如：

① 这里是老年人百年之后最理想的安身之所。（唐人墓地广告语）

② 每当晚霞消逝的时候……（美国大都会人寿保险公司广告语）

③ 阁下，驾驶汽车时速不超过 30 英里，你可以饱览本地美丽景色；超过 60 英里，请到法庭做客；超过 80 英里，欢迎光顾本地设备最新的急救医院；上了 100 英里，请君安息吧！（马来西亚柔佛交通安全宣传广告语）

例①中，避免谈起“死”这一人们十分忌讳的字眼，而运用了模糊性话语“百年之后”“安身之所”。这种曲径通幽的语言表达方式减弱了对消费者的刺激，易于消费者接受。例②中，人人都会老去，人人都会日渐衰老，大家得有个保身之策，这广告巧妙地

---

① 刘萍. 委婉广告语中的辞格妙用[J]. 阅读与写作，2010（6）：35-36.

② 刘萍. 委婉广告语中的辞格妙用[J]. 阅读与写作，2010（6）：35-36.

③ 刘萍. 委婉广告语中的辞格妙用[J]. 阅读与写作，2010（6）：35-36.

④ 钱冠连. 汉语文化语用学[M]. 北京：清华大学出版社，1997.

以“晚霞消失的时候”来代替人生的晚年，从而易于人们接受。例③中，如果直接说“逮捕”“死亡”等词语来正面阐述违规驾驶会带来的严重后果，这似乎也可以，但司机会觉得不吉利，难于接受，而委婉表述成“请到法庭做客”“欢迎光顾本地设备最新的急救医院”“请君安息”等。这委婉而幽默的广告语会更容易让司机接受，亦能对那些违章行车者起到较好的劝导与警示作用①。

## 三、避直白

在生活中，有的话语实话实说，显得直白无味，隐晦婉转则显得委婉、含蓄一些。委婉广告语有时候使用空白来避直白，如：

① 从今以后不必用牙齿了。（某开瓶器广告语）

② 夏天，并不可怕。（某饮料广告语）

③ 在迷人的夜晚……（法国利朗牌香水广告语）

④ 光与影给您带来永久的……（某照相馆广告语）

例①中，也可以这样来表达：“开瓶时请用这种开瓶器。”这样直接明了，但是无味。此广告语用的却是“从今以后不必用牙齿”，这是为什么呢？喝酒时用什么来打开瓶盖呢？此广告语告诉人们开酒时用这种开瓶器，自然也就不用牙齿了，含蓄而内敛。例②也可以这样说“夏天来了，请喝某饮料”，而“夏天，并不可怕”却启发我们思考，夏天为什么不可怕呢？原来是有了某饮料，一旦喝了这种饮料，就可以清热解暑，就可以冰凉爽神，那么夏天也就不用害怕了。例③中，“在迷人的夜晚”之后省略了什么？这空白可以给我们无穷的想象，可以花前月下，“人约黄昏后”，也可以约恋人一起去看电影，也可能一起去海边漫步，等等。总之，这一切都是空白广告语带来的。例④中，“光与影给您带来永久的”后省略了什么？这空白也使广告语欣赏者有无穷多的想象：诗意的浪漫、温柔可人的形象、美丽的瞬间等，这一切都是空白所带来的。因此，空白广告语之所以广受人们的青睐，与空白能使广告语更加含蓄的功能是分不开的②。

在广告语中，也可以间接、含蓄地批评某些人的不当行为。如：

⑤ 带走满腹知识，留下一架好书。

⑥ 莫露裁缝手段，当收剪刀功夫。

⑦ 痰纸一挥间，风度尽逝矣。

⑧ “痰吐”得体，从我做起。

例⑤中，我们也可以说“不要偷盗图书、损坏图书”，这样的话语在图书馆似乎过于直白，而且似乎有损读者的形象。该广告语则巧妙暗示大学生要好好地对待图书，不要偷盗书、损坏图书。例⑥中，我们也可以说“不要乱撕书”，这样的话语也过于直白。该广告语委婉劝说读者要有公德心，应自重，易于大学生接受。例⑦中，我们也可以说“不要随地乱扔痰纸”，这样显得过于直白，他人不好接受。该广告语委婉而形象地劝告人们要注意公共卫生，富有诗意③。例③中，我们也可以说“不要随地吐痰”，但这样也过于

---

① 刘萍. 委婉广告语中的辞格妙用[J]. 阅读与写作，2010（6）：35-36.

② 蒋华. 广告语多维研究[M]. 哈尔滨：黑龙江人民出版社，2019.

③ 蒋华. 广告语多维研究[M]. 哈尔滨：黑龙江人民出版社，2019.

直白，而这则广告语巧妙运用“谈吐”的谐音，委婉地劝告我们要把“痰”吐得“得体”，吐得文明。

## 第四节　委婉笑话

委婉这种表达方式，我国古代学者曾给予了极高的评价。刘勰《文心雕龙·隐秀篇》说：“文隐深蔚，余味曲包。”含蓄而少言，言外之意无穷，耐人寻味且言近旨远。叶燮《原诗》：“妙在含蓄无垠，思致微渺，其寄托在可言不可言之间，其指归在可解不可解之会。”孙麟趾在《词径》中说：“恐其平直，以曲折出之，谓之婉。”

### 一、委婉笑话之成因

1. 避凶险不吉的需要

在生活中，“病”“死”“罢官”“落第”之类是人所不情愿的，应尽量避免直说。司空图在《诗品》中阐释含蓄是“不着一字，尽得风流”。这就要求我们说话得委婉隐逸，给读者留下想象的余地。如：

> 柳冕秀才性多忌讳，应举时，同辈与之语，有犯“落”字者，则忿然见于词色。仆夫误犯，辄加杖楚。常语“安乐”为“安康”。忽闻榜出，亟遣仆视之。须臾，仆还，冕即迎问曰：“我得否乎？”仆应曰：“秀才康了也。”

在该笑话中，仆夫要避讳“落”字，故而连近音词“乐”也不能说，得说成“康”，结果“落第”却成“落康”了，故而弄成笑话。该笑话是秀才柳冕太过忌讳而致。

又如：

> 一举子往京赴试，仆人挑行李随后，行至旷野，忽狂风大作，将担上头巾吹下。仆人大叫道：“落地了。”主人心下不悦，嘱咐道：“今后莫说落地，只说及地。”仆人点头称是，将行李拴好道：“如今任你飞上天去，再也不会及地了。”

在我国封建社会中，科举时代的“落第”自然是读书人最为忌讳的，“及第”则是读书人所追求的。因为“落地”“落第”相谐音，故举子要求仆人不说“落地”，而要说“及地”。没有料想到仆人又无意中说出“再也不会‘及地’（音同‘及第’）”来，这样又犯了主人的忌讳，真是令人哭笑不得[①]。要说为什么会导致这样的结局，显然是举子过于避讳之故。

又如：

> 吴人孙山，滑稽才子也。赴举他郡，乡人托以子偕往。乡人子失意，山缀榜末，先归。乡人问其子得失，山曰：“解名尽处是孙山，贤郎更在孙山外。”

“解名”，同“解额”，指乡试中举的名额。“解名尽处是孙山，贤郎更在孙山外”是委婉地告诉乡人，您的儿子今年没有考上举人。孙山的说法极其委婉，使乡人不失面子，

---

① 蒋华. 笑话中的语言学[M]. 长沙：湖南大学出版社，2008.

让乡人易于接受[①]。

2. 避冒犯的需要

在生活中，对别人，特别是对长辈、上司，尤其是君王，要尊重，不得冒犯，因此国人常常用语含蓄。除此之外，还有一些临时性避冒犯的现象。元代范德机在《木天禁语》中说："言语不可明白说尽，含糊则有余味。"我国宋代著名学者苏轼在他的论著中这样说过："云言有尽而意无穷者，天下之至言也……若句中无余字，篇中无长语，非善之善者也。句中有余味，篇中有余意，善之善者也。"话语含蓄就是把重要的、应该说的部分隐藏起来，说得不显露，却又能让人明白自己的意思，这就是所谓的"只可意会，不可言传"。如：

> 张九和李九二人，一个拿着把韭菜，一个拎着一壶酒，去找老朋友王九喝几盅。正巧王九外出未归，只好让他的儿媳妇代为转告。王九回来后，儿媳妇说："张三三，李四五，一个拿着马莲菜，一个提着连盅数，来请公公赴宴席。"王九听罢，一张老脸乐开了花。

"张九""李九"中的"九"、"韭菜"中的"韭"、"酒"都和王九的"九"谐音，儿媳妇是不能当着公公的面说"九"这个音的。儿媳巧妙地将与公公名字里同音的字一一做了变换，既正确表明了含义，又避了公公的名讳，故而公公十分开心[②]。

又如：

> 田登作郡，自讳其名，触者必怒，吏卒多被搒笞。于是举州皆谓灯为"火"。上元放灯，许人入州治游观，吏人遂书榜揭于市曰："本州依例放火三日。"

知州名"登"，因"登""灯"同音，州民便不敢说"灯"，因为犯者"多被搒笞"，故而"放灯"也就变成了"放火"，"放火"却是指"引火焚烧房屋等"。这知府把避讳做到了极致，真是让人哭笑不得，真的是做到了"只许州官放火，不许百姓点灯"!

又如：

> 有个名叫刘宗汉的人，是本朝皇室宗亲，他最忌讳别人说起他的名字。他命令把"汉"字改称为"兵士"，整个皇宫里的人都要这样念才行。他妻子供奉罗汉像，他儿子学习《汉书》，宫中人对此都不敢直说，只得说："今日夫人召僧供十八罗兵士（汉），太保请官教点兵士（汉）书。"此话一出，闻者无不哄笑，很快被传为笑谈。

在该笑话中，"今日夫人召僧供十八罗兵士，太保请官教点兵士书"，可见夫人和儿子的行为是多么荒唐，这一切都是皇室宗亲刘宗汉避讳而造成的恶果，只能遭到众人的嘲笑罢了。

3. 避直白的需要

生活中，有些话无须避忌，但实话实说，就直白无味，于是就拐弯抹角地说。如：

> 在一次宴会上，有个纺织厂的老板娘正坐在英国大文学家萧伯纳的旁边。萧伯纳个子瘦小，老板娘却胖得出油。这位胖胖的老板娘带着娇媚的笑容问萧

---

① 蒋华. 笑话中的语言学[M]. 长沙：湖南大学出版社，2008.
② 蒋华. 笑话中的语言学[M]. 长沙：湖南大学出版社，2008.

伯纳："您知道有防止肥胖的办法吗？"萧伯纳摸着胡子，装出一副非常郑重的样子说："我知道有一种办法，但是怎样也想不出法子把这个词翻译给你听，因为'干活'这个词对你来说，是个外国词呀！"

萧伯纳的话语，委婉曲折地表达了他的态度（要老板娘多干活）和情感（萧伯纳鄙视老板娘不事劳作的行为）。萧伯纳的话语虽然含蓄，但却把意思表达得甚是清楚，令该老板娘无话可说。

又如：

有位向导，陪一位法官打猎回来时，有人问他："法官今天收获如何？""法官枪法高明，"他回答，"只是今天上帝对于飞鸟特别仁慈。"

该向导如果说，这个法官枪法太差，一只飞鸟也没有打着，虽也是客观地反映了事实，但是却过于直白，令法官面子上不好看。"今天上帝对于飞鸟特别仁慈"却间接、含蓄、幽默地告诉了人们打猎的结果，让法官易于接受[①]。

又如：

有一位寡妇住进了老人院，一天她认识了一位新来的男士，她走过去跟他讲话："哇，怎么这么巧，你长得跟我第三任丈夫一样，你的头发，你的眼睛，你说话的样子！天哪，都跟他一模一样，简直不可思议极了。"听到这话的男士也吓了一跳，真的吗？怎么会有这样的情况呢？接着他想到了什么，连忙问："我像你的第三任丈夫？那请问你，你到底结过几次婚？"只见这位女士开心地眨眼："两次。"

在该笑话中，这位寡妇如果直接说"你做我的丈夫吧，我看上你了"，会显得过于直白，可能会令那位新来的男士一下子难于接受，从而破坏了自己在新来的男士眼中的美好形象。"哇，怎么这么巧，你长得跟我第三任丈夫一样，你的头发，你的眼睛，你说话的样子！天哪，都跟他一模一样，简直不可思议极了。"这话语委婉，也十分幽默，让那位新来的男士易于接受[②]。

4. 外交辞令的需要

外交需要言辞确当、不卑不亢、柔中带刚。曲折婉转是外交辞令十分重要的手段。如：

蹇叔对秦穆公说："劳师以袭远，非所闻也。"

事实上，蹇叔不赞成"秦穆公以疲劳的军队远袭郑国"，但他却不直接说出来。其实他也可以直接说"这太危险了，也许会使我们的军队会遭遇灭顶之灾的"，但这样的意见可能会被秦穆公摒弃。蹇叔巧妙地用"非所闻也"来婉转表达自己不同意这样做的意思，十分含蓄，易于秦穆公接受[③]。

又如：

古时候，位于巴尔干半岛北部的马其顿帝国，拥有强大的军队。国王菲利普想向希腊南部进军，妄图征服整个巴尔干半岛。他向拉科尼亚的人送去了一

---

① 蒋华. 笑话中的语言学[M]. 长沙：湖南大学出版社，2008.

② 蒋华. 笑话中的语言学[M]. 长沙：湖南大学出版社，2008.

③ 刘萍. 汉语委婉语的特征[J]. 雁北师范学院学报，2001（4）：12-13.

封信，信中写道："如果我们来到你们的国家，将会把你们的城市夷为平地。"几天以后，勇敢的斯巴达人反唇相讥，给马其顿国王菲利普回了一封信。信的内容非常简短，全信只有一个词："如果。"

勇敢的斯巴达人如果直接回信说"如果你们胆敢发动进攻的话，我们勇敢的斯巴达人一定会奋起反击，打败你们的一切进攻"，也是可以的，但可能会激怒马其顿国王菲利普。"如果"一语则含蓄而内敛，有意无意地故意制造一段距离，给马其顿国王菲利普留下一个足以深味、体会的空间，是幽默而委婉的警告。

## 二、委婉笑话之功能

在笑话中，人们能用委婉语提出要求，能用委婉语让人避免尴尬，还能用委婉语逗人开心。

1. 提出要求

人们在提出要求时要注意避免直接，因为直接提出要求万一被拒绝的话，会使自己的面子过不去，而间接的要求就不存在这方面的担忧，因此人们的话语表达较为含蓄。如：

"今晚我可以借用一下你的唱机吗？"一个人对他的邻居说道。

"当然可以。你也想听听音乐吗？"

"不，"他回答道，"今晚我想安安静静地休息一下。"

邻居放唱机影响了这位先生的休息，但这位先生没有径直埋怨自己邻居，而是以向邻居借唱机的方式含蓄地暗示对方：不能自顾自地欣赏音乐，也得顾及邻居的感受。那位粗心的邻居肯定也会明白对方的感受，以后会减少放唱机的次数的[①]。

2. 避免尴尬

委婉能使我们讲的话语妙趣横生、诙谐幽默，富有感染力，亦能帮助人们避免尴尬的场面。如：

一次马克·吐温对坐在他对面的太太说："你真漂亮，太太。"

"对不起，我可不能这样奉承你。"这个妇人高傲地回答道。

"没关系，"吐温答道，"你可以像我一样撒谎。"

如果马克·吐温对他对面的太太说"你很丑"，我们能够想象出来，坐在他对面的太太将是如何的恼恨。马克·吐温这样的话语与对答却显得异常委婉、含蓄，给了那位骄傲的公主式的女士一个教训，并且避免了尴尬的场面。

又如：

一位妇女急匆匆地走进一家商店："5分钟前我让小儿子来买一磅果酱，回去时分量不够，这个你怎么解释？"售货员礼貌地答道："太太，回去称一称您的儿子。"

---

① 蒋华. 笑话中的语言学[M]. 长沙：湖南大学出版社，2008.

如果售货员直接说“是您的儿子偷吃了”，这样的回答虽然是事实，但也可能会让那位急匆匆走进商店来问责的妇女非常尴尬，而“太太，回去称一称您的儿子”则委婉而又含蓄，让人思而得之，明白了真正的事实[①]。

又如：

有个主人招待住在馆舍中的宾客，每顿饭都有鱼，但鱼多数没有中间那一段，多是些头和尾。宾客便问主人：“您这鱼是从哪里得来的？”主人说：“是在池中养的。”宾客说：“不对吧，恐怕是在井中养的，不然，为什么长得这么短呢？”

该宾客如果直接说“这条鱼的中段怎么没有”，也是可以的，但这位宾客却故意往“短”字上“扯”，委婉而机智，巧妙地提出了自己的看法，让那位主人不至于尴尬。

3. 逗人开心

人们有时用委婉语来逗他人开心。如：

朋友问一对新婚的夫妇：“你们两人谁是一家之主？谁听谁的？”

男士回答：“我们讲民主，各有分工。两人意见一致，就全听我的，我做主；意见不一致，由她做主，听她的。”

如果这位男士说“我爱人是一家之主”，这会让人觉得这个男人是“妻管严”，但“我们讲民主，各有分工。两人意见一致，就全听我的，我做主；意见不一致，由她做主，听她的”却含蓄得多，风趣得多，让人觉得这位男士非常幽默[②]。

4. 委婉批评

批评的话语，委婉来说的话可能更能让人接受。德国著名的演说家海因·雷曼麦曾经说过：“用幽默的方式说出严肃的真理，比直截了当提出更能为人所接受。”曲折、含蓄，人们一想就会明白，领悟其意，觉得话说得巧妙，话说得有趣[③]。如：

两位时尚的诗人聊天。“你知道吗？我经常深夜灵感大发，一写就是半宿，接着就是失眠，到天亮也睡不着了。”“你不妨看看你写的诗，一会儿就睡着了。”

如果另一位诗人说“你写的诗质量太差了，不忍卒读”，这位时尚的诗人肯定会十分生气。而另一位诗人这样说则委婉得多，用语幽默又十分含蓄[④]。

又如：

有一户人家的水管破裂了，主妇急告水电公司。修理工因故迟到了很久，担心会受到训斥。可是，当修理工带着忐忑不安的心情来到这户人家的时候，主妇却说：“没什么，我在等你的时候，正好教孩子游泳。”

如果该主妇怒骂该修理工一顿，常人似乎也能理解，但该主妇却说“正好教孩子游泳”，话语十分含蓄，委婉地批评修理工来得太迟，又更能让人接受。

---

① 蒋华. 笑话中的语言学[M]. 长沙：湖南大学出版社，2008.

② 蒋华. 笑话中的语言学[M]. 长沙：湖南大学出版社，2008.

③ 刘萍. 汉语委婉语的特征[J]. 雁北师范学院学报，2001（4）：12-13.

④ 蒋华. 笑话中的语言学[M]. 长沙：湖南大学出版社，2008.

## 思考与练习

一、下列诗句中，有采用委婉修辞的吗？如有，请说明其表达功用。

1. 江上荒城猿鸟悲，隔江便是屈原祠。一千五百年间事，只有滩声似旧时。（陆游《楚城》）

2. 今夜鄜州月，闺中只独看。遥怜小儿女，未解忆长安。香雾云鬟湿，清辉玉臂寒。何时倚虚幌，双照泪痕干。（杜甫《月夜》）

3. 对潇潇暮雨洒江天，一番洗清秋。渐霜风凄紧，关河冷落，残照当楼。是处红衰翠减，苒苒物华休。惟有长江水，无语东流。不忍登高临远，望故乡渺邈，归思难收。叹年来踪迹，何事苦淹留？想佳人妆楼颙望，误几回、天际识归舟？争知我、倚阑干处，正恁凝愁！（柳永《八声甘州》）

4. 月落乌啼霜满天，江枫渔火对愁眠。姑苏城外寒山寺，夜半钟声到客船。（张继《枫桥夜泊》）

5. 秋丛绕舍似陶家，遍绕篱边日渐斜。不是花中偏爱菊，此花开尽更无花。（元稹《菊花》）

6. 回乐峰前沙似雪，受降城下月如霜。不知何处吹芦管，一夜征人尽望乡。（李益《夜上受降城闻笛》）

7. 远上寒山石径斜，白云生处有人家。停车坐爱枫林晚，霜叶红于二月花。（杜牧《山行》）

8. 梳洗罢，独倚望江楼。过尽千帆皆不是，斜晖脉脉水悠悠，肠断白蘋洲。（温庭筠《梦江南》）

9. 丞相祠堂何处寻，锦官城外柏森森。映阶碧草自春色，隔叶黄鹂空好音。三顾频烦天下计，两朝开济老臣心。出师未捷身先死，长使英雄泪满襟。（杜甫《蜀相》）

二、下列广告语是委婉广告语吗？为什么？

1. 即使女人气度很大很大，也看不得自己胸襟很小很小。（某医院美容整形中心广告语）

2. 如果有人苦口婆心地劝你戒烟，不要理他——他们大概是想骗你活得长久些。（戒烟公益广告语）

3. 为什么还要苦熬另一个夏天呢？（某空调广告语）

4. 买到的不仅是温暖！（白云羽绒服广告语）

5. 不可偷看。（德国豪斯饮食店广告语）

5. 不仅仅是油条豆浆专家。（永和豆浆广告语）

7. 你将不会再有债务烦恼。（日本企划保险公司广告语）

8. 本城一无医院，二无医生，三无药品。（墨西哥某城市交通安全广告语）

9. 无后顾之忧。（长城计算机集团公司维修服务部广告语）

10. 无意苦争春，一任群芳妒。（美加净润唇膏广告语）

三、比较下列广告语，你认为哪一种更好？请说明理由 。

1. 原：不要让你的妆容弄脏了衣服。

改：不要让衣服弄花了你的妆容。

2. 原：人有旦夕祸福，我有人身保险。

改：天有不测风云，我有人身保险。

3. 原：禁止践踏小草。

改：小草正在休息，请勿打扰。

**四、下列广告语采用了哪种修辞手法，请说明其表达效果。**

1. 已长发的部分，请勿再涂此药。（美国某生发剂广告语）

2. 母亲问女儿："怎么不高兴？"（女儿俯身对母亲做耳语状）母亲笑答："女人嘛，总有女人的问题。用过日舒安吗？"女儿："日舒安？"（日舒安广告语）

3. 安尔乐的保护，体贴又周到。（安尔乐卫生巾广告语）

4. 潮起潮落，怡然轻松。(月月舒牌痛经宝颗粒广告语）

5. 荣昌肛泰，让你解除后顾之忧。（荣昌肛泰广告语）

6. 聪明不必绝顶。（某生发剂广告语）

7. 炉火之上岂能安坐？（某痔疮药广告语）

**五、请说明下列委婉笑话的成因。**

1. 顾客喝完第二杯啤酒的时候，转身问老板："你一天能卖掉多少桶啤酒呀？"

老板得意扬扬地说："5 桶。"

顾客说："我倒想出了一个能使你一天卖掉 10 桶的办法。"

能翻一倍就能赚一倍呀。老板又高兴又惊讶地问："什么办法呀？"

"这很简单。"顾客停顿了一下说："只要您将每个杯子里的啤酒装满就行了。"

2. 陈亚天性滑稽幽默。他在任润州太守时，属吏中有一个名叫上官弼的人，深得他的信任。上官弼任职届满，临走时，陈亚问他："您可有教诲我的高见？"上官弼诚恳地说："您的才干和品行都是没得说的，只是太爱调谑，似乎过分了一些。"陈亚点头笑道："君乃上官弼（鼻），怎奈下官口何？"上官弼闻之，大笑而去。

3. 宋代人于榜下择婿，称为脔婿。有一贵族见一新贵少年风度翩翩，有意将其女许配于他，少年鞠躬道："寒微得托迹高门，因幸，等更归家，试与妻子商量如何？"

4. 卢公暮年丧偶，续娶年少貌美的祝氏为妻。然祝氏觉得卢公年龄、容貌跟自己悬殊太大，不相匹配，所以终日愁眉苦脸，郁郁寡欢。卢公见此，体贴地询问道："娘子你莫非嫌我年纪太大？"祝氏回答道："不是。"卢公又问："大概是恨我官职卑微吧？"祝氏摇了摇头："也不是。"卢公非常纳闷："既然不嫌我年老，不恨我官小，那么你整天忧愁烦闷，又是为何呢？"祝氏再也憋不住了，随口吟诗一首："不恨卢郎年纪大，不恨卢郎官职卑；只恨妾身生太晚，不见卢郎少年时。"

5. 某年轻人问一位作家："我不知道我将来会成为画家，还是会成为诗人。"

"当然是画家。"作家答道。

此人不解："怎么，你看过我的画？"

"没有，"作家说，"但我读过你的诗。"

6. 一翁曰："我家有三个媳妇，俱极孝顺。大媳妇怕我口淡，见我进门就增盐了。次媳妇怕我寂寞，时常打竹板与我听。三媳妇更孝，闻说'夜饭少吃口，活到九十九'，故蚤（早）饭就不与我吃。"

六、请说明委婉语在下列笑话中的功能。

1. 昔有以诗投东坡者，朗诵之，而请曰："此诗有分数否？" 坡曰："十分。" 其人大喜。坡徐曰："三分诗七分读耳。"

2. 嘉靖间一御史，蜀人也，有口才。中贵某，欲讥御史，乃缚一鼠虫，道："此鼠咬余衣服，请御史判罪。" 御史判道："此鼠若问笞杖徒流太轻，问凌迟绞斩太重，下他腐刑。" 中贵知其讽己，然亦服其判断之妙。

3. 古时候有一个官吏怕老婆，一次被妻子抓破了脸，第二天上堂见到太守，太守问他是怎么一回事。他说："是晚上乘凉，葡萄架倒下，把脸刮破了。" 太守不信，说："这一定是你妻子抓破了的，派人把她拿来。" 没有想到太守夫人正在后面偷听，听了这话，大怒，抢出堂前要与太守算账。太守慌忙对那官吏说："且暂退，我家葡萄架也要倒了"。

4. 钱大参良臣，自讳其名，其子聪慧敏达，性爱读书，凡经史上有"良臣"二字，均避而讳之。一日读《孟子》"今日所谓良臣，古之所谓民贼也"，避"良臣"父讳，读曰："今日所谓爹爹，古之所谓民贼也。"

5. 五代时大臣冯道的门客讲读《道德经》的头一章，有"道可道，非常道"的句子。但是"道"是冯道的名字，古人读书说话要避长者名讳，以示尊敬，门客遇到"道"字，为避讳便改成"不敢说"，于是《道德经》上那句话便读成了："不敢说，可不敢说，非常不敢说。"

七、根据下列材料，请为泰山、贡嘎山创作数则委婉辞格广告语，为上述景点赢得更多游客的青睐，并说明创作理由。

1. 泰山，世界文化与自然双重遗产，主峰玉皇顶海拔 1 545 米，气势雄伟磅礴，有"五岳之首""天下第一山"之称。在汉族传统文化中，泰山一直有"五岳独尊"的美誉。自秦始皇封禅泰山后，历朝历代帝王不断在泰山封禅和祭祀，并且在泰山上下建庙塑神，刻石题字。泰山风景以壮丽著称，重叠的山势，厚重的形体，苍松巨石的烘托，云烟的变化，使它在雄浑中兼有明丽，静穆中透着神奇；最为有名的是"泰山四大奇观"。

2. 贡嘎山坐落在青藏高原东部边缘，位于四川省康定、泸定两县分界处，是横断山脉大雪山的主峰，海拔 7 556 米，是四川省第一高峰，被誉为"山中之王"。贡嘎山陡峭如削，攀登不易，极目远眺贡嘎山，宛如一座巨大的金字塔，屹立于群峰之上，高大险峻，气势磅礴。贡嘎山是中国冰川最为发达的山峰之一，也是世界罕见的低海拔冰川。

# 第七章 对 比

## 第一节 对比概述

《朱子语录》中有这样的话语："天下之物，未尝无对。有阴便有阳，有仁便有义，有善便有恶。"可知，事物中存在对比是正常的自然现象。事物的相互对照、反差对比，最易引起人们的联想，形成鲜明的反差。

### 一、对比存在的原因

对比有其存在的思维基础和心理基础。

1. 对比的思维基础

我国古代先贤把世界上的所有存在归为两类：阴与阳。自然和社会中的万事万物都是根据其质量差别呈现出各具特色的本质特征，而在这本质和表象的呈现过程中又体现着方方面面、形形色色、许许多多相反和相对的情形，如几何学上的"长短""高低""大小""方圆"，物理学上的"冷热""快慢""明暗""疏密""软硬"等。诸多相反相对的事物为比较思维的形成提供了前提和基础，人们在认识事物思考问题时发现抓住相反、相对的联系性比单纯认识和研究能够产生更理想的认识效果和更科学的理性结论①。

2. 对比的心理学基础

从心理学的角度来说，凡是能增加反应概率的刺激或者刺激情境均可称为强化。以纳金斯为代表的强化学习理论就是用强化来解释语言的获得。他认为，儿童自发地发出各种近似于成人说话的声音或多或少地得到成人的奖励或者强化，语言就是在此基础上发展起来的。联结主义理论认为，人的某种行为倾向之所以发生，完全取决于先前的这种行为与刺激因强化而建立起来的稳固联系。当某种行为发生后给予强化，就可以增加该行为再次出现的可能性。而对比辞格中两相比照的对比物恰是为表达过程所设置的刺激或者刺激情境②。

对比就是把相对相反的两种事物，或同一事物相对相反的两个方面放在一起形成对照，使双方都更加鲜明突出的修辞方法③。对比分为两种不同的类型，即为两体对比和一体两面的对比。

---

① 杨树郁．对比辞格中比较思维的体现形态[J]．齐齐哈尔大学学报，2004（5）：88-89.

② 孔宪峰、周秀红．对比修辞格的强化效应[J]．文学教育，2005（7）：52-53.

③ 黄伯荣，廖序东．现代汉语[M]．北京：高等教育出版社，2017.

## 二、对比的类型

1. 两体对比

两体对比是把相对相反的两种人物或事物放在一起，两相对照，交相辉映，使好的显得更好，坏的显得更坏，美的显得更美，丑的显得更丑①。如：

朱门酒肉臭，路有冻死骨。(杜甫《自京赴奉先县咏怀五百字》)

杜甫此诗句把统治阶级和劳苦大众两种不同人物物质生活上的差异进行悬殊对比，体现了封建社会尖锐的阶级对立。

2. 一体两面对比

一体两面对比是把同一事物相对相反的两个方面放在一起描述，互相对照，从而把事物阐述得更全面透彻②。如：

这些人，马克思主义是有的，自由主义也是有的；说的是马克思主义，行的是自由主义；对人是马克思主义，对己是自由主义。(毛泽东《反对自由主义》)

毛泽东在这篇文章中深刻地揭示了自由主义者是怎样的一类人：自由主义者“说的”与“行的”、“对人”与“对己”完全不同，这是一体两面对比，显示了自由主义者的两面派行为。

对比能更好地揭示事物的本质特征，让人们在比较中鉴别好坏美丑和善恶等，在对照中认识事物的本质特征③。对比在幽默、广告语和侗族歌曲等中均有应用。

# 第二节　对比幽默

本节主要参考了杨安红博士学位论文《春晚小品语言多维研究——以赵本山小品语言为例》。在幽默中，对比能将矛盾的双方在极短时间内突显出来，让人更加强烈地感受到事物的不同鲜明特点。如：三

牛群：“大叔大妈您别动，配合一下，我不能把鸡砸我手里头。(声情并茂)人一上火，就容易缺心眼，过去我一直缺，自从吃了这下蛋公鸡的肉，哎，我变得机灵啦，吃一块肉才两万块，太值了!”(小品《策划》)

牛群在小品《策划》中把“吃了下蛋公鸡的肉”与“没有吃下蛋公鸡的肉”的效果进行了强烈的对比：没吃，就“缺心眼”；吃了，就“变机灵”。这个对比显示出“下蛋公鸡的肉”的非凡效果，并借此来吸引人。

又如：

黑土：“都不爱说你，你就老老实实儿就得了呗。你这活得多累，你这样儿啊？你飘吧，你说不上哪天风大，把你这块儿云彩飘走了。”

白云：“怎么的？你黑土有能耐也飘啊。”

---

① 黄伯荣，廖序东. 现代汉语[M]. 北京：高等教育出版社，2017.
② 黄伯荣，廖序东. 现代汉语[M]. 北京：高等教育出版社，2017.
③ 黄伯荣，廖序东. 现代汉语[M]. 北京：高等教育出版社，2017.

黑土："我飘起来是沙尘暴。你走吧，啊。崔啊，对不起噢。"

崔永元："没事儿。"

黑土："你大妈已经不是你六年前那大妈了，你大爷永远是你大爷。"

崔永元："怎么听着那么别扭？"（小品《说事儿》）

《说事儿》运用对比手法，表现了黑土和白云"飘"的不同结果：大妈（白云）飘起来，飘走了；大爷（黑土）飘起来，就是沙尘暴。这对比表达出大爷（黑土）对大妈（白云）的极度不满。

又如：

有个记者采访一位百万富翁："先生，请告诉大家，你能成为百万富翁，谁对你的帮助最大？"

百万富翁："我妻子。"

记者："唔，那她一定是位了不起的女人。娶她以前，你是做什么的？"

百万富翁："亿万富翁。"（《"贤"内助》）

此笑话中有个对比，是结婚前后这位丈夫财富的不同对比，即"亿万富翁"与"百万富翁"的对比。该对比话语显示出妻子并非了不起的女人，也并非一位"贤内助"，而是一名真正的"败家媳妇"。

又如：

明朝有两大特务组织，一个是西厂，一个是东厂。西厂先得势，由汪直把握。当时明宪宗身边有个太监阿丑，为人诙谐，善于演杂剧。有一次，他扮演一个醉鬼在撒酒疯。有人告诉他："来了一位当官的。"醉鬼骂骂咧咧。那人又说："皇上驾到！"醉鬼依然如故。最后，那人喊："汪太监来了。"醉鬼顿时惊恐万状，服服帖帖，再也不骂了。

这则笑话由对比来呈现，其情节依靠对比来推动[①]。不同的人物来了，太监阿丑装扮的醉鬼的态度大不相同：当官的来了，太监阿丑装扮的醉鬼"骂骂咧咧"；皇帝来了，太监阿丑装扮的醉鬼依旧"骂骂咧咧"；汪太监来了，太监阿丑装扮的醉鬼"顿时惊恐万状，服服帖帖"。"当官的""皇帝"与"汪太监"来了之后，太监阿丑装扮的醉鬼的不同神态对比充分显示出汪太监权势的强大。

## 第三节　对比广告语

对比是用联系的方法来分析事物，揭示事物的特点，分出事物的优劣高下，是一种重要的认识事物的方法。对比就是把两个不同的事物或者同一事物的两个方面放在一起相互比较的一种辞格，它可以使客观存在的对立统一关系表达得更加集中，也更加突出[②]。对比经常用于广告语中，有时间上的对比，也有动作方面的对比，还有性质方面的对比。

① 薛平. 论对比修辞格的强化作用[J]. 兰州教育学院学报，2011（1）：44-46.

② 黄伯荣，廖序东. 现代汉语[M]. 北京：高等教育出版社，2017.

## 一、时间上的对比

时间上的对比可以分为时间长短方面的对比、时间先后上的对比等。

1. 时间长短的对比

时间长短方面的对比在广告语中较为常见。如：

① 人误车一时，车误人一世。（某地交通安全广告语）

② 一刹那的疏忽，一辈子的痛苦。（某地交通安全广告语）

③ 一分钟车祸，一辈子痛苦。（某地交通安全广告语）

④ 一时的快乐，永恒的伤痛——请勿吸烟。（某地劝阻吸烟广告语）

在例①中，广告语把“一时”与“一世”做比较，显示出危险驾车的严重后果。在例②中，广告语把“一刹那”与“一辈子”做比较，以劝告人们驾车要时刻小心，大意不得。在例③中，广告语把“一分钟”与“一辈子”做比较，告诫人们驾车不能逞一时之快，否则会导致一辈子的痛苦。在例④中，广告语把“一时”与“永恒”做比较，显示出吸烟的巨大危害[①]。

2. 时间先后的对比

时间先后的对比在广告语中也较为常见。如：

① 唐时宫廷酒，今日剑南春。（剑南春广告语）

② 昔日宫中膳，今天百姓尝。（宫廷烤鸭广告语）

③ 古有毕昇，今有方正。（北大方正广告语）

④ 昔日：虎门销烟，振兴中华。今朝：万众一心，再铸辉煌。（某地禁毒宣传广告语）

例①中，“唐时”与“今日”是时间古今上的对比，唐时宫中的御用酒就是今日的剑南春，属于相同等级。由此可见，今日剑南春酒的级别是何等的高！例②中，把“昔日”与“今天”作时间上的比较，表明过去只有皇家子弟才品尝得到的宫廷烤鸭，今天普通百姓也可以品尝得到。例③中，“古”“今”形成时间上的对比，表明今天的方正电脑有如古时毕昇的活字印刷术一样有价值，具有划时代的意义[②]。例④中，“昔日”“今朝”形成了古今时间上的对比，表明无论是在过去还是在今朝，只要我们万众一心地禁绝毒品，那么再创中华民族的辉煌便指日可待。

3. 时间快慢的对比

房子马上住，房款慢慢付。（虹临宝都房地产广告语）

在该广告语中，“马上”“慢慢”均为时间副词，将住房子的迅速与房款交付的延缓形成鲜明的对比，造成强烈的反差，以吸引想买房而又暂无钱交全款的消费者，使虹临宝都房产对人们的吸引力得以增强[③]。

---

① 蒋华. 广告语多维研究[M]. 哈尔滨：黑龙江人民出版社，2019.

② 蒋华. 广告语多维研究[M]. 哈尔滨：黑龙江人民出版社，2019.

③ 蒋华. 广告语多维研究[M]. 哈尔滨：黑龙江人民出版社，2019.

## 二、动作方面的对比

### 1. 动词表达动作概念方面的对比

在广告语中，动词表达动作概念方面的对比较为常见。如：

① 你轻轻地来，带来宁静；你悄悄地走，带走知识。（凯里学院图书馆公益广告语）

② 争与让一闪念，祸与福一瞬间。（湖南省永州市零陵交通安全广告语）

③ 它工作，你休息。（凯歌牌全自动套缸洗衣机广告语）

④ 多一些润滑，少一些摩擦。（统一润滑油广告语）

例①中，“来”与“走”是动词对比，告诫大学生进出图书馆要“轻轻地……悄悄地”，以免影响他人学习。例②中，“争”与“让”是动词对比，“争”的结果是祸，而“让”带来的即是幸福。这对比让人们明白驾车要礼让的道理。例③中，“工作”与“休息”是动词对比，该洗衣机工作，那么我们人类就可以休息了。这对比说明了该洗衣机给我们带来的便利，因此我们在购买时会考虑此款洗衣机[①]。例④中，该广告语在一“多”一“少”的对比中，给消费者以该润滑油与其他同类产品相较占优的印象。

### 2. 动宾短语表达动作概念方面的对比

在广告语中，动宾短语表达动作概念方面的对比也是较为常见的。如：

① 此地无声胜有声。（凯里学院图书馆公益广告语）

② 进一步将受到谴责，退一步将得到尊重。（湖南省永州市零陵交通安全广告语）

③ 禁毒是幸福家庭的保障，吸毒是悲剧人生的祸根。（湖南永州市禁毒宣传广告语）

例①中，“无声”与“有声”是对比。该广告语通过对比告诉学生图书馆是一个大家安心、安静学习的场所，不能大声喧哗。例②中，“进一步”与“退一步”是对比。该广告语告诉司机驾车要礼让，不能与别的司机争抢。例③中，“禁毒”与“吸毒”是对比。该对比广告语以不同的后果说明吸毒的危害、禁毒的好处。

## 三、性质方面的对比

形容词性状方面的对比广告语也较为常见。如：

① 皮张之厚无以复加，利润之薄无以复减。（上海鹤鸣皮鞋厂广告语）

② 秤虽小掌管人间烟火，店不大有关国计民生。（某秤店广告语）

③ 挚爱越热越好，冰箱越冷越好。（都乐冰箱广告语）

④ 人吻是甜蜜，车吻是痛苦。（某汽车车身安全警示语）

例①中，“厚”与“薄”是形容词的对比，但“厚”与“薄”所修饰的对象有别，“厚”指的是“皮张”，“薄”指的是“利润”。该广告语显示出商品特色与对公众负责的态度，

---

① 蒋华. 广告语多维研究[M]. 哈尔滨：黑龙江人民出版社，2019.

这自然会得到消费者的喜爱[①]。例②中，“大”与“小”是形容词的对比。该广告语显示，该店不大却自称责任重大，关系到国计民生，而其所卖的“秤”虽小，确关乎买卖公平[②]。例③中，“热”与“冷”是形容词的对比。该广告语显示，厂家心之热情，造出的冰箱质量很高，制冷效果好。例④中，“甜蜜”与“痛苦”是形容词的对比。该广告语表明，出现交通事故是大家都不愿意看到的，因此要安全驾驶。

有时候在广告语中，对比也可以通过自我比较来呈现。如：

⑤ 我很丑，但我有美丽的内涵。（美国加州奇异果广告语）

⑥ 新一代彩印机、打码机、制袋机。（广州丰得利实业公司广告语）

⑦ 焊割机又有新突破。（TX99—超低成本环保金属广告语）

例⑤中，“丑”与“美丽”是形容词对比。该广告语表明，这种果实虽然相貌丑陋，但极具营养价值，因此具有美丽的内涵。例⑥中，比较的对象是隐含的，通过“新”表明以前曾有过几代，而这一代是“全新”的，这样会激起消费者的购买欲。例⑦中，比较的对象也是隐含的，“新”表明“焊割机”的突破不止一次，人们自然会选择有新突破的“焊割机”。

## 四、人或物方面的比较

在广告语中，对比的对象可以是客观事物。如：

① 人类砍倒第一棵树的时候，文明就宣告开始了；当人类砍倒最后一棵树的时候，文明就宣告结束了。（保护森林公益广告语）

② 林河酒，XO的享受。（林河酒广告语）

③ 日立凉霸做到了更完美的技术，更低的返修率。（日立凉霸广告语）

④ 发动机效率低导致提速较慢；液压传输功率损耗多，燃油经济性太低；档位和驾驶模式切换不平顺，噪音大。自动变速车的棘手问题捷达解决了。（捷达轿车广告语）

例①中，“第一棵树”与“最后一棵树”形成语义上的对比，向人类发出警告，如果人类过度砍伐的话，人类最终就会走向灭亡。例②中，把“林河酒”与“XO酒”放在一起形成对比，提升自己的品牌形象。例③中，日立凉霸与其他的凉霸形成对比，日立做到了更完美的技术与更低的返修率，自然人们也愿意买日立凉霸了。例④中，捷达轿车与其他轿车形成了对比，具体地表明捷达轿车的巨大优势。

在广告语中，对比的对象也可以是人。如：

⑤ 女人更要静心。（某口服液广告语）

⑥ 其实男人更需要关怀。（丽珠得乐广告语）

例⑤中，“女人”与隐含的对象“男人”形成对比。该广告语表明，女人在更年期更需要营养才能使自己那颗烦躁的心安静下来。例⑥中，“男人”与隐含的对象“女人”形成对比。该广告语表明，男人因为工作的辛劳，也需要关怀。

---

① 梁道洁．对比辞格分类浅探[J]．广州师院学报，1983（1）：54-57.

② 梁道洁．对比辞格分类浅探[J]．广州师院学报，1983（1）：54-57.

# 第四节　对比侗歌

本部分主要参考蒋华《黔东南侗歌文化内涵与艺术特色研究》。侗族歌曲对侗族人民十分重要。如有首歌叫《人不唱歌人快老》，它的歌词是这样的：

人不唱歌人快老，
草不飘摇草快黄；
年年唱歌年年嫩，
不晓哪年老心肠。

这首侗歌内蕴对比，唱歌使侗族人变年轻，不唱歌则变老。该侗歌在“嫩”与“老”的对比中，让人们感受演唱侗歌带来的好处。对比在侗歌中较为常见，而侗歌充斥在黔东南侗族人民生活的方方面面。

## 一、男女财产分配的不平等

在旧时的黔东南侗族地区，男女财产分配的不平等也能通过对比显示。如：

不平等！
凡间天下不平分！
男得张犁女张梭，
送妹张梭抵田地，
父亲的田地归哥哥。(《男得张犁女张梭》)

侗族儿女在分配父母财产时，男儿是“一张犁，父亲的田地”，女儿是“梭”，这显然不平等，难怪女儿心中不平。侗歌《男得张犁女张梭》用对比的手法显示男儿女儿在分配财产时的待遇不平等，唱出了旧时黔东南侗族女儿的愤怒[①]。又如：

（女唱）父母养咱，
你有田土，
为何让我，
姑娘没股份？
十八年华，
为何让我无光阴？
都是怀胎九月，
即使男重如金，
女儿也珍贵。
都是一家长大，
为何让我，
无田塘？

---

① 蒋华．黔东南侗歌文化内涵与艺术特色研究[M]．哈尔滨：黑龙江人民出版社，2020.

一窝燕子，
为何让我变鹞鹰？
女儿下贱，
让你男儿贵。
森山树木，
为何丢我无股份？
鱼在江河，
为何丢我无深潭？
从那小小时候，
一起劳作，
挖田地，
帮你创造家业，
沃土良田，
不送一丘给妹，
我常泪纷纷。
你是男儿，
若占两份，
心中还平衡；
丢下姑娘，
只要分到一份，
我感到高兴。
都是一家，
如果父母偏心，
那还有争辩。
如今兄弟不给，
因何原因恨。
因为何事，
只撵姑娘，
和别人？
今晚咱们一起，
请你与我说缘由。
赶出家门，
成了走村串寨人，
留下田地给你，
那我心里，
总不平。
如今留下，
田土给郎，
我一辈生气，

不知怎样，
请来包公坐上公堂，
帮我处理，
这桩事。(《父母养咱》)

侗歌《父母养咱》显示出男女在继承财产上的不平等，如表 7-1 所示：

表 7-1　侗歌《父母养咱》中男女财产分配对比

| 对象 | 分配的财产 | 性质 |
|---|---|---|
| 男儿 | 有财产，有森山树木，有田土 | 金贵 |
| 女儿 | 没有森山树木，没有田土 | 下贱 |

由此可见，在旧时侗族社会中，即使同样是父母养，但男儿女儿在父母家中的境遇是完全不一样的，有着强烈而鲜明的对比[①]。

## 二、生男生女庆贺方式不平等

在旧时侗族社会中，人们生男生女，庆贺的方式完全不相同。这在侗歌中也有所反映。如：

量升白米去算命，
不知母亲怀的是女人、男人？
生个男子爹欢喜，
打“三朝”闹腾腾。
生个女子不高兴，
丢进尿桶哭嘤嘤。
母亲心痛抱上床，
抚养成人。
照爹爹的话，
骨肉早烂肥瓜藤。(《骨肉早烂肥瓜藤》)

侗歌《骨肉早烂肥瓜藤》表明，侗人生男生女，人们对待的态度不一样，如表 7-2 所示。

表 7-2　侗歌《骨肉早烂肥瓜藤》中生男生女对比

| 对象 | 庆贺方式 | 父亲的态度 |
|---|---|---|
| 生了男孩 | 打“三朝”，闹腾腾 | 父亲欢喜，父亲高兴 |
| 生了女孩 | 丢进尿桶，哭嘤嘤 | 父亲不欢喜，不管 |

该侗歌用对比的手法显示，旧时侗家人生儿生女时父母的态度有别[②]。

① 蒋华. 黔东南侗歌文化内涵与艺术特色研究[M]. 哈尔滨：黑龙江人民出版社，2020.
② 蒋华. 黔东南侗歌文化内涵与艺术特色研究[M]. 哈尔滨：黑龙江人民出版社，2020.

## 三、单身与非单身方面的对比

在侗族社会中，侗族男人单身与非单身的生活非常不一样，这在侗歌中也有所反映。如：

以前，
我打单身一日三餐龙肉也无味；
如今，
同妹一起一月九十碗清水味也甜。
以前，
我打单身满身绸缎也觉冷，
如今，
同妹一起蓑衣当被暖心间。
阿妹待我这般情意好，
我一世人能多活六十年。(《蓑衣当被暖心间 · 七》)

侗歌《蓑衣当被暖心间 · 七》表明侗家男子结伴前后生活的不一样，如表 7-3 所示：

表 7-3　侗歌《蓑衣当被暖心间 · 七》中男子结伴前后生活对比

| | 单身时（结伴前） | 结伴后 |
|---|---|---|
| 吃 | 有好吃的但是吃在嘴中没有味 | 喝无味的清水也觉得甜 |
| 穿 | 满身着绸缎也觉得冷 | 身着蓑衣也觉得十分温暖 |

该侗歌用对比的手法显示，侗族男子结伴后之后的愉悦[①]。

## 四、时间方面的对比

岁月在人们的生活中总会留下痕迹，这在侗歌中也有所反映。如：

正月立春乌云散尽出太阳，
万树千条抽枝发芽正兴旺。
三月四月木叶登林树灌浆，
过了立秋树木干浆叶枯黄。
人生也如草木一般也有生也有长，
才当姑娘转眼就是白发苍。
青年朋友大家要会想，
切莫耽误青春好时光。
你不看如今那个老太婆，
牙齿掉光眼睛也落窝。
回想当年她做姑娘时，
脸像山桃头发墨黑像绸缎。

① 蒋华. 黔东南侗歌文化内涵与艺术特色研究[M]. 哈尔滨：黑龙江人民出版社，2020.

当初同坐月堂那个小伙子，
如今也是两手拄拐腰难直。
谁又不想人生不死春常在，
物换星移老已将至人不知。(《莫误青春好时光》)

侗歌《莫误青春好时光》中有三处时间方面的对比，分别描写树木、姑娘和小伙子。这段侗歌显示，在不同的时间段，树木生长的情况有所不同，如表 7-4 所示。

表 7-4　侗歌《莫误青春好时光》中树木生长情况对比

| 时间 | 树木生长情况 |
|---|---|
| 正月立春 | 树木抽枝发芽 |
| 在三月四月时 | 树木长出新叶，开始灌浆 |
| 立秋后 | 树木的浆干了，树叶枯黄了 |

姑娘在不同的时期的身体状况不同，如表 7-5 所示。

表 7-5　侗歌《莫误青春好时光》中女人不同时期身体状况对比

| 时间 | 女人不同时期 | 女人的身体 |
|---|---|---|
| 年轻时 | 姑娘 | 脸像山桃，头发墨黑像绸缎 |
| 年老时 | 老太婆 | 牙齿掉光，眼睛落窝 |

小伙子在不同时期的身体状况也不同，如表 7-6 所示。

表 7-6　侗歌《莫误青春好时光》中男人不同时期身体状况对比

| 时间 | 男人不同时期 | 男人的身体 |
|---|---|---|
| 年轻时 | 小伙子 | 年轻力壮 |
| 年老时 | 老汉 | 两手拄拐腰难直 |

侗歌《莫误青春好时光》通过树木、姑娘和小伙子不同时期状况的对比，暗示我们要珍惜现在，切莫耽误青春的大好时光①。

## 五、孝顺与否方面的对比

在黔东南侗族社会中，也会有孝顺与不孝顺的事情发生，这在侗歌中也有所反映。如：

静静地听，
我唱支歌，
教育青年，
认真去思考。
自从张良开始，

① 蒋华. 黔东南侗歌文化内涵与艺术特色研究[M]. 哈尔滨：黑龙江人民出版社，2020.

都有根源，
不是谁人，
从那石缝冒出来。
父母养咱，
真是很艰辛，
晴天雨天，
像牛钻草丛。
饭不会吃，
靠妈嚼饭喂，
忙着农活，
还要喂吃饭。
还未走路，
妈妈背上背，
从早到晚，
肩膀都酸痛。
老人恩情，
真是深似海；
父母恩情，
真是长如河。
一心养儿育女，
为防老。
倘若有时头痛，
那些孝顺儿女，
拿被子来盖。
孩儿孝顺，
请先生来看；
问寒问暖，
常在你身边；
稀饭水壶，
常送到身边；
卧床不起，
他便准备，
糖水在杯中。
不孝之子，
他便不顺你；
老人卧床不起，
他还痛骂你；
开水不煮，
他连饭不送；

把床当坟墓，
泪水纷纷流。
亲生儿女，
少到床边看；
不知老人卷着身子，
还是躺着睡？（《教育青年》）

《教育青年》这首侗歌采用对比手法向我们展示了孝顺儿女与不孝顺儿女在父母生病时种种不同行为，如表 7-7 所示。

表 7-7 侗歌《教育青年》中孝顺儿女与不孝儿女的对比

| 行为主体 | 所作所为 |
|---|---|
| 孝顺儿女 | 经常到床边探望，在老人身边，请医生来给老人看病，送稀饭开水，拿被子来给老人盖 |
| 不孝儿女 | 很少到床边探望，少在老人身边，不请医生来给老人看病，不送稀饭开水，不拿被子来给老人盖 |

# 第五节 对比诗词

对比在诗词中可以用来描写世事变迁，也可以用来描绘社会现实，还可以用来描绘人的喜怒哀乐。

## 一、描写世事变迁

对比在诗词中能够用来描写世事变迁。如：

木兰之枻沙棠舟，玉箫金管坐两头。美酒樽中置千斛，载妓随波任去留。仙人有待乘黄鹤，海客无心随白鸥。屈平辞赋悬日月，楚王台榭空山丘。兴酣落笔摇五岳，诗成笑傲凌沧洲。功名富贵若长在，汉水亦应西北流。（李白《江上吟》）

"屈平辞赋悬日月，楚王台榭空山丘"是对比，它把屈原和楚王作为两种不同人生的典型，鲜明地对立起来。屈原尽忠爱国，他的辞赋，可与日月争光，永垂不朽；楚王荒淫无道，卒招亡国之祸，当年建造的宫观台榭，已然是荒凉的山丘。这一诗句通过"屈平辞赋""楚王台榭"两种事物的对比，好坏美丑，立马可知①。

又如：

朱雀桥边野草花，乌衣巷口夕阳斜。旧时王谢堂前燕，飞入寻常百姓家。（刘禹锡《乌衣巷》）

"旧时王谢堂前燕，飞入寻常百姓家"寓含对比，"乌衣巷"昔日是"王谢"权门，

---

① 王林玉. 对比·衬托·烘托[J]. 语文知识，2006（7）：11-12.

今天则是“寻常百姓家”，这一变化引发出作者沧海桑田的无限感慨，起到了突出今昔对比的作用。

## 二、揭露丑恶的社会现实

对比在诗词中能够用来揭露丑恶的社会现实。如：

暖客貂鼠裘，悲管逐清瑟。劝客驼蹄羹，霜橙压香橘。朱门酒肉臭，路有冻死骨。(杜甫《自京赴奉先县咏怀五百字》)

“朱门酒肉臭，路有冻死骨”是强烈的对比，唐朝贵族穷奢极欲，过着花天酒地的腐朽生活，毫不吝惜地挥霍着人民的血汗；而广大人民遭遇悲惨，饥寒交迫，有的已经冻死、饿死。该诗句把是统治阶级和劳苦大众的生活进行了强烈的对比与描绘，充分反映了当时的社会现实①。

又如：

说凤阳，道凤阳，凤阳本是好地方，自从出了个朱皇帝，十年倒有九年荒。大户人家卖牛马(田地)，小户人家卖儿郎，奴家没有儿郎卖，身背花鼓走四方。(《凤阳歌谣》)

“大户人家卖牛马(田地)，小户人家卖儿郎，奴家没有儿郎卖，身背花鼓走四方”是对比，把“大户”“小户”“奴家”进行对比，反映了残酷的社会现实。

再如：

峰峦如聚，波涛如怒，山河表里潼关路。望西都，意踌躇。伤心秦汉经行处，宫阙万间都做了土。兴，百姓苦；亡，百姓苦。(张养浩《山坡羊·潼关怀古》)

“兴，百姓苦；亡，百姓苦”是对比，描绘了深刻的社会现实。王朝“兴”，大兴土木，搜刮民脂民膏，百姓不堪其苦。王朝灭亡之际，战乱频仍，民不聊生。此句诗表达了作者对人民的深切同情和对封建统治者的无比愤慨，一字千钧，丰富而深沉②。

又如：

举秀才，不知书。举孝廉，父别居。寒素清白浊如泥，高第良将百怯如鸡。(汉末童谣)

整个童谣处处是对比。秀才别称“茂才”，原指才之秀者，汉以来成荐举人才的科目之一；但童谣所描绘的这些秀才根本不读书。“孝廉”原本是品德高尚因孝顺而闻名的人，但童谣描绘的“孝廉”却是把父母长辈赶出家门，使父母无所依靠的不肖子孙。“寒门”原本就应该是清正廉洁的人，但童谣描绘的这些“寒门”却品德败坏，道德低下。被举荐的公门子弟称为人才、良将，但童谣描绘的这些人才却怯懦不敢担当，胆子如鸡一样小。这首童谣辛辣地讽刺了当时社会的丑恶现象，说明汉代初期实行的察举制此时已经出现了严重的弊端，并未真正选拔出德才兼备的官员③。

---

① 薛平. 论对比修辞格的强化作用[J]. 兰州教育学院学报，2011(1)：44-46.

② 薛平. 论对比修辞格的强化作用[J]. 兰州教育学院学报，2011(1)：44-46

③ 薛平. 论对比修辞格的强化作用[J]. 兰州教育学院学报，2011(1)：44-46.

## 三、描绘人的情感

对比在诗词中能够用来描绘人的情感。如：

月儿弯弯照九州，几家欢乐几家愁；几家夫妻同罗帐，几家飘散在他州。（南宋民歌）

“几家欢乐几家愁”是对比，是“欢乐”“忧愁”的对比。“几家夫妻同罗帐，几家飘散在他州”也是对比，“几家夫妻同罗帐”描写的是欢乐，而“几家飘散在他州”描写的是忧愁。这几处对比写出了作者的惆怅和无可奈何[①]。

又如：

去年元月时，花市灯如昼。月上柳梢头，人约黄昏后。今年元月时，月与灯依旧。不见去年人，泪满春衫袖。（欧阳修《生查子》）

词作通过主人公对去年今日的往事回忆对比，使今与昔、悲与欢互相交织，描绘了作者对物是人非的无限感触。

### 思考与练习

一、请说明下列广告语运用了何种修辞手法，有着何种表达效果。

1. 富兰克曼蒂克电剃刀片剃络腮胡比林明登、努力尔柯或森平的剃刀片好。（富兰克曼蒂克电剃刀片广告语）

2. 所有肥皂都失败时，该由弗莱希大显身手了。（弗莱希化学品广告语）

3. 不坐林肯，就坐喜美。（台湾喜美轿车广告语）

4. 喜美新车较同级车便宜三万元，喜美旧车在市场转手时，却可多卖三至四万元，喜美已是大家公认的折旧最低的汽车。折旧表示了什么？（台湾喜美轿车广告语）

5. 当您使用其他药物牙膏不理想时，请您试用蓝天六必治牙膏。（蓝天六必治牙膏广告语）

6. 令人不解的是，别的公司总爱模仿我们的产品。（阿尔索德服装广告语）

7. 教练们早已习惯于用蓝鸟的产品来评判一切运动器材。（蓝鸟运动器材广告语）

8. 日有小松，国有黄工。（黄河机械工程广告语）

9. 如果使尔美也无法改变您的形象，您还是什么也别穿就上街去吧。（使尔美服装广告语）

二、请说明下列广告语中对比的类型，并说明其表达效果。

1. 你买汽车不来考虑下我们克莱斯勒的汽车那你就吃亏了。（克莱斯勒汽车广告语）

2. 早一天使用，迟一天衰老。（康丽娜超级抗衰老防皱霜广告语）

3. 古有长城，今有铸成。（铸成防盗门广告语）

4. 昔日虎门禁烟史为鉴，今朝举国再掀禁毒潮。（禁毒宣传广告语）

5. 百万的企业，毫厘的利润。（奥尔马赫公司广告语）

6. 禁毒万里晴天，吸毒万丈深渊。（禁毒宣传广告语）

---

① 薛平. 论对比修辞格的强化作用[J]. 兰州教育学院学报，2011（1）：44-46.

7. 毒瘾缠身，人鬼不分；远离毒品，两世为人。（禁毒宣传广告语）

8. 献出的血有限，献出的爱无限。（献血公益广告语）

9. 鲜血有情，爱心无价。（献血公益广告语）

10. 禁毒可以兴国，吸毒可以亡身。（禁毒宣传广告语）

11. 小香皂，大话题。（索芙特香皂广告语）

12. 少用一个塑料袋，多尽一份环保心！（公益广告语）

13. 带走的花儿生命短暂，留下的美丽才是永远。（草坪公益广告语）

14. 向前一小步，文明一大步。（厕所公益广告语）

**三、请说明下列小品中主要采用了何种修辞方法，并说明其表达效果。**

1. 赵本山："人家知道是机动车，你老激动啥？我问你，大炮车是不是机动车？到这儿就没陷住。"

范伟："怎么的呢？"

赵本山："那是当年八路的，陷住了老百姓给它抬出来了。（叫好声，掌声）坦克厉害吧，到这儿就陷进去啦。"

范伟："为什么呢？"

赵本山："小日本鬼子的，老百姓给他挖坑。告诉你吧，当年我就是游击队民兵排尖班挖坑组的坑长。这一带的坑完全是我一手设计的。那时候打日本鬼子，大坑套小坑，小坑套老坑，坑中还有水，水中还有钉？下去就没影儿。"（小品《三鞭子》）

2. 白云："我不稀得说你那些事儿就拉倒了你，给你留着面子。（向崔永元）我不稀得说他！你说就他吧，就好给人出去唱歌，你这嗓子能唱吗？那天呢，就上俺们敬老院给人家唱去，拢共底下坐着七个老头儿，他'嗷'一嗓子喊出来，昏过去六个。"

崔永元："那不还有一个呢吗？"

白云："还有一个是院长，拉着我手就不松开，那家伙可劲儿摇啊：'大姐呀，大哥这一嗓子太突然了，受不了哇，快让大哥回家吧，人家唱歌要钱，他唱歌要命啊！'"（小品《说事儿》）

3. 范伟："大家要找到这样的感觉，这条道路就是巴黎时装周上的天桥。你们是名模，你们是世界名模，你们是世界名模——克劳馥·辛迪。听我的口令，one，two，three，come！"

赵本山："啥意思。"

范伟："我在说英文。"

赵本山："范师傅，这是一位养鸡专业户，最害怕的就是鹰。"

范伟："好，一二三，走。"

范伟："好，很好，太好了，向前看，看所有的闪光灯都冲着你不停地闪烁。所有的男人的目都冲着你，你笑什么嘛？"

赵本山："笑啥呢，这么没能力。笑啥呀，范老师导得多好呀！那么忙，来了，说得多好啊，所有的男人都看着你。她听不懂。"

范伟："我在引导她嘛。"

赵本山："我知道你在勾引她。"

范伟："引导，启发。"

范伟（看看表）："抓紧时间吧。"

赵本山："你过来，你拿着。你开始。"

赵本山："注意，大家一定要找到这种感觉。这条通道就是村头的八里沟大桥。你们是劳模，你们是县级劳模，你们是省级劳模，将来会成为世界的名劳模——什么儿？听我口令，汪，汪，汪。"

范伟："数三个数。"

赵本山："一二三，前进。好，挺胸抬头，看，前边是火红火红的高粱地呀，这是……这是黄豆，丰收啦！丰收的农民在收粮食……"（小品《红高粱模特队》）

4. 范伟："没有啊，我这只崴过呀？"

赵本山："转移了！不知道吧，后来你的职业对你很不利，原来你不是颠勺，你是切墩，老是往这腿上使劲，就把这条腿压得越来越重，越来越重，轻者踮脚，重者股骨头坏死，晚期就是植物人！"（小品《卖拐》）

5. 白云："你别吃了。你说你这么会儿工夫你吃三盒儿了，你整得人家演播大厅到处都韭菜味儿，不爱跟你出来，你说，你这档次太低了。唉！你记住啊，待会儿录节目的时候，你少说话，听着没？你别像搁铁岭台似的，啥实话都往外嘞，那多丢人哪，啊。你就看我对付他，行不？别吱声，行不？乖，啊。唉！你说这小崔咋还不来呢？太不拿人当腕儿了！搁铁岭台人家等咱俩小时，这中央台嘚瑟的你说，这玩意儿……"（小品《说事儿》）

四、请说明下列笑话中主要的修辞方法，并说明其表达效果。

1. 丈夫下班后，和朋友一道饮酒聊天，很晚才回来。他一进门，妻子就问："你到哪里去了？怎么不先打个电话回来说一声？"丈夫："假如我连一点自由都没有的话，会被别人笑话的，说我不是大丈夫。"妻子回答说："假如我连这点要求都得不到满足的话，我也会被别人笑话的，说我是小老婆！"（《大丈夫和小老婆》）

2. 纳斯霍丁的一个朋友是财迷。一天，这个朋友在河边散步，失足掉进河里。有人连忙伸手去拉他，说："把你的手给我，我来拉你。"谁知财迷只把手往上抬了一下，却不伸手。眼看财迷就要溺死了，纳斯霍丁来了，对财迷说："快拿住我的手！"财迷马上抓住他的手爬上岸来。众人不解，纳斯霍丁解释说："你们熟悉他的脾气，叫他给，他不会理你；你叫他拿，他比谁都快。"（《只拿不给》）

3. 一位美学教授正在讲课，一个学生问道："教授，为什么您说一切假的都是丑的呢？""那当然啦。难道你能举出相反的例子来吗？""噢，能的。"这位学生说道："就说你吧，当您装上假牙时，又年轻又精神，拿掉假牙后，你的嘴又空又瘪，那才丑呢！这难道不是个相反的例子吗？"

五、请指出下列旧时黔东南侗歌中的对比修辞手法，并说明其表达功用。

1. 三间房窠难占半个角，
十石谷田难占半蔸禾。
家中的一把断刀也无份，
荒山岩岭妹无一块石头打山雀。
炕上的禾把要靠妹舂簸，
兄弟的衣服烂了要靠妹缝补。

汗水浇开白朗朗的油茶花，
累累的茶果妹妹无权去收获。
三月纺纱织布帛，
夜半不眠妹昏梦。
八月染布手如墨，
尺尺寸寸妹操心。
九月收禾进仓兄弟平半分，
没有哪个男子扪心分给妹一份。
打开笼箱分布帛，
给妹行囊，
离爹离娘远嫁人。(《三间房窠难占半个角》)
2. 父母生下我们，
你是哥哥，
我是妹妹，
你为什么丢下我不管呢？
太阳是男的，
那月亮就是我，
那我为什么当不了家？
家里田里应当我俩各一份，
为什么要我去别人家吃别个家产呢？
回来到家里，
我要舂米簸糠才得吃，
天天还要坡上去做活；
到了四月间又要我去种地，
田里忙了又叫我拿耙。(《月亮就是我》)
3. 太阳出来亮堂堂呃呃，
口唱山歌哈，
心谢哩哟共产党啰。
党的恩情永不忘呃呃，
誓把忠心哈献给哩哟党哟；
紧紧跟着党中央呃呃，
幸福日子哈万年哩长哟嘀。
一谢共产党，
翻身把你想，
以前我们做牛马，
现在人人把家当；
二谢共产党，
吃饭把你想，
以前忍饥又挨饿，

现在温饱奔小康；
三谢共产党，
穿衣把你想，
以前穿的蓑草衣，
现在毛料新时装；
四谢共产党，
住房把你想，
以前住的茅草屋，
现在砖瓦新楼房；
五谢共产党，
走路把你想，
以前走的羊肠道，
现在道路宽又广；
六谢共产党，
照明把你想，
以前照的桐油灯，
现在电灯亮堂堂；
七谢共产党，
上学把你想，
以前一堆大老粗，
现在两基一扫光；
八谢共产党，
看病把你想，
以前有病无钱医，
现在医药能报账；
九谢共产党，
致富把你想，
以前种粮要上税，
现在免税还补偿；
十谢共产党，
养老把你想，
以前抚儿来防老，
现在丢心政府养，
党的恩情永不忘，
誓把忠心献给党，
紧紧跟着党中央，
幸福日子万年长！(《十谢共产党》)

六、下列旧时黔东南侗歌中运用了何种修辞手法，该修辞手法有何功用？

1. 破烂的衣裳，

你怎么愿去要?
破烂的草鞋,
你怎么愿去穿?
我以为你讨到的姑娘,
像花一样的鲜艳;
谁料她是别人挑剩的人呀,
什么鬼迷了你的双眼?
崭新的衣服你不要,
漂亮的鞋子你不穿,
你是铜钱代铅做旧网脚,
你把好心肠当作狼心肝。
难怪同寨人说你瞎了眼,
唉,我不知是恨你还是可怜?(《不知是恨还是怜》)

2. 静静听啊,
我唱支歌,
说那单身夸口给您众人听,
我的命运太好甑中装满饭“波”(侗族专用于装糯米饭的葫芦);
有糯饭壶里总是盛满酒,
肉装满盘还有黄花和那细粉不用菜。
人有孩子他要早起,
孩子哭着要剩饭,
母亲舂米颠簸孩子哭得真悲伤。
人有孩子拉屎撒尿真难闻,
唯我独自一人想睡就睡,
我们无挂牵。
白天钻山得鸟,
独自从头啃,
上桌喝酒,
全部鸟腿独享用。
如你不信你来瞧,
不是单身夸口,
总是吃点肉当菜。(《单身汉夸口歌》)

3. 抬头望天云变乌,
将钱买书没得读,
你看别人结的伴,
上也同路下同游。
你看我俩结的伴,
你在云南我贵州。
把妹情意丢下水,

拣得经书不想读，
你在云南你各好，
妹在贵州朝日愁。
郎在云南妹贵州，
郎心不比姣心忧，
扒船难过九抛浪，
思苦思难切莫丢，
若凡你郎要丢妹，
要等长江水倒流。
要等岩石生菌子，
岩生菌子妹不丢，
不丢手，
妹是跟郎不回头。(《岩生菌子妹不丢》)

4. 拨响琴弦唱给本寨的情妹，
怎样才得青竹共山龙共海？
同村共寨好结交，
家里贫穷口难开！
别人富有，
隔村隔寨成双对，
情哥贫寒，
难成夫妻，
白白共有一寨！
别人能说会道，
隔山隔岭成婚配，
情哥嘴笨舌拙，
烧口闷烟解忧怀！
白天上山，
一想工夫二想妹，
麻丝乱乱结成堆；
夜晚回家，
想到情意井边望，
给句暖话哥心开！(《想到情意井边望》)

七、下列句子是否采用了对比修辞手法，为什么？

1. 人是铁，饭是钢。
2. 人挪活，树挪死。
3. 山鸡飞起来好打，兔子跑起来好打。
4. 水多了什么虾蟹都有，山大了什么鸟兽都出。
5. 风吹连檐瓦，雨打出头椽。
6. 稻多打出米来，人多讲出理来。

7. 有理走遍天下，无理寸步难行。

**八、下列诗句是否运用了对比修辞手法，为什么？**

1. 旦辞爷娘去，暮宿黄河边，不闻爷娘唤女声，但闻黄河流水鸣溅溅。旦辞黄河边，暮至黑山头，不闻爷娘唤女声，但闻燕山胡骑鸣啾啾。(佚名《木兰诗》)

2. 骐骥一跃，不能十步。驽马十驾，功在不舍。锲而舍之，朽木不折。锲而不舍，金石可镂。(《荀子》)

3. 有的人活着，他已经死了；有的人死了，他还活着。有的人，骑在人民头上："呵，我多伟大!"有的人，俯下身子给人民当牛马。有的人，把名字刻入石头，想"不朽"；有的人，情愿作野草，等着地下的火烧。(臧克家《有的人》)

4. 百啭千声随意移，山花红紫树高低。始知锁向金笼里，不及人间自在啼。(欧阳修《画眉鸟》)

5. 桑条无叶土生烟，箫管迎龙水庙前。朱门几处看歌舞，犹恐春阴咽管弦。(李约《观祈雨》)

6. 陶尽门前土，屋上无片瓦。寸指不沾泥，鳞鳞居大厦。(梅尧臣《陶者》)

7. 越王勾践破吴归，战士还家尽锦衣。宫女如花满春殿，只今惟有鹧鸪飞。(李白《越中览古》)

8. 多少恨？昨夜梦魂中。还似旧时游上苑，车如流水马如龙，花月正春风。(李煜《忆江南》)

**九、根据下列材料，请为千佛山、乐山大佛景区创作数则对比辞格广告语，使上述景点赢得更多游客的青睐，并说明创作理据。**

1. 千佛山，古称历山，因为古史称舜在历山耕田的缘故，又曾名舜山和舜耕山。隋开皇年间，因佛教盛行，随山势雕刻了数千佛像，故称千佛山。千佛山是泰山的余脉，与趵突泉、大明湖并称济南三大名胜。

2. 乐山大佛景区，位于岷江、青衣江、大渡河三江汇流处，是世界文化与自然遗产。山下江河争流、波光云影、沙鸥翔集、帆影点点；山上繁花似锦、茂林修竹、朱楼画檐、丹崖峭壁。乐山大佛景区有离堆、尔雅台、海师洞、凌云寺、灵宝塔、龙湫虎穴、九曲栈道、东坡楼、注易洞、下观音寺、千峰洞、沫若堂、璧津楼、碑林、梅园、渔村等著名历史文化景观和景点。乐山大佛景区历代名士墨迹众多，佛教文化氛围浓厚；景区依山傍水，风光旖旎，名胜古迹星罗棋布，恰似天然画卷，美不胜收。古有"上朝峨眉、下朝凌云"之说。

# 第八章 反　问

反问，是为了加强语气而采用疑问形式表达确定意思的修辞方法。以肯定的形式反问，表达的内容是否定的；以否定的形式反问，表达的内容是肯定的[①]。如：

想起了青纱帐，我怎能不迷恋甘蔗林的风光？（郭小川《青纱帐——甘蔗林》）

例中，“我怎能不迷恋甘蔗林的风光”表示肯定的含义，是“我着实迷恋甘蔗林的风光”之义。

反问可以使话语语气更加肯定有力，激发听读者深思，唤起听读者内心深处的共鸣。

## 第一节　生活中的反问句

反问句是适应人们表达上的需要而产生的一种独特的否定形式，说话人只是想通过这种方式来表明自己的一种主观态度。反问句认知对言外语境依赖程度高。

陈振先生曾举例，如“有什么好看的？”这个问句，可以表询问“有些什么值得看的”，也可以表不屑“不值得一看”，那么它是一个疑问句还是一个反问句，则要看它的现实语境，主要是看语境中的说话人的语气态度。如“人家能不服你吗？”这个反问句的语境不一样，结果可能会不同。如果说话人语气诚恳，那么此人就是表示佩服，是高度称赞。如果说话人是酸溜溜的语气或者带有撇嘴的表情，那么此人就是表示不满或者讽刺[②]。

陈振先生还举了一个生活中的例子：他想挑一件合适的衣服，营业员没好气地说：“有什么好挑的？你没看见边上还有人等着买衣服吗？”他说：“请你态度好一点。”营业员说：“什么态度不态度？态度多少钱一斤？态度吃得吃不得？”在这个例子中，“有什么好挑的？你没看见边上还有人等着买衣服吗？”是两个反问句连用，是嫌弃陈振挑剔，营业员说这话显得粗鲁，没有礼貌[③]。

我们坐公交车上下班时，由于人多，难免会有你踩我我踩你的情况出现。如果你被别人踩了，你说：“请您当心点，别再踩着我。”这是祈使句，态度较为友好、和善。对方可能会说：“对不起，我注意点。”你如果说：“你怎么没有长眼睛？”故意质问、反问，语气粗野，这样就可能会导致吵架。

---

① 黄伯荣，廖序东. 现代汉语[M]. 北京：高等教育出版社，2017.

② 陈雅. 汉语反问句跨文化认知障碍研究[J]. 中共济南市委党校学报，2013(6)：70-71.

③ 陈振. 反问句和祈使句——语言美琐谈[J]. 当代修辞学，1984(1)：15-16.

# 第二节　反问广告语

反问用在广告语当中，可以增强广告语的语气，使其语气更加强烈，从而给人们以更深刻的印象。广告中的反问可以分为商业广告中的反问和公益广告语中的反问。

## 一、商业广告语中的反问

①你难道不希望将夏日的绿叶带到严冬里去欣赏吗？这对于新飞而言，只是“举手之劳”!（新飞冰箱广告语）

②疼痛的时候为什么没有想到芬必得？（芬必得广告语）

③小小一张卡，能比黄金更珍贵吗？（运通信用卡广告语）

例①中，反问句增强了“希望将夏日的绿叶带到严冬里去欣赏”的语气，引发消费者的关注，从而购买新飞冰箱。例②中，反问句以无可辩驳的语气提醒患者在疼痛的时候一定要使用芬必得。例③中，运用了反问的手法，引发人们对“小小一张卡比黄金更珍贵”的思索，从而信任运通信用卡①。

## 二、公益广告语中的反问

反问句可以用在草坪公益广告语中，也可以用于禁毒、禁烟等公益广告语中，还可以用于保护环境公益广告语中。

1. 草坪公益广告语的反问

①已有阳光大道，何必另辟蹊径？（草坪公益广告语）

②青青芳草，踏之何忍？（草坪公益广告语）

例①中，反问我们有了大道走，为什么还要另外开辟一条从草丛里走的小道呢？该反问公益广告语提醒我们不要践踏芳草，要爱护、爱惜它。例②中，该广告语提醒人们青青的芳草是不应该踏踩的，这样对它们来说是一种无情的伤害，暗示人们要保护草坪。

2. 禁烟公益广告语的反问

亲爱的女士，难道您真的愿意亲吻一只烟灰缸吗？（禁烟公益广告语）

该反问广告语从女人的角度出发劝告男性成年人不要吸烟，也暗示男性成年人如果吸上了烟，嘴巴当了烟灰缸后，就白白失去了一个撷取美丽的机会，那不是很可惜吗？

3. 禁毒公益广告语的反问

社会主义生活多美好，何需白色粉末作调料？（禁毒公益广告语）

该反问广告语提醒我们，吸毒会危害我们美好的社会主义生活。该反问广告语语言

---

① 董付兰. 谈反问句及其教学[J]. 首都师范大学学报，2000年增刊，101-105.

有趣也有力量，发人深省。

4. 祈求和平公益广告语的反问

看着孩子脸上那天真的微笑，我们又怎舍得让这份和平与安宁转瞬即逝呢？（珍爱和平、反对战争的广告语）

该反问广告语告诉人们：如果发生战争，孩子们就会失去脸上那天真的微笑，因此我们就应该珍惜这份和平与安宁。该广告语语言生动，情感强烈，易打动人，引人深思①。

5. 爱护环境公益广告语的反问

你的脸每天都清洁吧！那么我们地球母亲的呢？（爱护环境公益广告语）

该反问广告语要我们给地球也洗洗脸，暗示我们要爱护环境。

6. 节约用水公益广告语的反问

现在，人类渴了有水喝；将来，地球渴了会怎样？（节约用水公益广告语）

该反问广告语告诉我们，水资源不是无止境的，要好好珍惜。

## 第三节　反问对联

反问对联可以表达某种哲理，也可以用来勉励自己，还可以用来表达讽刺。

### 一、表达哲理

反问对联可以表达某种哲理。如：

苟有恒，何必三更眠五更起？

最无益，莫过一日曝十日寒。（胡居仁自勉联）

“苟有恒，何必三更眠五更起？”是反问句，该反问联运用反问告诉人们，学习是个循序渐进的过程，要持之以恒，不必每天都起得很早睡得很晚。

又如：

不经几番磨炼，怎成一段锋芒？（祝枝山为一剪刀铺所题对联）

该对联运用反问句，强调性表明，剪刀的锐利刀锋是从不断的磨砺中得到的。它暗示人们如果想拥有珍贵品质或美好才华，必须要经过不断的努力和修炼②。

### 二、勉励自己

反问对联可以用来勉励自己。如：

天下断无易处境遇，人间哪有空闲光阴？（曾国藩题江西省奉新九天阁联语）

---

① 蒋华. 谈反问句及其教学[J]. 首都师范大学学报，2000年增刊，101-105.

② 朱英贵. 对联中的设问与反问[J]. 晚霞，2019（7）：50-51.

此对联运用了反问句，表示人生的道路充满坎坷，天下任何事都不可能一帆风顺；在逆境之中，千万不能气馁，一定要经得起生活的考验，这样方能到达成功的彼岸。同时，人生在世，要珍惜时间，要在这有限的时间里，完善并提高自己，充分实现生命的生存价值[1]。

## 三、针锋相对

反问对联可以用来表明自己针锋相对的态度。如：

> 张之洞调任湖广总督，一次梁启超到江夏拜访他。张之洞出联："四水江第一，四时夏第二，先生居江夏，谁是第一，谁是第二？"上联包含四水，又蕴藏四时，很难对出下联。梁启超才思敏捷，略加思索即对出下联："三教儒在先，三才人在后，小子本儒人，何敢在后，何敢在前？"张之洞吟读再三，不禁叹息说："此书生真乃天下奇才也！"

上联说的是：四水（指古代长江、黄河、淮河、济水）中，长江排首位，四时（即春、夏、秋、冬四季）中，夏季排第二，请问先生，你我谁更厉害一些呢？下联是反问句，说的是：三教（儒、释、道）中，儒家排在最前面，三才（天、地、人）中，我是儒人，又"何敢在后，何敢在前"呢？如此以柔克刚的反问语气，流露出虽不敢在前也不甘落后的志气[2]。难怪湖广总督张之洞也为之感慨不已。

## 四、表达讽刺

反问对联可以用来表达讽刺。如：

> 冯玉祥对不遵守时间的人深恶痛绝。1927 年，因为汪精卫不守会议时间，开会经常缺席、迟到，冯玉祥一怒之下，写了一副对联送给他：一桌子点心，半桌子水果，哪知民间疾苦？两点钟开会，四点钟到齐，岂是革命精神？

上联"一桌子点心，半桌子水果，哪知民间疾苦？"是反问，讽刺当时国民党的奢华生活，不顾民间疾苦。下联"两点钟开会，四点钟到齐，岂是革命精神？"同样是反问，讽刺汪精卫之流不遵守会议制度，没有革命的精神[3]。

### 思考与练习

一、下列对联采用了何种修辞？请说明其表达效果。

1. 已知天定三分鼎，犹竭人谋六出师？
2. 差幸呐喊有声，忍听南腔北调？从兹彷徨无适，哪堪月黑风高？
3. 天当棋盘星作子，谁人敢下？地作琵琶路当弦，哪个能弹？
4. 蕊蕊黄花，千秋丹桂谁能折？滔滔白浪，万仞龙门我独登。

---

① 朱英贵. 对联中的设问与反问[J]. 晚霞，2019（7）：50-51.
② 朱英贵. 对联中的设问与反问[J]. 晚霞，2019（7）：50-51.
③ 朱英贵. 对联中的设问与反问[J]. 晚霞，2019（7）：50-51.

5. 千里而来，徐孺子可容下榻？一寒至此，严先生尚未披裘。

**二、下列广告语运用何种修辞手法，该修辞手法有何表达效果？**

1. 这只碗碎了，你就不吃饭了？

2. 芳草依依，踏之何忍？

3. 芬芳来自花香，美丽需要你的呵护。

4. 绕行三五步，留得芳草绿。

5. 一花一草皆生命，一枝一叶总关情。

6. 万水千山总是情，文明旅游传美名。

**三、请指出下列诗句中的反问句，并说明其表达效果。**

1. 煮豆燃豆萁，豆在釜中泣。本是同根生，相煎何太急？（曹植《七步诗》）

2. 葡萄美酒夜光杯，欲饮琵琶马上催。醉卧沙场君莫笑，古来征战几人回？（王翰《凉州词》）

3. 金粉东南十五州，万重恩怨属名流。牢盆狎客操全算，团扇才人踞上游。避席畏闻文字狱，著书都为稻粱谋。田横五百人安在，难道归来尽列侯？（龚自珍《咏史》）

4. 锦城丝管日纷纷，半入江风半入云。此曲只应天上有，人间能得几回闻？（杜甫《赠花卿》）

5. 江南好，风景旧曾谙。日出江花红胜火，春来江水绿如蓝，能不忆江南？（唐《忆江南》）

6. 百战疲劳壮士哀，中原一败势难回。江东弟子今虽在，肯为君王卷土来？（王安石《叠题乌江亭》）

7. 谁家玉笛暗飞声，散入春风满洛城。今夜曲中闻折柳，何人不起故园情?(李白《春夜洛城闻笛》)

8. 且放白鹿青崖间，须行即骑访名山。安能摧眉折腰事权贵，使我不得开心颜？（李白《梦游天姥吟留别》）

**四、请找出下列旧时黔东南侗歌中的反问句，并说明其功用。**

1. 想当初，
真遥远，
我们侗族祖先哪里来？
老人传，
老人摆，
我们祖先从梧州、音州来。
想当初，
真可怪，
我们祖先为何迁上来？
难道梧州地方窄？
难道音州无大街？
不是梧州地方窄，
不是音州无大街。
只因那里古怪多，

我们祖先不能呆。(《祭祖歌》)
2. 家中无米进寨借，
没有钱花卖草鞋。
郎因没有妻子到处走，
好像蜜蜂采花来。
穿着破烂没有人帮补，
哪有银链项圈持满怀?
我们出门不为别的事，
为找好伴才到这里来。(《阿荷顶》)
3. 男答：妹美像花，
离家出嫁，
夫妻相爱，
像纺出均匀细纱；
事事顺心，
没有半点疙瘩。
妹在他家劳动，
他像日头把冰溶化。
……
现你又讲，
嫁娶靠命，
我搭赖你哭瘫地下，
恨我自己人太傻，
叵是从不跟你相爱，
哪有今天揪心牵挂?
今天晚上，
你讲完绝情的话，
我也不必再去讲什么高低弯直。
山高沟深，
一人去踩，
怎能将刺蓬踏平地下? (《涩梨子》)
4. 男：三月暖风吹进寨，
白白李花梨花满山开；
情人像朵山花不开放，
花儿不开蜜蜂怎靠拢来?
……
女：世上只有排拢岸，
哪有河岸拢木排?
如果姑娘翻山越岭找“腊汉”，
人家会笑我傻呆呆。(《世上只有排拢岸》)

5. 男答：妹有男伴，
步步追随相依，
从没陪我到半夜鸡啼。
妹是太阳，
只晴半天，
一到傍晚就落雨兮兮，
害我阴山沟的稻谷老是长不齐。
在这以前，
你从没讲过，
跟我结成夫妻；
现你只想，
丢下苦闷给我，
跟我争吵斗气；
若真在阴间相爱，
今天哪会这样相欺？
瀑布断流，
你树蔸虫蛀先翻倒，
才害我树尖跟着折断在地。(《涩梨子》)
6. 男：大家都是父母养，
我们哪能比人强。
为吃为穿愁又累，
不像别人不费心。
你们在行能像别人我们少挨一点饿，
整年养猪从不看见根猪毛。
……
人家不讲懒人笨人爱脸面，
这话一点不差分。
养猪不成，
又去要银打项链，
长言短语你父怎不把气生？
……
你们娘崽整天只顾在打扮，
春耕秋种你父累死累活也不帮，
你父做工你玩耍，
山坡田塘各耙各犁哪样对不起你们？（《父母歌》）

**五、根据下列材料，请为滕王阁、庐山创作数则反问辞格广告语，使上述景点赢得更多游客的青睐，并说明创作理据。**

1. 滕王阁，江南三大名楼之一，位于中国江西省南昌市赣江畔。屡毁屡建，今日之滕王阁为1989年重建，与古貌相比更为气派。滕王阁坐落于南昌市西北，赣江东岸，始建于唐永徽四年（653），为当时任洪州都督的唐高祖李渊之子李元婴所建。据记载，李元婴于永徽三年（652）迁任苏州刺史，调任洪州都督时建此阁以为别居。由于李元婴封号为“滕王”，故名滕王阁。20多年后，当时的洪州都督阎公首次重修。竣工后，阎公聚集文人雅士作文记事，途经于此的王勃就是于此时写下了其代表名篇《滕王阁序》，并由此令滕王阁名扬四海。韩愈在《新修滕王阁记》中赞道：“愈少时则闻江南多临观之美，而滕王阁独为第一，有‘瑰玮绝特’之称。”

2. 庐山位于中国江西省九江市南，北濒长江，东接鄱阳湖，全山共有90多座山峰，群峰间散布有许多壑谷、岩洞、瀑布、溪涧，地形地貌复杂。庐山无数次出现在文人墨客的诗词歌赋中，其中以苏轼一句“不识庐山真面目，只缘身在此山中”最为著名。

# 第九章 设 问

设问，即先提出问题以引起对方的注意和思考，然后再自己做出回答的修辞方法①。如：

什么是路？就是从没路的地方践踏出来的，从只有荆棘的地方开辟出来的。（鲁迅《生命的路》）

例句先提出了“路”是什么的问题，引发人们的思考，然后自己做出“就是从没路的地方践踏出来的，从只有荆棘的地方开辟出来的”这样的回答。

设问能够提醒读者注意，启发读者思考，突出内容重点，使文章富有变化②。设问可用于对联中，可用于诗词中，还可用于广告语当中。

## 第一节 设问对联

设问对联可以用于自勉，用于控诉，用于描绘事物，等等。在对联中，设问能够增强其趣味性和可读性，活跃人们的想象力。

### 一、用于自勉

何物动人？二月杏花八月桂；有谁益我？三更灯火五更鸡。

二月杏花开放，艳态娇姿，繁花丽色，胭脂万点，占尽春风；八月桂花清可绝尘，浓能远溢，尤在仲秋时节，丛桂怒放，夜静轮圆之际，把酒赏桂，陈香扑鼻，更别有一番风味。二月的乡试和八月的会试（旧时科举考试，每三年举行一次，乡试在二月进行，会试在八月举行）则更是让醉心功名、力求上进的人追求不已。深夜的三更灯火供我读书，拂晓五更鸡鸣催我早起，催人勤学苦练，力求上进。该设问对联给人以启示：读书人应惜时，要发奋进取③。

### 二、用于控诉

秦皇安在哉？万里长城筑怨；姜女未亡也？千秋片石铭贞。

该联语抒发了人们对修筑万里长城的秦始皇的控诉，体现了老百姓的无穷哀怨④。这

① 黄伯荣，廖序东．现代汉语[M]．北京：高等教育出版社，2017.

② 黄伯荣，廖序东．现代汉语[M]．北京：高等教育出版社，2017.

③ 朱英贵．对联中的设问与反问[J]．晚霞，2019（7）：50-51.

④ 朱英贵．对联中的设问与反问[J]．晚霞，2019（7）：50-51.

刻着孟姜女的坚贞千秋长存的石碑更是昭示了这一点。

又如：

国民党反动派统治时期，强行推行保甲制度，抓丁拉夫，敲诈勒索，弄得民不聊生，人民群众痛恨非常。当时，有人贴出一对联：保，保什么？保地方土豪，保四季不安，保保都要出钱，拿与龟儿子造孽；甲，甲哪些？甲街巷邻里，甲士农工商，甲甲何时得脱，除非王八蛋垮台。

该设问对联揭露了保甲制度横征暴敛的丑恶嘴脸，人人得以唾骂之。

## 三、用于描绘事物

二十世纪四十年代中期，西安市莲湖公园“奇园茶社”曾贴过一对联：奇乎？不奇，不奇亦奇；园耶？是园，是园非园！

该联语以“奇”“园”两字设问，表明此处茶社的不凡，引人入胜。原来，这茶社是西安地下党的秘密交通站，的确“是园非园”“不奇亦奇”[①]。

## 四、用于抒发人生感慨

几千劫，危楼尚存，问谁摘斗摩霄，目空今古？五百载，故侯安在？只我倚栏看剑，泪洒英雄。

该设问对联表明，兵火劫难、英雄人物均已故去，唯有这高楼，唯有我在想这当初楼的修建主持人“故侯”。该对联抒发了作者对人生的感慨[②]。

# 第二节　设问诗词

设问在诗词中有所应用。如：

何处望神州？满眼风光北固楼。千古兴亡多少事？悠悠，不尽长江滚滚流！年少万兜鍪，坐断东南战未休。天下英雄谁敌手？曹刘。生子当如孙仲谋！（辛弃疾《南乡子·登京口北固亭有怀》）

“何处望神州？满眼风光北固楼”是设问，表明辛弃疾对风景不殊、山河却易改的感慨。“千古兴亡多少事？悠悠，不尽长江滚滚流”是设问，表明作者纵观千古成败，内心波澜起伏的情形。“天下英雄谁敌手？曹刘”是设问，辛弃疾借古抒今，借千古英雄慨叹南宋无这样扭转乾坤的人物[③]。

又如：

多情自古伤离别，更那堪，冷落清秋节。今宵酒醒何处？杨柳岸，晓风残月。此去经年，应是良辰好景虚设。便纵有千种风情，更与何人说？（柳永《雨

① 朱英贵. 对联中的设问与反问[J]. 晚霞，2019（7）：50-51.

② 董家康. 设问联撷趣[J]. 语文知识，2004（7）：11-12.

③ 刘瑞琴. 设问辞格的修辞特征和艺术魅力[J]. 时代文学，2011（2）：116-117.

霖铃》)

“今宵酒醒何处？杨柳岸，晓风残月”是设问，描绘出一幅凄清的画面：客情之冷落，风景之清幽，离愁之绵邈。

# 第三节　设问广告语

设问句是利用语气上的变化来增强语言表达效果的句式。设问句语气比较强烈，生动，是无疑而问，心中早有定论，无须对方回答①。设问无论是用在商业广告语还是用在公益广告语中，均能增强气势，突出重点。这样的自问自答，可以引发受众的有效关注，宣传效果似乎更好。

## 一、设问商业广告语

姚明的最爱，谁不爱？可口可乐。(可口可乐广告语)

该设问广告语表明，可口可乐是中国篮球巨星姚明的最爱，所以谁都爱，大气而张扬。

又如：

明天的明天你还会送我水晶之恋吗？喜之郎水晶之恋果冻。(喜之郎水晶之恋果冻广告语)

“明天的明天你还会送我水晶之恋吗？喜之郎水晶之恋果冻”是设问。语气词“吗”的使用，表示疑问，这样的提问使广告略显浪漫，答语“喜之郎水晶之恋果冻”则启发人们要买这种有着恋爱意味的喜之郎水晶之恋果冻，这样人们的生活会甜蜜而美好②。

又如：

今天你喝了没有？乐百氏奶。(乐百氏奶广告语)

“今天你喝了没有？”是关爱性地询问，也是友好性地提醒。整个广告语是设问。该广告语尽显乐百氏奶对用户绵长的呵护。

又如：

今天喝什么？沙河王，滴滴难舍沙河王。(沙河王酒广告语)

这则设问广告语彰显出沙河王酒舍我其谁的霸气，引人思索，从而加深人们对沙河王酒的印象，以吸引众多消费者的眼球③。

## 二、设问公益广告语

在公益广告语中，设问常能引人注意，启发人们去思考，也能起到突出某些内容的

---

① 黄伯荣，廖序东. 现代汉语[M]. 北京：高等教育出版社，2017.

② 刘瑞琴. 设问辞格的修辞特征和艺术魅力[J]. 时代文学，2011(2)：116-117.

③ 蒋华. 广告语多维研究[M]. 哈尔滨：黑龙江人民出版社，2019.

功能，还能使语言富于波澜，有变化[1]。如：

① 为何血浓于水？因有爱在其中。（献血公益广告语）

② 你想为社会做点贡献吗？你愿为他人献点爱心吗？请参加无偿献血!（献血公益广告语）

例①是设问句，启发人们思考血浓于水的原因，答语告诉人们原因是关爱，是大爱，委婉地劝告人们献血。例②是设问句，咨询人们是否想为社会做出贡献，献出爱心，答语则告诉人们无偿献血是很好的选择[2]。

## 思考与练习

一、请说明下列对联中的修辞手法及功用。

1. 故国人来，问流水桃花无恙？大观楼近，较岳阳黄鹤何如？

2. 磨砺以须，问天下头颅几许？及锋而试，看老夫手段如何？

3. 雄关百二谁为最？要塞三千此并名。

4. 八大到今真不死，半千而后又何人？

5. 听涧底泉声，呼天地，是歌是哭？看阶前月色，问英雄，还死还生？

6. 大江东去，浪淘尽千古英雄，问楼外青山山外白云，何处是唐宫汉阙？小苑西回，莺唤起一庭佳丽，看池边绿树树边红雨，此间有舜日尧天。

7. 兴废总关情，看落霞孤鹜，秋水长天，幸此地湖山无恙。古今才一瞬，问江上才人，阁中帝子，比当年风景如何？

8. 敌乎？友乎？余惟自问；知我？罪我？公已无言。

9. 泉自几时冷起？峰从何处飞来？

二、请问下列对联运用了反问还是设问辞格，为什么？

1. 杭州西源烟霞洞口有座石头雕刻而成的财神像，清代时期则改雕刻成长公（即苏东坡）像，有人在像前题一联：

钱如真可通神，此座巍然，何不与烟霞终古？

石也有时变相，长公仙矣，莫非是香火前缘？

2. 湖南桃源县桃花山半山腰有座集贤祠，祠庙里有副对联：

开口说神仙，是耶？非耶？其信然耶？难为外人道也。

源头寻古洞，秦欤？汉欤？将近代欤？欲呼渔子问之。

3. 甲也为先生友，乙也为先生敌，丙也与先生叛离，丁也得先生亲信，三三两两，幸得大会齐临，试俯首扪心，亦曾愧对先生否？成则受国人欢，败则受国人骂，生则遭国人猜忌，死则令国人悲哀，是是非非，直到盖棺论定，愿从头细想，果何辜负先生乎！

4. 明目慧心何处觅？健身益智此中求。

5. 罔谈彼短，我亦有短；靡持己长，谁人无长？

① 刘瑞琴. 设问辞格的修辞特征和艺术魅力[J]. 时代文学，2011（2）：116-117.

② 蒋华. 广告语多维研究[M]. 哈尔滨：黑龙江人民出版社，2019.

三、有人说，下列文句中运用了设问辞格，你认为对吗？为什么？

1. 公孙龙问于魏牟曰：“……吾自以为至达已。今吾闻庄子之言，汒焉异之。不知论之不及与？知之弗若与？今吾无所开吾喙，敢问其方。”(《庄子》)

2. 然欲孤便尔委捐所典兵众以还执事，归就武平侯国，实不可也。何者？诚恐已离兵为人所祸也。(曹操《让县自明本志令》)

3. 死者血流，安能浮杵？案武王伐纣于牧之野，河北地高，壤靡不干燥，兵顿血流，辄燥入土，安得杵浮？且周、殷士卒，皆赍盛粮，无杵臼之事，安得杵而浮之？(王充《论衡·艺增》)

4. 然则何时而乐耶？其必曰“先天下之忧而忧，后天下之乐而乐”乎！噫！微斯人，吾谁与归！(范仲淹《岳阳楼记》)

5. 仲子所居之室，伯夷之所筑与？抑亦盗跖之所筑与？所食之粟，伯夷之所树与？抑亦盗跖之所树与？ 是未可知也。(《孟子》)

6. 樊迟从游于舞雩之下，曰：“敢问崇德，修慝，辨惑。”子曰：“善哉问！先事后得，非崇德与？攻其恶，勿攻人之恶，非修慝与？一朝之忿，忘其身，以及其亲，非惑与？”(《论语》)

四、下列诗词中运用了何种修辞手法，该修辞手法有着何种表达效果？

1. 于以采蘩？于沼于沚。于以用之？公侯之事。于以采蘩？于涧之中。于以用之？公侯之宫。(《诗经·召南·采蘩》)

2. 谢家事夫婿，中道还兄门，处分适兄意，那得自任专？(《古诗为焦仲卿妻作》)

3. 我闻此语心骨悲，太平谁致乱者谁？翁言野父何分别？耳闻眼见为君说。(元稹《连昌宫词》)

4. 雕栏玉砌应犹在，只是朱颜改。问君能有几多愁？恰似一江春水向东流。(李煜《虞美人》)

5.丈夫生世会几时，安能蹀躞垂羽翼？（鲍照《拟行路难·其六》)

6. 若非壮士全师胜，争得蛾眉匹马还。(吴伟业《圆圆曲》)

7. 万里乘风去复来，只身东海挟春雷。忍看图画移颜色？肯使江山付劫灰！浊酒不销忧国泪，救时应仗出群才。拼将十万头颅血，须把乾坤力挽回。(秋瑾《黄海舟中日人索句并见日俄战争地图》)

五、请指出下列广告语中的设问句，并说明其使用原因。

1. 恼人的眼周暗沉，令整个人都看起来没精打采？全新发现双眸神采之源！(雅诗兰黛化妆品广告语)

2. 渴望浓密强韧睫毛？珍贵干细胞，滋养美睫浓郁生机。(兰蔻睫毛膏广告语)

3. 您是否渴望一种真正白皙通透的肌肤？全新迪奥雪精灵精华液，独蕴全效科技透白光彩复合物，多层激发肌肤透白亮彩。(迪奥雪精灵精华液广告语)

4. 中原之行哪里去？——郑州亚细亚。(郑州亚细亚商场广告语)

5. 谁为万家燃灯火？恒星牌灯泡给您带来光明和欢乐。(恒星灯泡广告语)

六、根据下列材料，请为崂山、四姑娘山风景区创作数则设问辞格广告语，使上述景点赢得更多游客的青睐，并请说明创作理由。

1. 崂山，是山东半岛的主要山脉，崂山的主峰是中国海岸线第一高峰，有着海上“第一名山”之称。当地有一句古语说：泰山虽云高，不如东海崂。崂山是道教名山。山海相连，山光海色，正是崂山风景的特色。

2. 四姑娘山风景区是世界自然遗产，位于四川省阿坝藏族羌族自治州小金县四姑娘山镇境内，属青藏高原邛崃山脉。四姑娘山风景名胜区核心景点为双桥沟、长坪沟、海子沟、幺姑娘山（幺妹峰）、三姑娘山、二姑娘山、大姑娘山。四姑娘山山势陡峭，主峰四姑娘山海拔 6250 米，是邛崃山脉的最高峰，四川第二高峰，横断山脉第三高峰。

# 第十章 反 语

反语即不直接说出本意，故意采用同本意相反的语言形式来表达的修辞方法。简单地说，反语就是说反话，正话反说，反话正说①。反语主要有两类，一类是反话正说，一类是正话反说。

反话正说。如：

> 中国军人的屠戮妇婴的伟绩，八国联军惩创学生的武功，不幸全被这几缕血痕抹杀了。（鲁迅《纪念刘和珍君》）

“伟绩”和“武功”是反语，它们分明是反动派屠杀学生的“血绩”和“罪恶”。该反语句表达了鲁迅对反动派的无比愤恨和强烈谴责。

正话反说。如：

> 几个女人有点失望，也有些伤心，各人在心里骂着自己的狠心贼。（孙犁《荷花淀》）

“狠心贼”是个贬义词，是骂人的话，也是反语；该语从“几个女人”口中说出来，有对丈夫的埋怨之意，但更多的是爱恋、惦念、亲昵、喜欢之情。②

## 第一节 反语的常用性

反语不变用于多个不同的场合，可以用于广告语中，也可以用于诗词中，还可以用于小说中。

### 一、广告语中的反语

反语可以用于广告语中。如：

> 凯歌牌全自动洗衣机就一个缺点，如果能自动晾衣服就好了。（凯歌牌全自动洗衣机广告语）

一般来说，给商品做广告尽量说出其优点，但此则广告语却反其道而行之，要说其缺点。其实晾衣服并非洗衣机的工作，故广告语中的缺点不能算作是洗衣机的缺点，但这说缺点的反语却起到了很好的宣传作用，引发消费者的热烈关注。

又如：

> 一毛不拔。（梁新记牙刷广告语）

“一毛不拔”是贬义词，含有贬义的色彩，用来形容一个人非常吝啬或不够慷慨；在

---

① 黄伯荣，廖序东. 现代汉语[M]. 北京：高等教育出版社，2017.

② 黄伯荣，廖序东. 现代汉语[M]. 北京：高等教育出版社，2017.

此广告语当中却被用作反语，用来形容梁新记牙刷的持久耐用，丝毫没有贬低产品质量的意思。

## 二、诗词中的反语

> 细草微风岸，危樯独夜舟。星垂平野阔，月涌大江流。名岂文章著，官应老病休。飘飘何所似，天地一沙鸥。(杜甫《旅夜书怀》)

“名岂文章著，官应老病休”是反语。杜甫是以写文章出名的，但写的文章得罪的人多了，不到病了或者老了就淡出官场了，这是杜甫心中凄凉心境的写照。该反语诗歌写出了诗人极度愤慨之情，表明其志向未酬、政治理想不得实现的愤慨[①]。

又如：

> 千古李将军，夺得胡儿马。李蔡为人在下中，却是封侯者。芸草去陈根，笕竹添新瓦。万一朝家举力田，舍我其谁也？（辛弃疾《卜算子》）

在该词中，辛弃疾表明自己的志向不过是做一个小小的官员，拿一份稳定的俸禄度日。实际上并不是，辛弃疾有着远大的理想与抱负：了却君王天下事，赢得生前身后名。故这词中话语是反语，辛弃疾反语极其诙谐，表达出辛弃疾内心的无奈与深深的悲愤[②]。

## 三、日常生活中的反语

> 某辆拥挤的公交车上，一位女士踩了男士的脚，但没有说任何道歉的话，于是男士彬彬有礼地说：“对不起，是我的脚长得太不苗条了。”车厢里响起了笑声，女士十分不好意思，连忙赔礼道歉。

看过这则小故事，我们知道，“女士踩了男士的脚”自然是这位女士的过错，但这位男士不说是女士的错，而是反其道而行之，说是自己错了，是正话反说，让那位踩了他脚的女士意识到了自己的错误。

又如：

> 传说古代的乐羊子外出求学，七年未归。家中老母全靠乐羊子妻织布、卖布奉养。婆媳二人相依为命，生活甚是清苦。一日，婆婆嘴馋，偷杀了邻家的鸡。乐妻知情后，并未发火。当婆婆把煮得香喷喷的鸡汤端上桌时，她却不动筷子。当婆婆问她原因时，她才伤心地 说：“媳妇无能，没能奉养好婆婆，以至饭桌上有了不是自家的鸡。”边说，边泪如泉涌。

婆婆偷杀邻家的鸡，照理应该批评，但乐羊子妻却不批评，反而说自己无能，反话正说，以退为进，引人反省，间接地达到教育婆婆的目的[③]。

---

① 郭子怡. 反语的类型及其语用解读[J]. 语文知识，2013（1）：110-111.

② 郭子怡. 反语的类型及其语用解读[J]. 语文知识，2013（1）：110-111.

③ 任崇芬.“正话反说”与“反话正说”——兼论反语的分类[J]. 四川教育学院学报，2006（9）：69-71.

## 四、小说中的反语

贾宝玉和林黛玉见面，贾宝玉问："妹妹可曾读书？"林黛玉说："不曾读，只上了一年学，些须认得几个字。"

事实上，林黛玉多才多艺，才华横溢。那么林黛玉在回答贾宝玉的问话时为什么要说"不曾读，只上了一年学，些须认得几个字"这样的反话呢？这是因为上文语境（林黛玉初进贾府，贾母问林黛玉念何书，林黛玉说"只刚念了《四书》"。林黛玉又问姊妹们读何书。贾母道："读的是什么书，不过是认得两个字，不是睁眼的瞎子罢了！"）所决定的，这体现了林黛玉的冰雪聪明①。

又如：

刘姥姥二进贾府，贾母等带她进大观园游览，来到探春住处时，贾母开玩笑说"我的这三丫头却好，只有两个玉儿可恶。回来吃醉了，咱们偏往他们屋里闹去。"

贾母最疼爱的孙辈就是贾宝玉和林黛玉，这"可恶"是反语，表达了贾母对"两个玉儿"非同于一般的疼爱和爱护之情。

反语以辛辣的嘲讽、反常的幽默嬉笑怒骂般表明说话人的态度和感情，使说话人所表达的话语生动而形象。

# 第二节　反语的功用

反语在表达嘲讽时，多有讽刺的意味；用于规劝时，多有幽默的情趣。反语还可以用于表达爱怜等感情。

## 一、表达嘲讽

言语表达中，反语能表达嘲讽。如：

从明、从顺、从清，三朝之俊杰；纵子、纵孙、纵仆，一代岂凡人？（明末清初一副对联）

该对联描述的是明末清初名叫金之俊（字岂凡）的大官僚，此人在官场上是个不倒翁，先为明兵部右侍郎（从明），李自成攻占北京他又投降大顺政权（从顺），清军入关后他又降清任大学士（从清）；此人的家教又极为放纵，子孙、仆人横行乡里（纵子、纵孙、纵仆），作恶多端②。该联采用反语，尽显嘲弄之本事。

又如：

和议成，八省弁兵齐奏凯；恩旨下，一城文武尽升官。（《南京条约》签订后民间对联）

---

① 任崇芬."正话反说"与"反话正说"——兼论反语的分类[J]. 四川教育学院学报，2006（9）：69-71.

② 朱英贵. 对联中的夸张与反语[J]. 晚霞，2019（11）：50-51.

第一次鸦片战争之后，1842 年 8 月清政府跟英国签订了中国近代史上第一个不平等条约——《南京条约》，清政府不思振作，安于现状，以为是签了“万年和约”，从此可以高枕无忧一劳永逸了。于是达官贵人又重新过起了文恬武嬉、歌舞升平的生活，甚至对鸦片战争中的投降派加官晋爵，粉饰太平。此联正是讽刺当时社会现状的一副反语联，貌似颂扬，实则鞭挞[①]。

## 二、用于规劝

言语表达中，反语能表达规劝之意。如：

> 优孟，故楚之乐人也。长八尺，多辩，常以谈笑讽谏。楚庄王之时，有所爱马，衣以文绣，置之华屋之下，席以露床，啖以枣脯。马病肥死，使群臣丧之，欲以棺椁大夫礼葬之。左右争之，以为不可。王下令曰：“有敢以马谏者，罪致死。”优孟闻之，入殿门，仰天大哭。王惊而问其故。优孟曰：“马者王之所爱也，以楚国堂堂之大，何求不得，而以大夫礼葬之，薄，请以人君礼葬之。”王曰：“寡人之过一至此乎！”于是使以马属太官，无令天下久闻也。（司马迁《史记・滑稽列传》）

我们知道，大夫死了，应该用大夫的礼节；君王去世，应该用君王的礼节，这是常识。楚庄王的一匹爱马死了，优孟说用大夫的礼节安葬它太寒酸了，这是反语；又说应该用君王的礼节，这也是反语。楚庄王在优孟这不断升级的反语中终于意识到了自己的错误，也改正了自己的错误[②]。

又如：

> 优旃者，秦倡侏儒也。善为笑言，然合于大道……始皇尝议欲大苑囿，东至函谷关，西至雍、陈仓。优旃曰：“善。多纵禽兽于其中，寇从东方来，令麋鹿触之足矣。”始皇以故辍止。二世立，又欲漆其城。优旃曰：“善。主上虽无言，臣固将请之。漆城虽于百姓愁费，然佳哉！漆城荡荡，寇来不能上。即欲就之，易为漆耳，顾难为荫室。”于是二世笑之，以其故止。（司马迁《史记・滑稽列传》）

秦始皇曾经计议要扩大射猎的区域，东到函谷关，西到雍县和陈仓。自然，这是劳民伤财之事。优旃故意赞同，还说“多纵禽兽于其中，寇从东方来，令麋鹿触之足矣”（意为多养些禽兽在里面，敌人从东面来侵犯，让麋鹿用角去抵触他们就足以应付了），此话明显是反语。秦始皇明白了这反话的真正内涵，于是停止了扩大猎场的计划。劝阻新就位的秦二世漆城，这很难办。优旃表示漆城是好事，但他说出来的话语“漆城荡荡，寇来不能上。即欲就之，易为漆耳，顾难为荫室”（意为城墙漆得漂漂亮亮的，敌人来了也爬不上来。要想成就这件事，涂漆倒是容易的，但是难办的是要找一所大房子，把漆过的城墙搁进去，使它阴干），显然是反语，反话正说，讽谏止昏暴，既避免了直接指责批判的冒犯之嫌，又使秦二世在“笑”中接受了自己的意见[③]。

---

① 朱英贵. 对联中的夸张与反语[J]. 晚霞，2019（11）：50-51.

② 郭子怡. 反语的类型及其语用解读[J]. 语文知识，2013（1）：110-111.

③ 刘云. 反语的生成机制[J]. 高等函授学报，2001（5）：29-30.

又如：

庄宗好畋猎，猎于中牟，践民田。中牟县令当马切谏，为民请。庄宗怒，叱县令，去，将杀之。伶人敬新磨知其不可，乃率诸伶走追县令，擒至马前，责之曰："汝为县令，独不知吾天子好猎邪？奈何纵民稼穑以供税赋？何不饥汝县民而空此地以备吾天子之驰骋？汝罪当死。"因前请亟行刑。诸伶共唱和之。庄宗大笑，县令乃得免去。（欧阳修《新五代史·伶官传》）

伶人敬新磨表面上骂县官糊涂，实则夸他爱国爱民。"汝为县令，独不知吾天子好猎邪？奈何纵民稼穑以供税赋？何不饥汝县民而空此地以备吾天子之驰骋？"均为反语，伶人敬新磨巧妙运用反语，让庄宗在"大笑"中赦免了县令。

又如：

文公之时，宰臣上炙而发绕之。文公召宰人而谯之曰："女欲寡人之哽邪？奚为以发绕炙？"宰人顿首再拜，请曰："臣有死罪三：援砺砥刀，利犹干将也，切肉断而发不断，臣之罪一也；援木而贯脔而不见发，臣之罪二也；奉炽炉，炭火尽赤红，炙熟而发不烧，臣之三罪也。堂下得无微有疾臣者乎？"公曰："善！"乃召其堂下而谯之，果然，乃诛之。(《韩非子》)

如果宰人据理力争，其结果可能是被杀。聪明的宰人首先承认臣罪当死，然后再陈述三条罪状，但是这三条罪状实际上都是他无罪的理由，均系反语。该反语被宰人运用得恰到好处，文公因此也找出了真正的元凶[①]。

又如：

景公有马，其圉人杀之。公怒，援戈将自击之。晏子说："此不知其罪而死，臣请为君数之，令知其罪而杀之！"公曰："诺。"晏子举戈而临之曰："汝为吾君养马而杀之，而罪当死；汝使吾君以马之故杀圉人，而罪又当死；汝使吾君以马故杀人闻于四邻诸侯，汝罪又当死。"公曰："夫子释之，勿伤吾仁也。"（刘向《说苑·正谏》）

在这个故事中，晏子欲擒故纵，帮齐景公数落圉人的罪状，并列出了圉人三个死刑的罪状，其实这三个罪状都是反语，正话反说，让齐景公明白了杀圉人之后的种种坏处[②]。

## 三、表达爱怜等情感

言语表达中，反语能用来表达人的情感。如：

林黛玉初进贾府，贾母给她介绍王熙凤："你不认得他，他是我们这里有名的一个泼皮破落户儿，南省俗谓作'辣子'，你只叫他'凤辣子'就是了。"（曹雪芹《红楼梦》）

贾母对精明能干、能说会道的王熙凤是极其喜爱和欣赏的，"泼皮破落户儿""凤辣子"等詈骂语表达了对王熙凤办事能力及作风的赞赏和对她伶牙俐齿的评价，表达了贾

① 郭子怡．反语的类型及其语用解读[J]．语文知识，2013（1）：110-111.

② 任崇芬．"正话反说"与"反话正说"——兼论反语的分类[J]．四川教育学院学报，2006（9）：69-71.

母对王熙凤的亲密和喜爱之情[1]。

又如：

> 贾宝玉初见林黛玉，见黛玉无玉便要摔自己的玉，贾母急得搂了宝玉道："孽障！你生气，要打骂人容易，何苦摔那命根子！"（《红楼梦》）

"孽障"一语，表现了贾母对宝玉爱到了极点又掺点恼意的复杂情感。

## 四、形成幽默

在言语表达中，反语能用来表现人的幽默感。如：

> 有一个顾客在饭店吃饭，饭里沙子较多，顾客将沙子吐到饭桌上。服务员见此，说："不可能净是沙子吧！"顾客却微笑着说："不，也有米饭。"

该顾客话语中的"也有米饭"表明沙子多，米饭少，这话显然是反语。该反语体现了顾客的大度与幽默。

### 思考与练习

一、下列句子中运用了何种修辞手法，该修辞手法有着何种表达效果？

1. 假若当时我已经能够记事儿，我必会把联军的罪行写得更具体、更"伟大"、更"文明"。

2. 好！他不打就不打，咱给他门上埋个守门雷，明天是大年初一，叫他来个开门见喜。

3. 每当夜间疲倦，正想偷懒时，仰面在灯光中瞥见他黑瘦的面貌，似乎正要说出抑扬顿挫的话来，便使我忽又良心发现，而且增加勇气了，于是点上一支烟，再继续写些为"正人君子"之流所深恶痛绝的文字。

4. 邻居内一个人道："胡老爹方才这个嘴巴打得亲切，少顷范老爷洗脸，还要洗下半盆猪油来！"

5. 也有解散辫子，盘得平的，除下帽来，油光可鉴，宛如小姑娘的发髻一般，还要将脖子扭几扭。实在标致极了。

6. 这个"小笨蛋"还真行，语文得了满分。

7. 大刚有了转变，他的妻子打心眼里高兴，说："我恨死你了！"

8. "不是她们是谁，一群落后分子！"说完把纸盒顺手丢在女人们船上，一泅，又沉到水底下去了，到很远的地方才钻出来。小队长开了个玩笑，他说："你们也没有白来，不是你们，我们的伏击不会这么彻底。"

二、下列广告语中运用了何种修辞手法，有什么样的表达效果呢？

1. 我还是不要太火，不想楼市回暖。（成都某楼盘广告语）

2. 法国阿尔萨斯人十分惋惜地宣告珍贵的克隆堡啤酒正源源不断地流向美国。阿尔萨斯人诚恳地要求美国不要喝完我们的啤酒。（克隆堡啤酒广告语）

3. 杉杉西服，不要太潇洒。（杉杉西服广告语）

4. 吸烟有三大好处：一是保持冷静——香烟刺激神经；二是防盗——吸烟者经常咳

---

① 任崇芬. "正话反说"与"反话正说"——兼论反语的分类[J]. 四川教育学院学报，2006（9）：69-71.

嗽，盗贼不敢进屋；三是永葆青春——吸烟人不等衰老就会死。（某地禁烟广告语）

三、下列句子中采用了反语，你认为是这样吗？为什么？

1. 汉武帝乳母尝于外犯事，帝欲申宪，乳母求救东方朔。朔曰："帝忍而愎，旁人言之，益死之速耳。汝临去，慎勿言，但屡顾帝，我当设奇以激之。"乳母如其言，朔在帝侧曰："汝宜速去！帝已壮矣，岂念汝乳哺时恩邪？尚何还顾！"帝虽才雄心忍，亦深有情恋，乃凄然愍之，即敕免罪。

2. 王熙凤打趣林黛玉，林黛玉道："什么诙谐，不过是贫嘴贱舌讨人厌恶罢了。"薛宝钗也打趣林黛玉："我笑如来佛比人还忙……今才好些，又管林姑娘的姻缘了。你说忙的可笑不可笑。"林黛玉不觉地红了脸，啐了一口道："你们这起人不是好人，不知怎么死！再不跟着好人学，只跟着凤姐贫嘴烂舌的学。"

3. 宝玉闻到黛玉衣服上有香气，黛玉便乘机把宝钗讥讽一番："难道我也有什么'罗汉''真人'给我些香不成？便是得了奇香，也没有亲哥哥亲兄弟弄了花儿、朵儿、霜儿、雪儿替我炮制。我有的是那些俗香罢了。"

4. 贾母对刘姥姥说道："我老了，都不中用了，眼也花，耳也聋，记性也没了……不过嚼得动的吃两口，睡一觉，闷了时和这些孙子孙女儿顽笑一回就完了。"刘姥姥笑道："这正是老太太的福了。我们想这么着也不能。"贾母谦虚道："什么福，不过是个老废物罢了。"

5. 新任上司准备对公司内部进行改革，她开始找各个层面的职员进行座谈。夏瑜因为对裴阳华而不实投机钻营的作风看不惯而心有芥蒂。但是上司找她座谈时，她却出人意料地说了裴阳的好话。"你怎么看待小裴这个人？"上司问她。"他人缘好，办事也挺灵活的。""听说你们之间好像不大好相处，对吗？"上司一针见血地直视她。"没什么，我们只是工作上有些意见分歧，况且人无完人。"

6. 我国著名漫画家廖冰兄在回答记者问他是怎样学画漫画时，说："做人要老实，学画画不要老实。"廖冰兄顺着自己的思路继续说下去："学画，要同野生动物那样野性难驯，不要老实。"

7. 公使阳处父追之。及诸河，则在舟中矣。释左骖以公命赠孟明。孟明稽首曰："君之惠，不以累臣衅鼓，使归就戮于秦。寡君之以为戮，死且不朽；若从君之惠而免之，三年将拜君赐。"

**四、根据下列材料，请为云龙湖风景区、连云港花果山景区创作数则反语辞格广告语，使上述景点赢得更多游客的青睐，并说明创作理据。**

1. 云龙湖风景区位于风景秀丽的徐州市区南部，是江苏省著名的省级风景名胜区。湖面波光浩渺，三面青山叠翠。景区内风光如画，文物古迹众多，旅游资源非常丰富。有"云湖泛舟""水上世界""十里长堤""湖滨垂钓""荷风渔歌""杏花春雨""湖山诗廊""奇石神韵""汉画像石""果树盆艺""金山塔影""大型冲浪""游船画舫"等著名景点。云龙湖，如一颗翡翠，镶嵌在徐州城南。

2. 连云港花果山景区位于连云港市南云台山中麓，是国家级云台山风景名胜区的核心景区，是国家级地质公园，被誉为"中国最值得外国人去的 50 个地方"之一，"中国最美文化休闲旅游目的地"，"海内四大名灵"之一。唐宋时称苍梧山，亦称青峰顶，为云台山脉的主峰。李白赋诗："明日不归沉碧海，白云愁色满苍梧。"苏轼赋诗："郁郁苍梧海上山，蓬莱方丈有无间。"写的都是云台山。

# 第十一章 借 代

陈望道的《修辞学发凡》第一次明确地将借代定义为："所说事物纵然同其他事物没有类似点，假使中间还有不可分离的关系时，作者也可借那关系事物的名称，来代替所说的事物。如此借代的，名叫借代辞。"[①]借代，即不直接说出所要表达的人或事物的名称，而借用与它密切相关的人或事物的名称来代替的修辞方法。被代替的人或事物叫本体，用来代替的人或事物叫借体，借体的基础是人或事物间的相关性，其特点是隐去本体，只出现借体[②]。本章将探讨借代的产生原因、借代的类型及借代的具体应用等内容。

## 第一节 借代的产生

借代辞格的产生与人们的认知框架有关，与人类的思维相关，还与国人的含蓄心理息息相关。

### 一、借代与认知框架

借代与人们的认知框架相关，认知框架就是人们根据经验建立起来的概念与概念之间的相对固定的关联模式。比如，一个人的外貌特征和这个人本人就处在同一个认知框架里，因而一说到这个人的特征，就很容易想到这个人[③]。常见的认知框架有这样一些：

容器——内容（如"杯中酒""壶中水"等）；

部分——整体（如"一年四季""人体四肢"等）；

劳动者——工具（如"文人与笔""军人与枪"等）；

物体——特征（如"人的胖瘦""房子的外形"等）；

领属者——领属物（如"儿子的书包""明明的画等"）；

原因——结果（如"女人之美""倾国倾城"等）。

借代辞格的本体和借体必须处于同一认知框架内，说出其中一个，容易让人联想到另外一个，这就是借代辞格的认识心理基础。借体一般显著度高。认知心理学有一条规律：显著度高的客体最引人注目，最易于识别，也最容易处理、加工和记忆。比如军人嘴里吃的"小米"、肩上扛的步枪比起"军需""武器"，其显著度明显要高[④]。

---

① 陈望道. 修辞学发凡[M]. 上海：上海教育出版社，2001.

② 黄伯荣，廖序东. 现代汉语[M]. 北京：高等教育出版社，2017.

③ 张宝胜. 借代修辞格的认知心理基础[J]. 语文建设，2002（6）：24-25.

④ 张宝胜. 借代修辞格的认知心理基础[J]. 语文建设，2002（6）：24-25.

## 二、借代与人的思维

借代的本质是借代思维，它的基础是两个事物之间的相关联想，因为是通过联想使两个事物发生关联，所以借代必然是思维的产物，我们称之为借代思维。借代思维的基础是相关事物的联想，是人的参与使本体和借体产生关联。同时，借代思维是人们根据经验，对两个有关联的事物进行连接，从中找到相关点然后才能将一个事物借代为另一个事物，从而产生借代词或借代义。比如“桃李”的特点就是“树结的果子很多”，用“桃李”来表达“老师教的学生数量多”，因为它们的共同特点是“果实多”，“桃李”的借代义就产生了①。

## 三、借代与含蓄心理

借代的产生根源于中华民族含蓄内敛的文化心理。中华民族自古推崇婉约含蓄，凡事以不道破而明之为语言妙之极致。南宋沈义父也曾提出：“用字不可太露，露则直突而无深长之味。”含蓄曲折幽深，空灵蕴藉，思想感情隐藏于形象后面，读者要越过形象的感性特征向更远的方向去求索它的隐秘，从而获得寻幽探胜的乐趣，得到审美的愉悦②。如：

梳洗罢，独倚望江楼。过尽千帆皆不是，斜晖脉脉水悠悠，肠断白蘋洲。（温庭筠《望江南》）

该词将一个痴情女望江盼夫时无尽的忧愁与伤感表达了出来。词中，以“帆”代“船”，是以隐约蕴藉代替了显现具体，引发读者的无穷想象，让读者获得更多的审美享受和审美情趣。

# 第二节　借代的类型

借代在古典文学作品中用得很广泛，借代的类型也十分丰富。

## 一、特征或标志代本体

在借代中，人们可以用特征或标志代本体③。如：

① 自古英雄多磨难，从来纨绔少伟男。

② 试问卷帘人，却道“海棠依旧”。知否？知否？应是绿肥红瘦。（李清照《如梦令》）

③ 黄发垂髫，并怡然自得。（陶渊明《桃花源记》）

例①中，该句中的借代是以“服饰”代“人”。“纨绔”是富贵子弟的服装，代替富

---

① 杨雪．借代文学本质——借代思维[J]．北方文学，2019（8）：45.

② 王刚．借代辞格研究[D]．石家庄：河北大学，2005.

③ 王刚．借代辞格研究[D]．石家庄：河北大学，2005.

贵子弟。例②中，“绿”是海棠叶子的颜色，用来代替海棠叶子；“红”是海棠花的颜色，用来代替海棠花。例③中，“黄发”指代老人，古人认为老人头发由白转黄是长寿的标志性象征；“垂髫”代指儿童，“垂髫”是儿童的一种标志性发型。

## 二、工具或材料（事物的原料、动作的凭借）代本体

在借代中，人们可以用工具或材料（事物的原料、动作的凭借）代本体[①]。如：

① 雍母弟徽，字子徽，少游学，有唇吻，孙权统事，闻徽有辩才，召署主簿。(《三国志》)

② 田园寥落干戈后，骨肉流离道路中。(白居易《望月有感》)

例①中，“唇吻”指代口才，是说话的凭借。例②中，“干戈”是战争的工具，用来指代战争。

## 三、具体事物代替抽象事物

在借代中，人们可以用具体事物代替概括抽象的事物[②]。如：

① 马之悦鬼着哪，连替中农说几句公道话都是前怕狼后怕虎的，唯恐丢了乌纱帽。(浩然《艳阳天》)

② 无丝竹之乱耳，无案牍之劳形。(刘禹锡《陋室铭》)

例①中，“乌纱帽”代替“官职”，是借代。例②中，“丝竹”是常用的乐器材质，借指“音乐”，是借代。

在借代中，人们也可以用抽象事物代替具体事物[③]。如：

正义是杀不完的，因为真理永远存在。(闻一多《最后一次演讲》)

例句中，抽象的词语“正义”是借代，代替了坚持正义的人们。

## 四、部分代整体

在借代中，人们可以用部分代整体。如：

① 沉舟侧畔千帆过，病树前头万木春。(刘禹锡《酬乐天扬州初逢席上见赠》)

② 江山如此多娇，引无数英雄竞折腰。(毛泽东《沁园春·雪》)

例①中，“帆”是船的一部分，用以代替“船”。例②中，“江山”是“江河、山岭”义，借指“祖国”。

## 五、专名（特称）代泛称

在借代中，人们可以用特例为借体，来代替同一范畴或同一类型的一般事物[④]。如：

---

① 王刚. 借代辞格研究[D]. 石家庄：河北大学，2005.

② 王刚. 借代辞格研究[D]. 石家庄：河北大学，2005.

③ 王刚. 借代辞格研究[D]. 石家庄：河北大学，2005.

④ 王刚. 借代辞格研究[D]. 石家庄：河北大学，2005.

① 你们杀死一个李公朴，会有千万个李公朴站起来。（闻一多《最后一次讲演》）

② 僵卧孤村不自哀，尚思为国戍轮台。（陆游《十一月四日风雨大作》）

例①中，“千千万万个李公朴”中的“李公朴”，代替一切不怕流血牺牲、为争取和平民主而斗争的人们。例②中，“轮台”本是县名，汉代西域地名，即今新疆轮台县，泛指边疆荒远之地[①]。

## 六、处所（事物的所在之处）、官职代本体

在借代中，人们可以用处所（事物的所在之处）、官职代本体[②]。如：

① 山上是咬着牙挨着，山下也是扎紧了腰带过日子呢。无论如何也得把粮食送上去。（王愿坚《粮食的故事》）

② 四海之内，皆兄弟也。（《论语·颜渊》）

③ 且问备曰：“豫州今欲何至？”（司马光《资治通鉴》）

例①中，“山上”代替山上的战士们，“山下”代替山下的百姓。例②中，“四海之内”指代天下的人。例③中，“豫州”指代刘备，因为刘备曾做豫州刺史。

## 七、结果代原因

在借代中，人们可以用结果代原因[③]。如：

孔乙己一到店，所有喝酒的人便都看着他笑。有的叫道：“孔乙已，你脸上又添上新伤疤了！”（鲁迅《孔乙己》）

例句中，“脸上又添上新伤疤”是孔乙已偷书被打的结果。原因是“孔乙已偷了他人的书”。“孔乙已，你脸上又添上新伤疤了”这句话采用了借代的修辞手法，可以理解为“孔乙已，你又偷他人的书了”。

# 第三节　借代的功用

借代可以突出人和事物的特征，增强语言的形象性和生动性；可以使话语内容简洁精练，富于变化；也可以使语言表达幽默风趣[④]。

## 一、使语言形象、生动，易于理解

借代可以将事物具体化、形象化，易于人们的理解。如：

君子不重伤，不禽二毛。（《左传》）

---

① 王刚. 借代辞格研究[D]. 石家庄：河北大学，2005.

② 王刚. 借代辞格研究[D]. 石家庄：河北大学，2005.

③ 王刚. 借代辞格研究[D]. 石家庄：河北大学，2005.

④ 杨雪. 借代文学本质——借代思维[J]. 北方文学，2019（8）：45.

例句中，“二毛”指黑色白色两种头发，老年人的头发才黑白相间，故而拥有黑白相间这两种头发是老年人的特征，这样人们对君子的“仁爱之心”方有更深刻的体会。

## 二、使语言简洁精练，以少胜多

> 僮仆六千，妓女五百。隋珠照日，罗衣从风。自汉晋以来，诸王豪侈，未之有也。（杨衒之《洛阳伽蓝记》）

例句中，“隋珠”指代名贵的宝珠。这里有个典故，相传隋侯救活了一条大蛇，后大蛇衔来一颗明珠报答他。后来，人们便把名贵的宝珠称作“隋珠”。如果把这个典故直接写上，语言在形式上就复杂了许多[①]。

## 三、使语言富于变化

人们在语言表达时忌讳用词重复，故有时可以采用借代手法以避之。如：

> ① 人间四月芳菲尽，山寺桃花始盛开。（白居易《大林寺桃花》）
>
> ② 泪眼问花花不语，乱红飞过秋千去。（欧阳修《蝶恋花》）

例①中，“芳菲”本是花的香味，例中借指“桃花”。如果直接用桃花取而代之，就是“人间四月桃花尽，山寺桃花始盛开”，这样就用词重复。例②中，“红”指代花。如果不用“红”，而用“花”，诗句则变为“泪眼问花花不语，乱花飞过秋千去”，这样用词重复，读来乏味[②]。

## 四、表达情感色彩

> 我最佩服北京双十节的情形。早晨，警察到门，吩咐道：“挂旗！”“是，挂旗。”各家大半懒洋洋地踱出一个国民来，撅起一块斑驳陆离的洋布，这样一直到夜，——收了旗关门；几家偶然忘却的，便挂到第二天的上午。（鲁迅《呐喊》）

国旗是神圣的，代表一个国家的尊严。例句中，“洋布”代外国的国旗，表达了作者对在北京挂洋国旗的不满[③]。

## 五、表达幽默

> 从今天起，他的八斤半就在脖子上不稳定了。（姚雪垠《李自成》）

例句中，“八斤半”指代脑袋。该借代表达新颖而幽默。

### 思考与练习

一、下列古诗词中采用了何种修辞手法，请说明其表达效果。

1. 槛菊愁烟兰泣露，罗幕轻寒，燕子双飞去。明月不谙离恨苦，斜光到晓穿朱户。

---

① 杨雪. 借代文学本质——借代思维[J]. 北方文学，2019（8）：45.

② 杨雪. 借代文学本质——借代思维[J]. 北方文学，2019（8）：45.

③ 王刚. 借代辞格研究[D]. 石家庄：河北大学，2005.

昨夜西风凋碧树，独上高楼，望尽天涯路。欲寄彩笺兼尺素，山长水阔知何处？（晏殊《蝶恋花》）

2. 老夫聊发少年狂，左牵黄，右擎苍，锦帽貂裘，千骑卷平冈。为报倾城随太守，亲射虎，看孙郎。（苏轼《江城子·密州出猎》）

3. 铁衣远戍辛勤久，玉箸应啼别离后。少妇城南欲断肠，征人蓟北空回首。（高适《燕歌行》）

4. 慨以当慷，忧思难忘。何以解忧，惟有杜康。（曹操《短歌行》）

5. 朱门酒肉臭，路有冻死骨。（杜甫《自京赴奉先县咏怀五百字》）

6. 炙手可热势绝伦，慎莫近前丞相嗔。（杜甫《丽人行》）

7. 座中泣下谁最多，江州司马青衫湿。（白居易《琵琶行》）

8. 少陵野老吞声哭，春日潜行曲江曲。（杜甫《哀江头》）

二、下列文句中运用了借代修辞手法吗？为什么？

1. 不知道是听信了他的话呢，还是自个看不上眼，老王太太离开玉石眼了。（周立波《暴风骤雨》）

2. 红领巾正在做广播操。

3. 你们这一车西瓜，也不必过秤，一百张“大团结”，我们包圆儿了。（刘绍棠《紫禾姐子》）

4. 他端坐在主宾席上，左边是米业巨商李老板，右边是商业巨头马会长。在这群光头、毡帽、长衫、马褂中间，他有种鹤立鸡群的气度。（石楠《张玉良传》）

5. 四十多年的炮火硝烟，练就他一双锐利的眼睛。（柯岩《我的爷爷》）

6. 当然，要把家庭带来的各种各样的习惯统一到领章帽徽下面来，要把平均年龄二十岁的一群女孩子的心收拢起来，是要有一个过程的。（徐怀中《西线轶事》）

7. 把名字刻入石头的，名字比尸首烂得更早。（臧克家《有的人》）

8. 我想，中国最不值钱的是工人的体力了，其次是咱们的所谓文章，只有伶俐最值钱。（鲁迅《鲁迅全集》）

9. ……可我……小金呀，原谅我吧，我不会是永远都不称职的指导员，更不会成为“王连举”。

三、请指出下列句子中的借代辞格，并说明其类型。

1. 许子以釜甑爨，以铁耕乎？（孟子《孟子·滕文公上》）

2. 公阅毕，即解貂覆生，为掩户。（方苞《左忠毅公逸事》）

3. 朱门酒肉臭，路有冻死骨。（杜甫《自京赴奉先咏怀五百字》）

4. 孤帆远影碧空尽，唯见长江天际流。（李白《送孟浩然之广陵》）

5. 想当年，金戈铁马，气吞万里如虎。（辛弃疾《永遇乐·京口北固亭怀古》）

6. 蔺相如徒以口舌为劳，而位居我上。（司马迁《史记·廉颇蔺相如列传》）

7. 迁客骚人，多会于此。（范仲淹《岳阳楼记》）

8. 江州司马青衫湿。（白居易《琵琶行》）

9. 何以解忧，唯有杜康！（曹操《短歌行》）

四、根据下列材料，请为南京玄武湖风景区、南京夫子庙创作数则借代辞格广告语，使上述景点赢得更多游客的青睐，并说明创作理据。

1. 南京玄武湖风景区，是江南最大的城内公园，被誉为“金陵明珠”，与杭州西湖、嘉兴南湖并称“江南三大名湖”。玄武湖方圆近五里，处处有山有水。南京玄武湖风景区为风景园林，也为文化胜地，许多文人骚客都曾在此留下诗篇，如萧统、李煜、韦庄、杜牧、刘禹锡、李商隐、李白、欧阳修、王安石、曹雪芹、郭沫若等。“钱塘莫美于西湖，金陵莫美于后湖。”北宋文学家欧阳修曾如此赞誉玄武湖。

2. 南京夫子庙是一组规模宏大的古建筑群，历经沧桑，几番兴废，是供奉和祭祀孔子的地方，中国四大文庙之一，作为秦淮名胜而成为古都南京的特色景观区，也是蜚声中外的旅游胜地，是中国最大的传统古街市。夫子庙不仅是明清时期南京的文教中心，同时也是居东南各省之冠的文教建筑群。范蠡、周瑜、王导、谢安、李白、杜牧、吴敬梓等数百位著名的军事家、政治家、文学家曾在这里留下过足迹，写下了千古传诵的篇章。

# 第十二章 对偶

对偶体现了一种思维形式，即对称、平正、整齐、严谨，也体现了中华民族思维性格的特征，是具有汉民族特色的修辞形式[①]。对偶修辞起源于先秦，后来这种修辞手法被文人墨客采用，如汉乐府诗集《长歌行》中的名句“少壮不努力，老大徒伤悲”；唐代诗人喜欢运用对偶辞格，如李白《静夜思》中的“举头望明月，低头思故乡”；宋词对对偶的要求较为宽松，如辛弃疾《永遇乐》中的“千古江山，英雄无觅，孙仲谋处”；现代广告语也采用了对偶，如某保暖鞋广告语“寒从脚起，暖自鞋生”。对偶是如何产生的呢？有哪些类型，它又有哪些功用呢？这些都会在本章中有所讨论。

## 第一节　对偶产生的原因

对偶的产生有其深刻的哲学、心理学和语言学方面的原因。

### 一、中国古代哲学思想基础

叶燮在《原诗·外篇》中指出：“对待之义，自太极生两仪以后，无事无物不然：日月、寒暑、昼夜，以及人事之万有——生死、贵贱、贫富、高卑、上下、长短、远近、新旧、大小、香臭、深浅、明暗，种种两端，不可枚举。”阴阳二元对立的思想是我国古代的一种重要哲学思想，这种思想是宇宙间万事万物存在运行相互作用的规律，也是古人看待世界和认识事物的方式，这也是对偶产生的哲学思想基础[②]。汉民族的传统认识是“统一体内部各种对立因素的均衡与和谐是保护统一体稳定生存的根本条件”，在这样一种心理认知上，人与人之间讲求中庸平和，这就要求看待任何事物都要无所偏倚，均衡和谐[③]。对偶就是人们看待任何事物都要无所偏倚，均衡和谐的结果，也是阴阳二元对立思想的体现。

### 二、心理基础

对偶的产生还有其特定的心理基础，即人类的联想。联想的方式主要分为相似联想、接近联想、对比联想和关系联想。相似联想是性质或特点相似引起的联想，接近联想是空间接近引起的联想，对比联想是相反或对立关系引起的联想，关系联想是由因果递进

① 孙昌武. 谈“对偶”（上）[J]. 古典文学知识，2015（1）：124-130.
② 史上玉. 初唐诗歌对偶研究[D]. 上海：华东师范大学，2018.
③ 常丹菲. 对偶修辞建构与汉民族文化心理[J]. 文化创新比较研究，2017（7）：12-13.

等关系引起的联想。相似联想、接近联想、对比联想和关系联想是对偶产生的心理学基础[①]。

以对比联想为例进行说明。大自然每年的风景都差不多，然而人的感情、心态都改变了，正所谓物是人非，所以有了“花相似”与“人不同”的对比联想，进而就产生了对偶句“年年岁岁花相似，岁岁年年人不同”的人生感慨。朱光潜先生说：“用排偶既久，心中就无形中养成一种求排偶的习惯，以至观察事物都处处求对称，说到‘青山’，便不由你不想到‘绿水’，说到‘才子’，便不由你不想到‘佳人’。”朱光潜先生所说这种类型的对偶其实就是对比联想在起作用。

### 三、语言基础

汉字最适宜于对偶，这可以从词语语音的平仄对立、词汇的单音独体、语法的自由灵活三方面来阐释。汉字每个读音都可归为平声、仄声（上、去、入）两类，这样就容易形成“句内抑扬，句间相对”的结构，形成节奏美和整齐美。汉语中大量的单音节词，为对偶句字数相等、词类相对的要求创造了便利。另外，汉语是分析型语言，更多的是借助语序和虚词完成句意，这也为对偶的成立创造了有利条件[②]。

## 第二节　对偶的类型

如果从内容来看，对偶的类型主要有正对、反对和串对三种类型[③]。

### 一、正　对

正对就是上下联意思相似、相近、相补或者相衬。如：

墙上芦苇，头重脚轻根底浅；山间竹笋，嘴尖皮厚腹中空。

这副对联为解缙所作，上下联语义相近。上联把那些学习根基不深厚的人比喻为“芦苇”，只会随风摇摆，四处附和；下联把那些倚老卖老、没有真才实学的人比喻为“竹笋”，空有其表，华而不实。

又如：

宝剑锋从磨砺出，梅花香自苦寒来。

上联表明，宝剑的锐利刀锋是从不断的磨砺中得到的；下联表明，梅花飘香是因为它经过了寒冷冬季的锤炼。该对联从两个方面说明一个共同的道理：珍贵品质或美好才华是需要不断的努力、修炼，克服一定的困难才能拥有的[④]。

---

① 史上玉．初唐诗歌对偶研究[D]．上海：华东师范大学，2018.
② 史上玉．初唐诗歌对偶研究[D]．上海：华东师范大学，2018.
③ 黄伯荣，廖序东．现代汉语[M]．北京：高等教育出版社，2017.
④ 韩晓光．对联与修辞[J]．兰州教育学院学报，1996（2）：45-48.

## 二、反　对

反对就是上下联意思相对、相矛盾，正反对照，以突出事物的本质。如：

横眉冷对千夫指，俯首甘为孺子牛。

该联出自鲁迅《自嘲》诗，上联表示对敌人决不屈服，下联表示对人民大众甘愿服务，上下联表示相反相对的关系。

又如：

满招损，谦受益。

该联出自《尚书·大禹谟》“满招损，谦受益，时乃天道”。上联表示自满会招致损失，下联表示谦虚可以得到益处。

## 三、串　对

串对，即流水对，是上下句的意思有承接、因果、假设等关系的对偶形式。

1. 因果关系

野火烧不尽，春风吹又生。（白居易《离离原上草》）

该联是串对，上联表示原因，下联表示结果。我们可以在其中加上相应的关联词以显示：因为野火烧不尽，所以春风吹又生。

又如：

问渠那得清如许，为有源头活水来。（朱熹《观书有感》）

该联也是串对，上联表示结果，下联表示原因。

2. 承接关系

在流水对中，承接关系是以时间为坐标轴，来讲述前后顺序的一种关联词应用规则[①]。如：

① 才饮长江水，又食武昌鱼。（毛泽东《沁园春·长沙》）

② 即从巴峡穿巫峡，便下襄阳向洛阳。（杜甫《闻官军收河南河北》）

例①中，上联“才饮长江水”的时间在前，而“又食武昌鱼”的时间在后，上联与下联之间是承接关系。例②中，上联“即从巴峡穿巫峡”的时间在前，而下联“便下襄阳向洛阳”的时间在后，上联与下联之间是承接关系。

3. 条件关系

在流水对中，条件复句中分句之间的关系是条件和结果的关系。如：

欲穷千里目，更上一层楼。（王之涣《登鹳雀楼》）

例中，上联“欲穷千里目”是结果，而下联“更上一层楼”是条件，意指要想看到无穷无尽的美丽景色，应当再登上一层楼。

---

① 黄伯荣，廖序东. 现代汉语[M]. 北京：高等教育出版社，2017.

4. 转折关系

在流水对中，上下联也可以是转折关系。如：

宫女如花满春殿，只今惟有鹧鸪飞。（李白《越中览古》）

例中，上联描写曾经满殿的宫女如花似玉，下联描写现如今只有几只鹧鸪在荒草丛生的故都废墟上飞来飞去，上联与下联之间是转折关系。该联语用热闹的场面来描写凄凉，更觉凄凉之可叹。

## 第三节　对偶对联趣话

历史上曾经有许多由对偶构成的对联趣事，这些对联趣事常常形成一些优秀的文学佳话。

### 一、因善对获赏识

古代有因善对获得皇上赏识的。如：

李东阳是湖南人，因为他父亲李淳在京城金吾卫当军士，所以全家居住在北京。李东阳从小就聪颖过人，时称为神童。后来消息传到宫中，明代宗亲自召见面试。过皇宫的门槛时，因小东阳年幼个矮，陪同的太监逗他说："神童脚短。"李东阳高声答道："天子门高。"代宗心中很是喜欢，诏命李东阳入国子监读书。后来有一次代宗出一对子试他，上句是"螃蟹浑身甲胄"。李东阳对出下句为："蜘蛛满腹经纶。"后李东阳拜相。

太监上联"神童脚短"描绘的是客观事实（小东阳个子矮小），而李东阳的"天子门高"，既对出了太监的上联，又在无形中夸奖了皇帝一番，令皇帝心情愉悦。"螃蟹浑身甲胄"就是说螃蟹浑身都是壳，"蜘蛛满腹经纶"表明蜘蛛肚子都是横竖状的经纶，实则是暗夸自己学识过人，非同凡人①。

也有因善对获得妻子的。如：

有一财主家的女儿，从小读了不少书，财主也非常心疼这个女儿。到了婚嫁的年龄，财主的女儿要用对联这种方式选择自己的夫婿，于是出了上联"蜘蛛有网难罗雀"。才女此上联一出，前来相亲的人面面相觑。这时人群中有一位长相清秀的秀才，对了下联"蚯蚓无角欲成龙"。财主家的女儿兑现了之前的承诺，嫁给了这位秀才。

财主女儿上联"蜘蛛有网难罗雀"描绘的是客观事实：蜘蛛的网虽稠，但难以抵挡麻雀的力量大，故难以捕捉得到。实则表明，财主女儿非同平凡人，一般人是娶不到的。秀才下联"蚯蚓无角欲成龙"表面上说的是客观事实：蚯蚓虽然没有龙角，但是也想成为蛟龙。但实际上长相清秀的秀才借此表明自己的远大志向与不懈追求：自己家境不好，但一定会努力学习，不骄不躁，将来定会出人头地。下联与上联意境相似，对仗工整，

---

① 韩崇文. 不常见的比喻对联[J]. 对联，2017（10）：111-112.

遥相呼应，有异曲同工之妙。

还有人因善对获得教职的。如：

> 在科举取士的历史上，林大钦是潮汕地区唯一的文状元，他的学而有成与其恩师黄石庵的培养有着密切的关系。银湖村有一绅士慕黄石庵之名，想请他到家中课子，黄石庵便推荐林大钦前往应聘。那绅士见林大钦年纪轻轻，想试一试他的才学，便吟道："银湖院后虎耳草。"大钦一时难得好句。回家路上来到金石宫前，见龙眼树正花开满枝，触动灵感，即以"金石宫前龙眼花"应对，那绅士不得不叹服，遂将林大钦留下为其课子。

上联"银湖院后虎耳草"描绘的是银湖院后有像老虎耳朵一样的草的情形，下联"金石宫前龙眼花"描绘的是在金石宫前龙眼树花开满枝的情形。上下联描摹不同种类的景物与景色，煞是传神，极其生动。

还有人因善对免于处罚的。如：

> 郭沫若少读私塾，私塾设在一所古庙里。庙里种有一棵桃树，累累硕果十分诱人。有一天，趁老师和老和尚外出赶集的机会，一帮学生翻墙入庙将桃子吃了个精光。老师受到老和尚的责怪，也为自己管教不严而感到难堪，恼怒之下，口占一联："昨日偷桃钻狗洞，不知是谁？"并且讲明，只要有人能对上，就可免罚。郭沫若略为思索，旋即对道："他年攀桂步蟾宫，必定有我。"老师见对联如此工整天衣无缝，怒气顿消。

上联"昨日偷桃钻狗洞，不知是谁"明明是在骂学生是狗，要是学生直接回答了"是谁"的问题，那就等于直接找骂。下联"他年攀桂步蟾宫，必定有我"，看似回答了上联，其实并未回答，而是绕了个弯子，自说自话地顾左右而言他，但却表明了自己伟大的志向①。

## 二、用对联故意刁难他人

> 传说苏轼有个妹妹，叫苏小妹。这个妹妹从小生长在书香门第，才气非常了得。一次苏小妹、苏轼还有苏轼的好友佛印一起结伴出行。三人在岸边行走，突然见到有个和尚在撑船，苏小妹看到这一情景，随即来了句"和尚撑船，篙打江心罗汉"。苏小妹说完上联，就对佛印说："早听说大师非常有才华，不知道能否对出下联？"佛印听后，想了一下，对出了"佳人汲水，绳牵井底观音"。苏小妹一听，也很佩服佛印的才学。

苏小妹上联"和尚撑船，篙打江心罗汉"描绘了这样一幅图画：和尚撑着船，手中的竹竿打中的是河中和尚的倒影。佛印下联"佳人汲水，绳牵井底观音" 描绘了这样一幅图画：美丽的姑娘从井里打水，绳子牵着姑娘的倒影。苏小妹上联、佛印下联均十分形象，让人印象深刻。

---

① 韩晓光. 对联与修辞[J]. 兰州教育学院学报，1996（2）：45-48.

## 三、从对联中获取人生哲理

> 北京潭柘寺弥勒佛龛两边的对联大概要算最有名的：大肚能容，容天下难容之事；开口便笑，笑世间可笑之人。

该对联把弥勒佛的形象勾画得淋漓尽致、风趣雅致。该对联深含哲理：人生在世，要宽宏大量，慈悲为怀，要包容一切难容之事，同时对待他人又要有分寸，只“笑世间可笑之人”①。

又如：

> 峨眉山灵岩寺有弥勒佛一尊，其身旁对联为：开口便笑，笑古笑今，凡事付之一笑；大肚能容，容天容地，于人何所不容？

该对联蕴含着人生哲理：人生在世要豁达、乐观，有气度②。

又如：

> 福州鼓山涌泉寺有弥勒问联：手中只一金元，你也来，他也来，不知给谁是好；心中无半点事，朝来拜，夕来拜，究竟为何理由？

该对联表面上是弥勒佛的犯愁，实则是对人们早晚来朝拜弥勒佛的嘲讽。该对联表面上是不理解，实则是对人生透彻的领悟，表现出的正是人们摆脱不掉世俗的困扰③。

又如：

> 四川乐山凌云山山门关的弥勒佛对联：笑古笑今，笑东笑西，笑南笑北，笑来笑去，笑自己原来无知无识；观天观地，观日观月，观上观下，观他人总是有高有低。

该联告诉世人：遍天下无所不笑，唯有过程才真实。“盈则虚之，虚则实之”的自然规律谁可抵挡？不可一味求极，亦不可盲目作比。由此，人生方得快乐④。

### 思考与练习

一、请指出下列对联运用了何种修辞手法，并说明其表达效果。

1. 日出江花红胜火，春来江水绿如蓝。
2. 清风满地难容我，明月何时再照人。
3. 檐下蜘蛛一腔丝意，庭前蚯蚓满腹泥心。
4. 因荷而得藕，有杏不须梅。
5. 昨夜敲棋寻子路，今朝对镜见颜回。
6. 未出土时便有节，及凌云处尚虚心。
7. 栗绽缝黄见，藕断露丝飞。
8. 孔子生于舟末，光舞起自汉中。
9. 两船并行橹速不如帆快，八音齐奏笛清难比箫和。

---

① 张梦新，张进. 古今对联集萃[M]. 杭州：西泠印社出版社，2008.
② 张梦新，张进. 古今对联集萃[M]. 杭州：西泠印社出版社，2008.
③ 张梦新，张进. 古今对联集萃[M]. 杭州：西泠印社出版社，2008.
④ 张梦新，张进. 古今对联集萃[M]. 杭州：西泠印社出版社，2008.

10. 泥肥禾尚瘦，暑短夜差长。

二、请说明下列句子中对偶的类型，并说明其作用。

1. 贾岛醉来非假倒，刘伶饮尽不留零。

2. 细羽家禽砖下死，粗毛野兽石先生。

3. 稚子牵牛耕熟地，巴山夜雨花枝俏；将军打马过常山，幽谷恋歌乳燕飞。

4. 天寒地冻，无水一滴难成冰；国难民愁，王不出头谁自主。

5. 调琴调新调调调调来调调妙，种花种好种种种种成种种香。

6. 月圆月缺，月缺月圆，年年岁岁，暮暮朝朝，黑夜尽头方见日；花开花落，花落花开，夏夏秋秋，暑暑凉凉，严冬过后始逢春。

7. 天上月圆，人间月半，月月月圆逢月半；今年年底，明年年初，年年年底接年初。

8. 水冷金寒火神庙大兴土木；南腔北调中军官什么东西。

9. 黑发不知勤学早；白首方悔读书迟。

三、根据下列材料，为苏州、扬州创作数则对偶辞格广告语，使上述景点赢得更多游客的青睐，并说明创作理据。

1. 苏州，是国家历史文化名城和风景旅游城市，东临上海，南接嘉兴，西抱太湖，北依长江。苏州属亚热带季风气候，四季分明，雨量充沛。种植水稻、小麦、油菜，出产棉花、蚕桑、林果，特产有碧螺春茶叶、长江刀鱼、太湖银鱼、阳澄湖大闸蟹等。苏州是中国国家历史文化名城之一，有近 2 500 年历史，是吴文化的发祥地。苏州园林是中国私家园林的代表，被联合国教科文组织列为世界文化遗产。中国大运河苏州段入选世界遗产名录。

2. 扬州历史悠久，文化璀璨，商业昌盛，人杰地灵，有着“淮左名都，竹西佳处”之称；又有着“中国运河第一城”的美誉，也是中国首批历史文化名城。在中国历史上，扬州因其独特的地理位置和优越的自然环境，自汉至清几乎经历了通史式的繁荣，并伴随着文化的兴盛。隋唐、明清时期的扬州财富、资本高度集中，是整个中国乃至东亚资本最为集中的地区，是当时规模最大的金融中心，其繁荣程度如同当今世界之伦敦、香港。

# 第十三章 拈 连

拈连，即利用上下文的联系，把适用于甲事物的词语顺势移用于乙事物的修辞方法，又叫“顺拈”。甲事物一般是具体的，位置在前；乙事物往往比较抽象，位置在后。有时候，甲事物也可以不出现[①]。如：

你默默地吐着丝，吐着温暖，吐着爱。在用生命织出的丝绸上，人们认识了你的价值。（马继红《蚕》）

从语言规范上来说，“吐丝”这种说法是成立的，我们能接受，但是“吐温暖”“吐爱”这类说法不成立，我们不能接受。在例句中，“吐温暖”“吐爱”紧接在“吐丝”之后，却是能成立的，人们不仅能接受，反而更能感受语言的自然和流畅，顺理成章。“你默默地吐着丝，吐着温暖，吐着爱”表达了春蚕对人类的无私奉献。

拈连在我们的日常生活中较为常见，人们的习惯用语中常用拈连，如“人穷志不穷”“身残志不残”“耳聋心不聋”等。

## 第一节 拈连的类型

拈连可分为全式拈连和略式拈连两类[②]。

### 一、全式拈连

全式拈连指甲乙两事物都出现，拈连词语不可少。它像锁链一样，使前后拈连在一起[③]。如：

好哇，大风，你就使劲地刮吧。你现在刮得越大，秋后的雨水就越充足。刮吧，使劲地刮吧，刮来个丰收的好年景，刮来个富强的好日子。

“刮”，本用于甲事物“大风”，这里却用在了乙事物“丰收的好年景”和“富强的好日子”上。“刮大风”能成立，“刮来个丰收的好年景”“刮来个富强的好日子”本不能成立；这里由于“刮大风”的存在，使得其后的“刮来个丰收的好年景”“刮来个富强的好日子”自然就拈连起来，也就能够成立。“刮来个丰收的好年景”“刮来个富强的好日子”表现了人们对于未来生活的美好愿望。

① 黄伯荣，廖序东. 现代汉语[M]. 北京：高等教育出版社，2017.
② 黄伯荣，廖序东. 现代汉语[M]. 北京：高等教育出版社，2017.
③ 黄伯荣，廖序东. 现代汉语[M]. 北京：高等教育出版社，2017.

## 二、略式拈连

略式拈连是指甲事物中的拈连词语省略，乙事物必须出现[1]。如：

我只是伫立凝望，觉得这一条紫藤萝瀑布不只在我眼前，也在我心上流过。（宗璞《紫藤萝瀑布》）

如果把这个例句表达完全，则是这样的：我只是伫立凝望，觉得这一条紫藤萝瀑布不只在我眼前流过，也在我心上流过。可以看出，这句话中省略了甲事物中的拈连词语“流过”。

# 第二节　拈连的表达效果

拈连能使语言表达新鲜、别致，使语言表达含蓄，还能使语言表达风趣[2]。

## 一、别致又新鲜

新奇心理人皆有之，人人皆有愿意尝试新鲜的心理。亚里士多德曾说过：“人们喜欢被不平常的东西所打动。”拈连能形成词语的新鲜组合，并且使之更加引人关注。如：

铁窗和镣铐，坚壁和重门，锁得自己的身，锁不住革命的精神！……黄饭和臭菜，蚊蝇和虱蚤，瘦得了我的肉，瘦不了我的骨。（《坚强的战士》）

“锁不住革命的精神”本不能成立，在例句中因为上文有了“锁得自己的身”却能成立，故新鲜而别致。“瘦不了我的骨”本也不能成立，但是在例句中却因为上文有了“瘦得了我的肉”而能成立，故新鲜又别致。在例句中，作者把用于“身”的“锁”拈连到“精神”上，把用于“肉”的“瘦”拈连到“骨”上，形成了原来未曾用过的说法，极其别致，令人喜爱。

## 二、委婉含蓄

含蓄就是语言表达委婉，耐人寻味。如：

夜里天冷北风急，班长下岗月儿西；手拿针线灯下坐，为我熬夜缝军衣；线儿缝在军衣上，情意缝在我心里。

如果我们直接说：天冷了，班长为我们缝衣服，体现了班长对我们的关爱。这似乎过于直白。“情意缝在我心里”如果单独出现，让人难以理解，从语言规范来说，也是不成立的，但是由于有了上文“为我熬夜缝军衣，线儿缝在军衣上”，这样表达就能成立。这样采用拈连的手法来表达，就把战士们互相关心、互相爱护、互相帮助的深厚革命情谊体现得委婉而耐人寻味了。

---

① 黄伯荣，廖序东. 现代汉语[M]. 北京：高等教育出版社，2017.

② 黄伯荣，廖序东. 现代汉语[M]. 北京：高等教育出版社，2017.

## 三、幽默风趣

我娘家姓赵，我小名叫二嫚，出嫁了，把名字也嫁掉了，人家叫我阿洪家的。（黎汝清《海岛女民兵》）

例中的“出嫁了，把名字也嫁掉了”是拈连手法，这样的表达风趣而幽默。

### 思考与练习

一、请指出下列句子中的拈连手法，并说明其表达效果。

1. 咚——咚——咚咚咚。声音单调吗？一点也不觉得。因为每一声咚咚都敲出对旧事物的诅咒，敲出对新生的人民共和国美好的祝愿。（萧乾《鼓声》）

2. 在高原的土地上种下一株株的树秧，也就是种下了一个个美好的希望。（《中国人民解放军战士诗选·植树歌》）

3. 惊心动魄的一九七六年，新中国经历了最严峻的考验。新年中刚撕下了几页日历，竟撕裂了八亿人民的肝胆。（光未然《惊心动魄的一九七六年》）

4. 一年三百六十五天，闰年三百六十六天，当镇上人们还在做着梦，睡着宝贵的“天光觉”时，他们已经挥动竹枝扫把，在默默地扫着，默默地扫着了。好像春天、夏天、秋天、冬天，都是在他们的竹枝扫帚下，一个接一个地被扫走了，又被扫来了。（古华《芙蓉镇》）

5. 这架飞机该有多大的重量啊！它载着解放区人民的心，载着全中国人民的希望，载着我们国家的命运。（方纪《挥手之间》）

6. 一双茧手力万钧，掰开大山夺乌金。壮志在胸镐在手，干劲万吨煤万吨。（李隆汉《采工》）

7. 大红花我心里早戴上喽，评功的时候我就说过：年轻人戴上青枝绿叶大红花分外的好看……（《不是蝉》）

二、根据下列材料，分别为瘦西湖、个园创作数则拈连辞格广告语，使上述景点赢得更多游客的青睐，并说明创作理据。

1. 瘦西湖，最早见于文献记载为清初吴绮《扬州鼓吹词序》：“城北一水通平山堂，名瘦西湖，本名保障湖。”乾隆元年（1736），钱塘诗人汪沆慕名来到扬州，在饱览了这里的美景后，与家乡的西湖作比较，赋诗“垂杨不断接残芜，雁齿虹桥俨画图。也是销金一锅子，故应唤作瘦西湖”。

2. 个园位于江苏省扬州古城东北隅，是第三批“全国重点文物保护单位”，在国内外享有盛誉。这座清代扬州盐商宅邸私家园林，以遍植青竹而名，以春夏秋冬四季假山而胜。个园以叠石艺术著称，笋石、湖石、黄石、宣石叠成的春夏秋冬四季假山，融造园法则与山水画理于一体，被园林泰斗陈从周先生誉为“国内孤例”。

# 第十四章 仿 词

仿词即是在现成词语比照下，临时更换语言中的某个词或语素，仿造出新词语的修辞方法[①]。仿词在生活中很是常见。如：

“这香是哪里来的？”黛玉道：“连我也不知道。想必是柜子里头的香气，衣服上熏染的也未可知。”宝玉摇头道：“未必。这香的味道奇怪，不是那些香饼子、香球子、香袋子的香。”黛玉冷笑道：“难道我也有什么‘罗汉’‘真人’给我些香不成？便是得了奇香，也没有亲哥哥亲兄弟，弄了花儿、朵儿、霜儿、雪儿替我炮制。我有的是那些俗香罢了。”（曹雪芹《红楼梦》）

林黛玉在“奇香”（奇异的香气）的基础上仿造出“俗香”（俗气的香气），“奇香”与“俗香”在这里是相对反义词[②]。林黛玉巧借“俗香”一语表达了自己的不满。

## 第一节 仿词产生之因

语言内部和外部因素共同作用的结果促使了仿词的产生。

### 一、语言的组合与聚合关系为仿词的产生提供了可能

组合与聚合关系是索绪尔的结构主义语言学中研究语言状态关系的两大主轴之一。组合关系指一个语言元素与另一语言元素同时排列在语言链条上，构成语言要素在现场的组合，如在“我姐姐”中的“我”和“姐姐”。聚合关系指在结构的某个特殊位置上可以相互替代的成分之间的关系，比如“我吃馒头”中的“馒头”可以用一系列的词语如“稀饭”“苹果”“桔子”“梨子”等替换。这样，“馒头”“稀饭”“苹果”“桔子”与“梨子”就形成了聚合关系[③]。

组合关系和聚合关系为仿词的成功运用奠定了基础。如被仿词“外交家”和仿词“内交家”，从组合关系来看，被仿词和仿词的组合关系是一致的，都是“偏正式”；从聚合关系来看，“内交家”是在替换了被仿词“外交家”的内部组成成分的基础上产生出来的，“外”与“内”构成一个聚合系统[④]。

---

① 黄伯荣，廖序东. 现代汉语[M]. 北京：高等教育出版社，2017.

② 孔昭琪.《红楼梦》的仿词艺术[J]. 泰安师专学报，1999（2）：23-26.

③ 李艳艳. 浅谈仿词造词产生的原因[J]. 齐齐哈尔大学学报，2009（3）：98-101.

④ 李艳艳. 浅谈仿词造词产生的原因[J]. 齐齐哈尔大学学报，2009（3）：98-101.

## 二、类推机制的影响

在语言的发展变化过程中，有一种促进语言模式类化的力量，叫作类推作用，在这种作用下，语言演变能够显现出规律性和条理性[①]。

伍铁平的《普通语言学概要》中论及了语言的类推机制，指出仿词是类推机制起作用的结果[②]。如在现代汉语词汇系统中有“软件”和“硬件”的对立，人们照此模式又类推出了“软指标”和“硬指标”、“软通货”和“硬通货”等。纵向地看，它们采用了共同的类推模式。

## 三、联想思维的结果

联想是仿词造词中的一种重要关联思维模式，人们会利用联想思维来创造新词。当人们要表达乙事物，就可能联想起与乙事物有关的甲事物，仿照指称甲事物的词语创造一个新词语去指称乙事物，如“房奴——车奴”“促进——促退”等[③]。

# 第二节　仿词类型

综合众多学者的观点，我们认为，把仿词类型归纳为仿词、仿句、仿篇更恰当一些。

## 一、仿　词

仿词有的是根据语音而仿，有的是根据词的意义而仿[④]。

### 1. 音　仿

音仿指根据词的语音而仿制。如：

11 月份，西双版纳还是秋高气爽的季节，东北的大兴安岭早已草木皆冰了。

“草木皆兵”指把山上的草木都当作敌兵，形容人在惊慌时疑神疑鬼。“草木皆冰”是依据“草木皆兵”仿造而来，指山上的草木都结冰了。“草木皆兵”中的“兵”与“草木皆冰”中的“冰”语音相同[⑤]。

### 2. 义　仿

义仿指根据词的意义而仿制，有反义仿和类义仿两类[⑥]。

---

① 李艳艳．浅谈仿词造词产生的原因[J]．齐齐哈尔大学学报，2009（3）：98-101.
② 伍铁平．普通语言学概要[M]．北京：高等教育出版社，2006.
③ 李艳艳．浅谈仿词造词产生的原因[J]．齐齐哈尔大学学报，2009（3）：98-101.
④ 黄伯荣，廖序东．现代汉语[M]．北京：高等教育出版社，2017.
⑤ 化长河．仿词新境界——广告仿词[J]．语文知识，1997（4）：45-47.
⑥ 化长河．仿词新境界——广告仿词[J]．语文知识，1997（4）：45-47.

反义仿。反义仿是指临时仿造的词语和原有词语的某个成分在意义上相反、相对。

有些天天喊大众化的人，连三句老百姓的话都讲不来，可见他就没有下过决心跟老百姓学，实在他的意思仍是小众化。（毛泽东《反对党八股》）

“大众化”指人们普遍具备的条件或现象，“小众化”根据“大众化”仿造而来，“小众化”中的“小”与“大众化”中的“大”是反义词，“小众化”是很少一部分人们具备的条件或现象。“小众化”“大众化”意义上矛盾对立，幽默风趣[①]。

类义仿。类义仿即临时仿造的词语和原有词语的某个成分在意义上类似[②]。

也有另一种人，他们不分方言中的精华糟粕，不经提炼加工，一律照搬录用，结果，北京人不懂上海人写的作品，浙西人对浙东的作品也只能“望书兴叹”，而影响作品的流传。（倪墨炎《鲁迅与方言》）

“望洋兴叹”原指在伟大事物面前感叹自己的渺小，现多比喻做事时因力不胜任或没有条件而感到无可奈何。“望书兴叹”从语义上看与成语“望洋兴叹”毫不相关，“望书兴叹”是根据成语“望洋兴叹”仿制而来。“书”与“洋”同属名词类，表示事物[③]。

## 二、仿　句

① 我欲因之梦寥廓，芙蓉国里尽朝晖。（毛泽东《七律·答友人》）

② 好一片天苍苍、海茫茫、寥廓空旷的景象！（秦牧《在仙人掌丛生的地方》）

例①中的“我欲因之梦寥廓”系仿唐代著名诗人李白《梦游天姥吟留别》中的名句“我欲因之梦吴越”而来。例②中的“天苍苍、海茫茫”系仿南北朝时期广为流传的民歌《敕勒歌》中的名句“天苍苍、野茫茫”而来。

## 三、仿语篇

阔人已骑文化去，此地空余文化城。文化一去不复返，古城千载冷清清。专车队队前门站，晦气重重大学生。日薄榆关何处抗，烟花场上没人惊。（北平古物南迁，远在上海的鲁迅借《崇实》一文赋的诗）

鲁迅此诗仿唐朝诗人崔颢《黄鹤楼》而来。唐朝诗人崔颢有《黄鹤楼》：“昔人已乘黄鹤去，此地空余黄鹤楼。黄鹤一去不复返，白云千载空悠悠。晴川历历汉阳树，芳草萋萋鹦鹉洲。日暮乡关何处是？烟波江上使人愁。”这首诗是吊古怀乡之佳作，自然宏丽，又饶有风骨。传说李白登此楼，目睹此诗，大为折服，说：“眼前有景道不得，崔颢题诗在上头。”而鲁迅此仿诗有对“文化城”提议的揶揄，对北平古物南迁给予有力的驳斥和辛辣的嘲讽[④]。

---

① 化长河．仿词新境界——广告仿词[J]．语文知识，1997（4）：45-47.

② 罗卫贤，赵晶．浅析“仿词”与“仿生词”[J]．现代语文，2007（10）：113-114.

③ 罗卫贤，赵晶．浅析“仿词”与“仿生词”[J]．现代语文，2007（10）：113-114.

④ 王京娜，刘诗仙．仿拟修辞浅谈[J]．阅读与写作，2006（9）：33-34.

## 第三节　仿词表达效果

仿词能给人新鲜活泼、生动明快的感觉，有时又能表达强烈的讽刺感与幽默感，还能使话语表达含蓄蕴藉[①]。

### 一、表达讽刺

在言语表达中，仿词能使语言表达具有讽刺的意味。如：

> 每年有些科局年终干部考核时的“民意测验”都是“名义测验”。

“名义测验”系“民意测验”的音仿，“名义测验”这一仿词揭露了某些部门干部考核中走过场的现实，具有讽刺性。

又如：

> 有些人在县“抓点”，索取土特产一千一百多元……群众说“这哪里是‘抓点’？明明是‘吃点’‘喝点’‘拿点’啊！”

“吃点”“喝点”“拿点”是“抓点”的仿拟，是类仿，“吃点”“喝点”“拿点”这类仿词揭露了某些干部纪律意识不强的社会现实[②]。

### 二、表达幽默

在言语表达中，仿词能使语言表达更加幽默。如：

> 正如“水感”特好的人有可能成为世界级游泳运动员一样，让有“球感”的人去打球、踢球，有“生意感”的人去担任厂长、经理，有“新闻感”的人去当记者，“群众感”特强的人去当干部，这于本人于国家于事业都大有好处。（《文汇报》）

“水感”“球感”“生意感”“新闻感”和“群众感”等系仿“手感”而来，让人领略到好戏连台似的幽默感[③]。

又如：

> 费新我老先生一次对客挥毫，写孟浩然《过故人庄》，当写到“开轩面场圃，把酒话桑麻”一句时，不留神漏掉了一个“话”字，旁观者窃窃私语，皆有惋惜之情。费老这天喝了点酒，而酒后容易失言（话），于是费老拍拍脑袋连声说：“酒后失话！酒后失话！”并在诗尾用小字补写了这四个字，以示阙如。

“酒后失话”系“酒后失言”的仿拟，既表示人饮酒后容易“失手”，又暗含“酒后写字，漏失了一个‘话’字”。该仿拟十分幽默，让人对费新我老先生刮目相看，又平添

---

① 黄伯荣，廖序东．现代汉语[M]．北京：高等教育出版社，2017.

② 罗卫贤，赵晶．浅析“仿词”与“仿生词”[J]．现代语文，2007（10）：113-114.

③ 罗卫贤，赵晶．浅析“仿词”与“仿生词”[J]．现代语文，2007（10）：113-114.

几分敬意[①]。

## 三、使表达含蓄

在言语表达中，仿词能使语言表达更加含蓄。如：

那天，黛玉突然对着宝玉笑道："我有奇香，你有暖香没有？"宝玉听了丈二和尚摸不着头脑，于是问道："什么暖香？"黛玉点头叹笑道："蠢材，蠢材，你有玉，人家有金来配你；人家有冷香，你就没有暖香去配？"（曹雪芹《红楼梦》）

"暖香"是"冷香"的仿造，"冷香"本指薛宝钗所服冷香丸，林黛玉巧妙利用"暖香""冷香"论来讽刺"金玉之论""金玉姻缘"的宿命论婚姻观，也用来警告宝玉不要因为有了姐姐而忘记了妹妹。林黛玉把话说得曲径通幽，有言外之意，富有艺术性[②]。

可见，仿词能增强人们话语的表现力，使语言表达或语含嘲讽，或新鲜而风趣。

# 第四节　仿词广告语

广告语是语言的艺术，也是一种应用性语言。仿拟辞格在广告中能使广告语鼓动性更强，说服力增加。

## 一、词的仿拟

在广告语中，词的仿拟有音仿和义仿两类[③]。

### 1. 音　仿

①E网情深。（某网吧广告语）

②e点通。（某网吧广告语）

例①中，"E网情深"是"一网情深"的仿拟，表现该网吧对来上网的人如同自己的好朋友一样情深深意浓浓。例②中，"e点通"是"一点通"的仿拟，"一点通"即为"点一下就通了"，突出该网吧网速之快。

### 2. 义　仿

在广告语中，义仿有反义仿和类义仿两种[④]。

（1）反义仿

①一举两失，蚊虫污垢齐消失。（必扑电蚊香广告语）

②六神有主，青春永驻。（六神沐浴露广告语）

---

① 罗卫贤，赵晶. 浅析"仿词"与"仿生词"[J]. 现代语文，2007（10）：113-114.

② 罗卫贤，赵晶. 浅析"仿词"与"仿生词"[J]. 现代语文，2007（10）：113-114.

③ 化长河. 仿词新境界——广告仿词[J]. 语文知识，1997（4）：45-47.

④ 化长河. 仿词新境界——广告仿词[J]. 语文知识，1997（4）：45-47.

例①中，“一举两失”是“一举两得”的反义仿拟，表明了必扑牌电蚊香的独特功效。例②中，“六神有主”是“六神无主”的反义仿拟，反映出六神特效沐浴露的神奇功效[①]。

（2）类义仿

① 一心二意，照样钓鱼！（某自动钓具广告语）

② 有目共赏。（上海牌电视机广告语）

例①中，“一心二意”是“一心一意”的类义仿拟，表明该自动钓具的功能多样化，可以让钓鱼者一边钓鱼，一边干点别的事情。例②中，“有目共赏”是“有目共睹”的类义仿拟，反映出该品牌电视机质量非凡[②]。

## 二、句的仿拟

在广告语中，仿句中句的来源有俗语、诗句、歌词等。

### 1. 俗　语

在广告语中，仿俗语的有很多。如：

① 大石化小，小石化了。（舒胆胶囊广告语）

② 路遥知马力，日久见丰田。（日本丰田车广告语）

③ 留得清香在，不愁没人爱。（科尔盖牙膏广告语）

例①中，“大石化小，小石化了”是俗语“大事化小，小事化了”的谐音仿拟，表明了舒胆胶囊化结石的独特功效。例②中，“路遥知马力，日久见丰田”是俗语“路遥知马力，日久见人心”的类义仿拟，反映出丰田良好的性能[③]。例③中，“留得清香在，不愁没人爱”是俗语“留得青山在，不怕没柴烧”的类义仿拟，揭示了科尔盖牙膏深受人们欢迎的原因。

### 2. 诗　句

在广告语中，仿诗句的也很是常见。如：

① 山重水复疑无路，柳暗花明胃复春。（胃复春广告语）

② 年年岁岁雪相似，岁岁年年豹不同。（雪豹服装广告语）

③ 万紫千红谁裁出，飞燕剪得春光来。（飞燕牌剪刀广告语）

例①中，“山重水复疑无路，柳暗花明胃复春”是宋代诗人陆游的作品《游山西村》中的诗句“山重水复疑无路，柳暗花明又一村”的类义仿拟，表明了“胃复春”让人顿觉开朗、喜形于色的功效。例②中，“年年岁岁雪相似，岁岁年年豹不同”是唐代刘希夷《代悲白头翁》中的诗句“年年岁岁花相似，岁岁年年人不同”的类义仿拟，反映出雪豹服装注重独创性的特点，风格独具。例③中，“万紫千红谁裁出，飞燕剪得春光来”是唐代贺知章《咏柳》中的诗句“不知细叶谁裁出，二月春风似剪刀”的类义仿拟，揭示了

---

① 化长河. 仿词新境界——广告仿词[J]. 语文知识，1997（4）：45-47.

② 化长河. 仿词新境界——广告仿词[J]. 语文知识，1997（4）：45-47.

③ 化长河. 仿词新境界——广告仿词[J]. 语文知识，1997（4）：45-47.

飞燕牌剪刀良好的功能[1]。

### 3. 歌　词

在广告语中，仿歌词的也不少。如：

① 不要问我从哪里来，我的故乡在深海。（精灵鱼胶囊广告语）

② 凤凰代表我的心。（凤凰自行车广告语）

③ 古老的东方有条江，她的名字叫长江。中国有座特大的石油化工企业，她的名字叫扬子。（扬子石化公司广告语）

例①中，"不要问我从哪里来，我的故乡在深海"是齐豫演唱的歌曲《橄榄树》"不要问我从哪里来，我的故乡在远方"的类义仿拟，表明了精灵鱼胶囊出身的不平凡，没有受到污染[2]。例②中，"凤凰代表我的心"是邓丽君演唱的歌曲《月亮代表我的心》的类义仿拟，反映出凤凰自行车的可贵。例③中，"古老的东方有条江，她的名字叫长江。中国有座特大的石油化工企业，她的名字叫扬子"是"遥远的东方有一条江，它的名字就叫长江；遥远的东方有一条河，它的名字就叫黄河"的类义仿拟，揭示了扬子石化公司的不同凡响[3]。

## 三、语篇的仿拟

在广告语中，仿语篇的也有。如：

肝炎患者急惶惶，求医觅药走四方；借问良药何处有？侨光药厂出肝安。（肝安注射液广告语）

该广告语仿自唐朝著名诗人杜牧写的《清明》："清明时节雨纷纷，路上行人欲断魂。借问酒家何处有？牧童遥指杏花村。"这首诗描写清明时节的天气特征，抒发了孤身行路之人的情绪和希望。该注射液广告语仿杜牧《清明》却突出了该注射液的良好效果，让肝病患者不必再奔走四方[4]。

又如：

亚都知时节，干燥乃发生。随风潜入夜，润物细无声。（亚都加湿器广告语）

该加湿器广告语仿自唐代大诗人杜甫《春夜喜雨》："好雨知时节，当春乃发生。随风潜入夜，润物细无声。野径云俱黑，江船火独明。晓看红湿处，花重锦官城。"这首诗描写春夜降雨、润泽万物的美景，抒发了诗人的喜悦之情。该仿杜甫《春夜喜雨》的加湿器广告语突出了该加湿器使空气湿润的功能。

### 思考与练习

一、请指出下列仿词的类型。

1. 学龄——党龄、琴龄、画龄、烟龄、酒龄、棋龄、婚龄

---

① 化长河. 仿词新境界——广告仿词[J]. 语文知识，1997（4）：45-47.

② 李艳艳. 浅谈仿词造词产生的原因[J]. 齐齐哈尔大学学报，2009（3）：98-101.

③ 蒋华. 广告语多维研究[M]. 哈尔滨：黑龙江人民出版社，2019.

④ 李艳艳. 浅谈仿词造词产生的原因[J]. 齐齐哈尔大学学报，2009（3）：98-101.

2. 导演——导播、导游、导购、导医、导诊、导储、导邮

3. 国徽——区徽、市徽、族徽、校徽、党徽、团徽、舍徽

4. 全天候——全年候；可行性——可批性

5. 博客——播客；金哨——黑哨

6. 资本家——知本家；黄昏恋——忘年恋

7. 强势——弱势；敏感——钝感

8. 自信力——他信力；小字辈——老字辈

9. 空姐——空嫂；责任田——责任山——责任树

二、请指出下列仿拟的来源。

1. 市场上鱼龙混杂，真是乌鸦与凤凰齐飞，假冒与正宗一色。

2. 爱不在深，有钱则行；人不在大，有权则灵。

3. 轻轻地，我下线了，正如我轻轻地上线，我轻轻地挥一挥阿巴顿，不带走一片天堂的云彩。

4. 为了更好地发挥自己的才干，一些科技人员走出高墙大院成了新一代“知本家”，一些职工离开机关创办了自己的企业和公司。

5. 没有文凭的上夜大也要奔到文凭，文凭拿到手心里又怅然若失，常会悲叹“年龄诚可贵，文凭价更高。若要根子硬，两者皆可抛”。

6. 春眠不觉晓，上班伸懒腰。夜来麻将声，输赢知多少？

7. 伐树毁林何时了，绿地剩多少？塞外昨夜又刮风，城乡不堪回首沙尘中。山川湖泊依旧在，只是绿颜改。问君环保几多愁，恰似子胥一夜白了头。

8. 欲穷千里目，常饮视力健。（视力健广告语）

9. 落处惊风雨，挥来泣鬼神。（某笔店广告语）

10. 众里寻他千百度，蓦然惊醒，杉杉却在你我心灵深处。（杉杉西服广告语）

三、请指出下列仿拟的表达效果。

1. 第二天早晨，她们的头发上都结了霜。男同志们笑她们说：“嘿，你们演‘白毛女’都不用化妆了！”她们也笑男同志，“还说哩！你看，你们不是‘白毛男’吗？”（魏巍《年轻人，让你的青春更美丽吧！》）

2. 那几年，我不就改造成家庭妇男了吗？不信，你们问文婷，我什么不干？什么不会？（谌容《人到中年》）

3. 经验使我知道，我在受着武力征伐的时候，是同时要得到文力征伐的。（鲁迅《准风月谈后记》）

4. 虽然未庄只有钱赵两姓是大屋，此外十之九是浅闺，但闺中究竟是闺中，所以也算得一件神异。……后来这终于从浅闺里传进深闺里去了。（鲁迅《阿Q正传》）

5. 龙二井又有油和水的矛盾，这是它的特殊性。周队长说，要促使矛盾转化，就要捞水，把水捞干。我们想一不做，二不休，搞它个水落油出。（《创业》）

6. 过去，不识字叫作文盲。搞四个现代化，不懂科学技术，就要成为“科盲”，就不能担负起历史赋予我们的新时期的新任务。（《神州九亿争飞跃》）

7. 我不知道上了多少石级，一级又一级，是乐趣也是苦趣，好像从我有生命以来就在登山似的，迈前脚，拖后脚，才不过走完慢十八盘。（李健吾《雨中登泰山》）

8. 假使这也算一种“信”，那也只能说中国人曾经有过“他信力”。(鲁迅《中国人失掉自信力了吗？》)

9. 妹妹你慢慢地往“钱”走。(《光明日报》标题)

**四、根据下列材料，请为西湖、东湖创作数则仿词辞格广告语，使上述景点赢得更多游客的青睐，并说明创作理据。**

1. 西湖位于杭州市区西部，风光秀丽，景色迷人，自古以来就是名胜。“天下西湖三十六，就中最好是杭州。”西湖三面环山，风景优美，历代文人墨客吟咏极多。宋柳永有词《望海潮》形容杭州“东南形胜，三吴都会，钱塘自古繁华。烟柳画桥，风帘翠幕，参差十万人家”“重湖叠巘清嘉，有三秋桂子，十里荷花”。

2. 东湖，位于武汉市之东，是武汉市最大的风景游览地。秀丽的山水、丰富的植物、浓郁的楚风情和别致的园中园，是风景区的四大特色。东湖湖水面积三十三平方公里，浩渺、明净，港汉交错，岸线曲折，有“九十九弯”之称，且一半的岸线被三十四座山峰环绕。山下有湖，水中有山。登高峰而望清涟，踏白浪览群山，视角不同，可体味到不同的山水精妙情趣。充沛的雨量和光照，湿润的气候和平原湖面山陵相间的地貌环境，孕育出东湖丰富的植物资源。

# 第十五章　反　复

反复，就是特意用同一词语、句子或片段反复申说，让它们相继或相间出现两次或两次以上，以表达强烈思想感情的修辞方法。从反复部分的距离看，有连续反复和间隔反复两种类型[①]。

## 一、连续反复

连续反复是指同一词语或句子一个紧跟一个地反复申说，中间没有别的词句隔开的反复[②]。如：

起来！起来！起来！我们万众一心，冒着敌人的炮火前进！冒着敌人的炮火前进！(《中华人民共和国国歌》)

例中“起来！起来！起来！”是“起来！”的三次连续反复，“冒着敌人的炮火前进！冒着敌人的炮火前进！”则是“冒着敌人的炮火前进！”的两次连续反复。

## 二、间隔反复

间隔反复是同一词语或句子反复不紧紧相连，中间有别的词句甚至段落隔开[③]。如：

雷锋……寻找一切机会为人民服务，把生命的每一分钟都献给了党，献给了人民。(陈广生、崔家骏《人民的勤务员》)

例中，“献给了”一语间隔反复，中间隔了“党”与标点符号。

反复有突出思想，抒发激情，增强语势，分清层次，贯通脉络，加强节奏感，增添旋律美等修辞作用[④]。

# 第一节　反复形成之因

反复辞格的形成有其哲学基础和美感基础。

## 一、哲学基础

反复的客观基础是事物质的规定性和相对稳定性，换言之，它只是数量的增加。按

---

① 黄伯荣，廖序东. 现代汉语[M]. 北京：高等教育出版社，2017.
② 黄伯荣，廖序东. 现代汉语[M]. 北京：高等教育出版社，2017.
③ 黄伯荣，廖序东. 现代汉语[M]. 北京：高等教育出版社，2017.
④ 黄伯荣，廖序东. 现代汉语[M]. 北京：高等教育出版社，2017.

照辩证唯物主义的原理，数量的增加也是一种物质运动形式。同一语言形式反复出现，能够增加语言的信息量[①]。如：

啊，雷锋！
你白天的每一个思念，
你夜晚的每一个梦境，
都是……
人民……
人民……
人民……（贺敬之《雷锋之歌》）

例中，“人民”三次反复，表明在雷锋同志的心中只有“人民”。我们能从“人民”的重复使用中获得这样的信息：雷锋同志可以为了人民牺牲自己的一切。

## 二、美感基础

反复这种整齐一律的形式能让人产生明静纯洁的感受和整齐的美感[②]。如：

可怜郎，
栽花没得听花香，
栽竹没得竹来用，
栽李没得李子尝；
修路没得路来走，
栽树没得树乘凉；
烧瓦没得瓦来盖，
造船没得游长江；
铁匠没得柴刀用，
木匠没得高楼房；
石匠没得石凳坐，
裁缝没得好衣裳；
攀花没得成双对，
空守花园可怜郎。（旧时黔东南侗歌《可怜郎》）

从形式上看，旧时侗歌《可怜郎》中的“没得”是动词，表示没有。一个动词，十余次反复，符合整齐一律的美学法则。这种“单纯齐一”的形式，不仅没有单调之感，反而让人感觉到侗族女青年对侗族男青年的无限可怜之情[③]。

此外，整齐划一的反复还能给人以秩序感，这种秩序感就是节奏，节奏也能形成美感。如：

生也要郎死要郎，
不怕天崩地震房。

① 姚锡远．论“反复”辞格产生的理论基础[J]．辽宁教育行政学院学报，1995(1)：84-86.
② 姚锡远．论“反复”辞格产生的理论基础[J]．辽宁教育行政学院学报，1995(1)：84-86.
③ 蒋华．黔东南侗歌文化内涵与艺术特色研究[M]．哈尔滨：黑龙江人民出版社，2019.

不怕杀人满坡葬，
不怕血流成大江。
不怕我姣头落地，
生死要郎去成双。（旧时黔东南侗歌《生也要郎死要郎》）

这首旧时侗歌读起来简洁明快，朗朗上口，它符合美学上节奏美的法则。

## 三、心理学基础

从心理学的角度来看，言语者运用反复格式的原动力就是情感冲动[①]。反复格式主要的功能就是强调某些事物，抒发浓烈的情感。如：

初初会是初初言，
初初来到郎面前。
初初来到郎面前，
不晓郎爱是郎嫌。（旧时黔东南侗歌《初初会是初初言》）

在旧时黔东南侗歌《初初会是初初言》中，“初初”四次反复，显示出妹妹约会情郎时的忐忑心情[②]。

同一事物出现的次数越多，给人感官上的刺激越强烈，这样就越能引起人们对该事物的高度重视，反复也就能实现其突出事物、强化感情的修辞功能[③]。如：

有情有义莫反心，
同吃同穿才算伴，
同生同死才算真，
同飞同落才算久，
同去同来才算人，
同天同月共一路，
同父同母共祖坟，
同情同意同到老，
同心同德同留名，
有心无心开报我，
免得耽误郎前程。（旧时黔东南侗歌《同吃同穿才算伴》）

在旧时黔东南侗歌《同吃同穿才算伴》中，“同……同……”反复出现八次，当我们接收到这个多次重复的信息时，我们的大脑会因强烈的刺激而活跃起来，神经中枢就会调动各种器官参与思维活动，对这一格式反复的联想、分析与综合，侗族恋爱中的男女是如何生活的会在人们头脑中留下深刻的印象[④]。

---

① 姚锡远．论“反复”辞格产生的理论基础[J]．辽宁教育行政学院学报，1995(1)：84-86.
② 蒋华．黔东南侗歌文化内涵与艺术特色研究[M]．哈尔滨：黑龙江人民出版社，2019.
③ 姚锡远．论“反复”辞格产生的理论基础[J]．辽宁教育行政学院学报，1995(1)：84-86.
④ 蒋华．黔东南侗歌文化内涵与艺术特色研究[M]．哈尔滨：黑龙江人民出版社，2019.

## 第二节　反复广告语

反复用在广告语中，能突出某个意思，强调某种情感。在广告语中，有词的反复，也有短语的反复。

### 一、词的反复

在词的反复中，主要有名词、动词和形容词三种反复。

1. 名词的反复

在名词的连续反复中，有的是品牌名称的反复。如：

①依柔，依柔，依然柔柔蜜蜜。（依柔化妆品广告语）

②见爱，见爱，人见人爱。（见爱服装广告语）

③丰华丰华，笔中精华。（丰华圆珠笔广告语）

④禹王禹王，防水之王。（禹王牌防水广告语）

例①中，化妆品品牌名“依柔”两次连续反复，增强了消费者对“依柔”的良好印象。例②中，服装名“见爱”连续两次反复，使“见爱”服装人见人爱的特性得到了有效宣传。例③中，丰华圆珠笔品牌名“丰华”连续两次反复，增强了人们对丰华圆珠笔的印象。例④中，禹王牌防水品牌名称连续两次反复，增强了人们对禹王牌防水品牌名称的记忆[①]。

有的则是描绘品牌名称结构、功能、时间等特征的名词性词语的反复。如：

⑤为什么都选择三精蓝瓶的钙？蓝瓶，纯净的钙；蓝瓶，充足的钙；蓝瓶，好喝的钙。三精牌葡萄糖酸钙口服溶液。（三精牌葡萄糖酸钙口服溶液广告语）

⑥身边的幸福，身边的酒。（老白干酒广告语）

⑦金色的太阳，金色的种子，种子酒，金种子。（金种子酒广告语）

⑧当代精神，当代车。（上汽别克汽车广告语）

在例⑤中，描绘三精牌葡萄糖酸钙口服溶液包装颜色的词语“蓝瓶”三次间隔反复，使广告看着醒目，听着悦耳，读来上口，体现了节奏的美感。例⑥中，描绘老白干酒的名词性词语“身边”两次间隔反复，强调身边的老白干酒才是我们的幸福之所在[②]。例⑦中，描绘金种子酒的词语“金色”两次间隔反复，能增强人们对“种子酒”的记忆效果。例⑧中，描绘上汽别克汽车的词语“当代”两次间隔反复，强调了上汽别克车的新颖与完美。

2. 形容词的反复

①肤美灵，灵，灵，灵！（扬州美容化妆品广告语）

---

① 曾献飞. 反复在广告语中的应用[J]. 商业现代化，2008（1）：21-22.

② 曾献飞. 反复在广告语中的应用[J]. 商业现代化，2008（1）：21-22.

② 永远的绿色，永远的秦池。（秦池酒广告语）

③ 开文明车，行文明路，做文明人。（安全驾车公益广告语）

例①中，形容词“灵”连续反复三次，突显了扬州美容化妆品肤美灵的特别效果。例②中，形容词“永远”间隔反复两次，突出了秦池酒的质量好、品质高与人们的喜爱。例③中，“文明”间隔反复三次，暗示人们在开车、行路时，要具备文明人的素质和素养。只有这样，整个社会才能有秩序，才能安全①。

3. 动词的反复

① 烟飞飞，雾飞飞，想入非非，皆为非；情悠悠，状悠悠，你越悠悠，吾越忧。（禁烟广告语）

② 中意的生活，生活的中意，追求中意，请爱中意。湖南中意电器集团公司祝朋友们事事中意，并期待着中意冰箱使您自己中意、妻子中意、孩子中意、全家中意。请您购买时挑剔中意，因为只有您中意，才有我中意。（中意电器广告语）

例①中，“烟飞飞”“雾飞飞”中的“飞飞”是动词“飞”的反复，说明吸烟所造成的烟雾弥漫的状况。例②中，“并期待着中意冰箱使您自己中意、妻子中意、孩子中意、全家中意”中的“中意”是动词的反复，使消费者感到舒服，让消费者产生好感②。

## 二、短语的反复

在短语的反复中，主要有数量短语、比况短语和动宾短语的反复三种。

1. 数量短语的反复

每天喝一点，健康多一点。（宁夏红枸杞红广告语）

“每天喝一点”与“健康多一点”中，数量短语“一点”间隔反复，突出了宁夏红枸杞红的神奇效果③。

2. 比况短语的反复

① 水晶般的瓶子，水晶般的酒。（美国姜汁酒广告语）

② 天鹅般的快捷，天鹅般的轻盈，天鹅般的优雅，是天鹅牌的自行车。（天鹅牌自行车广告语）

例①中，我们可以把它扩展成为“像水晶般的瓶子，像水晶般的酒”，故可知“水晶般”是比况短语。“水晶般”的间隔反复，突出了美国姜汁酒晶莹剔透的品质。例②中，我们可以把它扩展成为“像天鹅般的快捷，像天鹅般的轻盈，像天鹅般的优雅，是天鹅牌的自行车”。“天鹅般”间隔反复，突出了天鹅牌自行车的轻盈、优雅与快捷。

3. 动宾短语的反复

健身运动来一个，游山玩水来一个，朋友聚会来一个，休闲娱乐来一个，

---

① 曾献飞. 反复在广告语中的应用[J]. 商业现代化，2008（1）：21-22.

② 蒋华. 广告语多维研究[M]. 哈尔滨：黑龙江人民出版社，2019.

③ 蒋华. 广告语多维研究[M]. 哈尔滨：黑龙江人民出版社，2019.

过节送礼来一个。（喜之郎果冻广告语）

例中，“来一个”间隔反复，突出了喜之郎果冻的广泛适用性。

广告为了强调商品的特性与功效，特意对某些词或者词组进行重复，使广告语语流呈现跌宕起伏的韵律，构成了语言的萦回往复美①。

## 思考与练习

一、下列句子运用了反复辞格吗？如果是，请说明其表达效果。

1. 好个“友邦人士”！日本帝国主义的兵队强占了辽吉，炮轰机关，他们不惊诧；阻断铁路，追炸客车，捕禁官吏，枪毙人民，他们不惊诧。中国国民党治下的连年内战，空前水灾，卖儿救穷，砍头示众，秘密杀戮，电刑逼供，他们也不惊诧。在学生的请愿中有一点纷扰，他们就惊诧了！（鲁迅《“友邦惊诧”论》）

2. 我应该感谢母亲，她教给我与困难作斗争的经验……我应该感谢母亲，她教给我生产的知识和革命的意志，鼓励我以后走上革命的道路……（朱德《母亲的回忆》）

3. 你们的这样许多言论行动，既然和敌人汉奸的所有这些言论行动一模一样，毫无二致，毫无区别，怎么能够不使人们疑心你们和敌人汉奸互相勾结，或订立了某种默契呢？（毛泽东《质问国民党》）

4.（秦）有席卷天下，包举宇内，囊括四海之意，并吞八荒之心。（贾谊《过秦论》）

5. 大堰河，是我的保姆。

她的名字就是生她的村庄的名字，
她是童养媳，
大堰河，是我的保姆。
我是地主的儿子；
也是吃了大堰河的奶而长大了的
大堰河的儿子。
……
你用你厚大的手掌把我抱在怀里，抚摸我；
在你搭好了灶火之后，
在你拍去了围裙上的炭灰之后，
在你尝到饭已煮熟了之后，
在你把乌黑的酱碗放到乌黑的桌子上之后，
在你补好了儿子们的为山腰的荆棘扯破的衣服之后，
在你把小儿被柴刀砍伤了的手包好之后，
在你把夫儿们的衬衣上的虱子一颗颗地掐死之后，
在你拿起了今天的第一颗鸡蛋之后，
你用你厚大的手掌把我抱在怀里，抚摸我。
……

---

① 曾献飞. 反复在广告语中的应用[J]. 商业现代化，2008（1）：21-22.

大堰河，为了生活，
在她流尽了她的乳液之后，
她就开始用抱过我的两臂劳动了，
她含着笑，洗着我们的衣服，
她含着笑，提着菜篮到村边的结冰的池塘去，
她含着笑，切着冰屑窸索的萝卜，
她含着笑，用手掏着猪吃的麦糟，
她含着笑，扇着炖肉的炉子的火，
她含着笑，背了团箕到广场上去，
晒好那些大豆和小麦，
大堰河，为了生活，
在她流尽了她的乳液之后，
她就用抱过我的两臂，劳动了。
……
大堰河，今天，你的乳儿是在狱里，
写着一首呈给你的赞美诗，
呈给你黄土下紫色的灵魂，
呈给你拥抱过我的直伸着的手，
呈给你吻过我的唇，
呈给你泥黑的温柔的脸颜，
呈给你养育了我的乳房，
呈给你的儿子们，我的兄弟们，
呈给大地上一切的，
我的大堰河般的保姆和她们的儿子，
呈给爱我如爱她自己的儿子般的大堰河。（艾青《大堰河——我的保姆》）

6. 对，我赤手空拳来到这世界，如果不窃据那些本来不属于我的东西，又怎能活得下去？所以，容我是偷闻荷香的现行犯，容我是偷听鸟语的惯窃，且容我是偷偷披着阳光金斗篷的一名风华老去的少年犯。（张晓风《窃据》）

7. 荷香常令我迷惑，它是如此厚实且具质感。梅香属于月光，兰香属于绝壁，菊香和田陇不分，桂花则宜于在一家人四合院初醒的韵律里含芳吐馥……但荷香是云梦大泽中升起的幻象，是神秘沼泽中冒出的魔法泡影，它的香气亦灵亦肉，令人怅怅惘惘，目夺神授，而不知所从。（张晓风《窃据》）

二、请说明下列广告语中反复辞格的类型，并说明其表达效果。

1. 汉森啤酒，很德国很德国。（汉森啤酒广告语）

2. 威力威力，够威够力。（威力洗衣机广告语）

3. 夜明，夜明，给您光明；夜明，夜明，马到成功。（夜明电池广告语）

4. 酒，天长地久；酒、酒，文化历史悠久；酒、酒、酒，中国名酒，沱牌曲酒。（沱牌曲酒广告语）

5. 奇星奇星，创新求精。（奇星电视机广告语）

6. 美的电扇，美的享受。要买电扇请认准美的牌电扇。(美的电扇广告语)

7. 黑又亮，黑又亮，荣获国家银质奖……黑又亮高级鞋油……一试才知道，黑又亮鞋油真棒！(黑又亮高级鞋油广告语)

8. 老板当然买老板了。(老板电器广告语)

9. 今年过节不收礼，今年过节不收礼呀，收礼只收脑白金，脑白金。(脑白金广告语)

**三、下列广告语采用了何种修辞手法，请说明其功用。**

1. 一心一意是齐民思，好事成双还是齐民思，桃园结义是齐民思，四季发财是齐民思，五福同寿是齐民思，六六大顺是齐民思。嗨，齐民思！(齐民思广告语)

2. 你禁，我禁，他禁，毒禁。(某地禁毒广告语)

3. 人人知毒，人人避毒，人人禁毒，人人无毒。(某地禁毒广告语)

4. 买瓶广州麦乳精，宝宝快乐跳不停；买瓶广州麦乳精，双亲心欢笑盈盈；买瓶广州麦乳精，爱人说我懂行情；合家欢乐精神爽，齐赞广州麦乳精。(广州麦乳精广告语)

5. 英雄，英雄，笔中英雄。(英雄钢笔广告语)

6. 把阳光留住，把潇洒留住，把青春留住。(松树洗发水广告语)

7. 中国人的生活，中国人的美菱 。(美菱冰箱广告语)

8. 面对面的关怀，面对面的爱。(中萃方便面广告语)

9. 爱情的标志，爱情的魅力。(精工表广告语)

10. 故乡的云，故乡的泥。(宜兴紫砂陶广告语)

11.在这里脸是甜甜的，心是甜甜的，梦是甜甜的。(甜甜席梦思床垫广告语)

**四、根据下列材料，请分别为武功山、武当山创作数则反复辞格广告语，使上述景点赢得更多游客的青睐，并说明创作理据。**

1. 武功山被专家概括为“山景雄秀、瀑布独特、草甸奇观、生态优良、天象称奇、人文荟萃”，形成了“峰、洞、瀑、石、云、松、寺”齐备的山色风光，区内 10 万亩高山草甸绵绵于海拔 1 600 多米的高山之巅，与巍峨山势相映成辉，堪称天下无双；峰顶神秘的古祭坛群距今已有 1 700 多年的历史，被誉为华夏一绝；气势恢宏的高山瀑布群、云海日出、穿云石笋，奇特的怪石古松、峰林地貌和保存完好的原始森林、巨型活体灵芝等景观令游人叹为观止。武功山历史悠久，文化源远流长，远自汉晋起，被道佛两家择为修身养性之洞天福地。自唐宋以来，仰慕其名而登山游赏吟诗作赋的名人学士络绎不绝，留下了无数珍贵墨迹，其中最有名是徐霞客的一首诗：“千峰嵯峨碧玉簪，五岭堪比武功山。观日景如金在冶，游人履步彩云间。”

2. 武当山又名太和山，位于湖北十堰市。武当山以宏伟的建筑规模著称于世。现有古建筑群均采取皇家建筑法式，统一设计布局。其规模的大小、间距的疏密都恰到好处，时隐时现、若明若暗、欲扬先抑、前呼后应、玄妙超然。国务院于 1982 年公布武当山为全国重点风景名胜区。武当山古建筑工程浩大，工艺精湛，成功地体现了“仙山琼阁”的意境，犹如我国古建筑成就的展览。北宋大书画家米芾将武当山誉为“天下第一山”。

# 第十六章 层 递

把意义上有递升或递降的三个或三个以上的短语或句子按逻辑顺序排列在一起，增强表达效果，这种辞格叫层递。层递用来说理，可使道理层层深化；用来抒情，可使感情渐次浓烈。总之，层递可使语句有一种逼人的气势，给人以强烈印象①。层递缘何而存在呢？它又有哪些分类与作用呢？

## 第一节 层递存在之因

层递辞格既有其逻辑依据和心理学依据，又有其认知依据、哲学依据、美学依据。

### 一、逻辑依据

层递辞格中的三项或多项结构在语义上紧密相连，也就是说，它们之间有着紧密的内在的联系。三项或者多项结构在语义上或是从轻到重，或是从小到大，抑或是从近到远。这样，层层推进就有了逻辑上的依据与可能②。如：

这种作风，拿了律己，则害了自己；拿了教人，则害了别人；拿了指导革命，则害了革命。（毛泽东《改造我们的学习》）

在例句中，“这种作风，拿了律己，则害了自己”“这种作风，拿了教人，则害了别人”“这种作风，拿了指导革命，则害了革命”三项在语义上是紧密相连的，是从轻到重的，这样就有了逻辑上层层推进的可能。

### 二、心理学依据

层递契合了人们认知事物的一般心理过程。从心理学的角度来看，层递的三项（或者多项）层层推进符合人们认识事物的心理习惯。不管是程度的加深还是范围的扩大、时间的推移，它们都是循序渐进的，这符合人们的认识论③。李鑫华在《英语修辞格详论》中也持同样的观点：人们在长期的实践过程中所形成的由浅及深、由表及里的认识过程非常符合人们的心理习惯。层递顺应了人们习得事物的习惯，其表达效果就特别容易为

① 黄伯荣，廖序东．现代汉语[M]．北京：高等教育出版社，2017.

② 康梅林、李鹏洲．层递辞格的特点和心理依据探析[J]．襄樊学院学报，2007（6）：51-54.

③ 康梅林、李鹏洲．层递辞格的特点和心理依据探析[J]．襄樊学院学报，2007（6）：51-54.

听（读）者接受，从而保证接受效果也能达到预期的目的[①]。

## 三、认知依据

认知心理学的格式塔（Gestalt）心理学提出了基本知觉组织原则，如接近性原则（Principle of Proximity）、相似性原则（Principle of Similarity）、闭合性原则（Principle of Closure）、图形—背景原则（Law of Figure-Ground）、连续性原则（Law of Continuity）等。层递辞格可用认知心理学中的闭合性原则来解释。格式塔心理学创始人魏特海默和考夫卡曾指出：人在知觉过程中，总是有一种追求事物结构整体性或完形性的特征，具体而言，“这种完整倾向说明知觉者心理的一种推论倾向，即把一种不连贯的有缺口的图形尽可能在心理上使之趋合，那便是闭合倾向”[②]。

## 四、哲学依据

在语言现实中，我们所见到的层递多是三项，也有其内在的哲学依据。

中国古典哲学在一元论的前提下主张三分。中国先哲认为数成于三，万物生于三。最早有《老子》名言“一生二，二生三，三生万物”。其意即天为一，地为二，天地相加为三并由此而产生万物。

诸子百家尚“三”的言论也很多。如《孟子》中就有“天时不如地利，地利不如人和”；论语中就有“三思而后行”“三人行，必有我师焉”；《列子·汤问》中有“余音绕梁，三日不绝”，等等。数成于“三”的数理观及“三”生万物的哲学观，在人与自然、人与社会的各个领域中反映出来，渗透了中国雅俗文化的各个方面。“三”几乎无处不在，几所不包，汉民族对“三”的喜爱与崇尚是世界上其他民族所难以企及的[③]。张德鑫指出，“三”是同中见异，如深海掘井，高山置塔，能在最深、最高处反映出生活的复杂性和丰富性，是艺术辩证法在创作中的超高运用[④]。

## 五、美学依据

在语言现实中，我们所见到的层递多是三项，还有其内在的美学依据。黑格尔《美学》中揭示了“三”的奥秘，把它概括为“正——反——合”三段论，因而“三”在文艺创作中既标志着美的量度，也体现着美的法则。“三”用在文艺学中，正好反映出简与繁矛盾中一种适度重复的螺旋式前进，展现出我国传统美学观念和民族欣赏心理习惯[⑤]。

---

① 李鑫华. 英语修辞格详论[J]. 上海：上海外语教育出版社，2000.

② 袁影. 肯尼思·伯克的辞格认同观探研——层递格的认同功能考察[J]. 阜阳师范学院学报，2015（1）：41-45.

③ 张德鑫. 数里乾坤[M]. 北京：北京大学出版社，1999.

④ 张德鑫. 数里乾坤[M]. 北京：北京大学出版社，1999.

⑤ 张德鑫. 数里乾坤[M]. 北京：北京大学出版社，1999.

## 第二节　层递分类

如果根据其意义来分，层递主要有递升和递降两种不同的分类。

### 一、递　升

处于层递结构的三个或者三个以上的短语或句子语意由浅入深、由低到高、由小到大、由少到多、由轻到重、由近到远等，表现层次渐升的，叫作递升[①]。如：

① 这种作风，拿了律己，则害了自己；拿了教人，则害了别人；拿了指导革命，则害了革命。（毛泽东《改造我们的学习》）

例①是个省略句，如果把它补全，就是：

这种作风，拿了律己，则害了自己；这种作风，拿了教人，则害了别人；这种作风，拿了指导革命，则害了革命。

“这种作风，拿了律己，则害了自己”“这种作风，拿了教人，则害了别人”“这种作风，拿了指导革命，则害了革命”三个句子如果以主观主义学风危害来看，表示范围的逐渐扩大（“害了自己”——“害了别人”——“害了革命”）；如果从危害程度来看，三个句子是由轻到重地按比例、按等次地步步上升，故为层递中的递升。

又如：

② 一只手，提土篮；两只手，把石搬；十只手，拉动船；百只手，引清泉；千只手，改荒滩；万只手，能移山；亿万人民齐动手，高山大海听调遣。

例②由“一只手，提土篮”“两只手，把石搬”等七个分句构成。七个分句如果从数值上来看，是从“一”到“两”“十”“百”“千”“万”“亿万”，逐层增大；七个分句如果从人们改造世界的能力上来看，是从“提土篮”到“把石搬”“拉动船”“引清泉”“改荒滩”“能移山”，最后到“高山大海听调遣”，逐层增大。综上可知，该句是层递中的递升。

又如：

③ 听说四川有一首民谣，大略是“贼来如梳，兵来如篦，官来如剃”的意思。（鲁迅《说金圣叹》）

“贼来如梳”“兵来如篦”“官来如剃”三个分句从“梳”到“篦”再到“剃”，搜刮的程度逐层加深。该例句通过递升关系揭露了旧社会的“贼”“兵”“官”一个更比一个残酷剥削劳动人民的罪恶，突出了人们对旧时四川“官”的无比愤恨[②]。

---

① 刘小南. 论“层递”[J]. 北方论丛，1983（4）：72-77.

② 刘小南. 论“层递”[J]. 北方论丛，1983（4）：72-77.

## 二、递 降

处于层递结构的三个或者三个以上的短语或句子语意由深入浅、由高到低、由大到小、由多到少、由重到轻、由远到近等，表现为层次渐降的，叫作递降[①]。如：

敬爱的周总理，如果能用我们换取你一年、一月、一日，哪怕是一分钟的复生，我们将争先恐后地献出我们的生命。

例句中，“一年”“一月”“一日”“哪怕是一分钟”是时间由长到短的缩小、缩短，表达人们对周总理的无限热爱和无比的怀念之情[②]。

又如：

他一直是魂思梦想着打飞机，眼前飞过一只雁、一只麻雀、一只蝴蝶、一只蜻蜓，他都要拿枪瞄准。

在例句中，从“雁”到“麻雀”，到“蝴蝶”，再到“蜻蜓”，客观对象逐渐变小。综上可知，该句是层递中的递降。

### 思考与练习

一、请指出下列句子中的辞格，并说明其表达效果。

1. 不问，不若闻之；闻之，不若见之；见之，不若知之；知之，不若行之。(《荀子·儒效》)

2. 故上兵伐谋，其次伐交，其次伐兵，下政攻城。(《孙子兵法·谋攻篇》)

3. 用兵之法，十则围之，五则攻之，倍则分之，敌则能战之，少则能逃之，不若则能避之。(《孙子兵法·谋攻篇》)

4. 知己知彼，百战不殆；不知彼而知己，一胜一负；不知彼，不知己，每战必败。(《孙子兵法·谋攻篇》)

5. 故经之以五事，校之以计，而索其情。一曰道，二曰天，三曰地，四曰将，五曰法。(《孙子兵法·计篇》)

6. 凡用兵之法，全国为上，破国次之；全军为上，破军次之；全旅为上，破旅次之；全卒为上，破卒次之；全伍为上，破伍次之。是故百战百胜，非善之善者也；不战而屈人之兵，善之善者也。(《孙子兵法·谋攻篇》)

7. 军争为利，军争为危。举军而争利，则不及；委军而争利，则辎重捐。是故卷甲而趋，日夜不处，倍道兼行，百里而争利，则擒三将军，劲者先，疲者后，其法十一而至；五十里而争利，则蹶上将军，其法半至；三十里而争利，则三分之二至。是故军无辎重则亡，无粮食则亡，无委积则亡。(《孙子兵法·军争篇》)

8. 三军可夺气，将军可夺心。是故朝气锐，昼气惰，暮气归。(《孙子兵法·军争篇》)

9. 唯天下至诚，为能尽其性。能尽其性，则能尽人之性。能尽人之性，则能尽物之性。能尽物之性，则可以赞天地之化育。可以赞天地之化育，则可以与天地参矣。(《中庸》)

10. 左右皆曰贤，未可也；诸大夫皆曰贤，未可也；国人皆曰贤，然后察之；见贤焉，

---

① 黄伯荣，廖序东. 现代汉语[M]. 北京：高等教育出版社，2017.

② 刘小南. 论“层递”[J]. 北方论丛，1983（4）：72-77.

然后用之。左右皆曰不可，勿听；诸大夫皆曰不可，勿听；国人皆曰不可，然后察之；见不可焉，然后去之。(《孟子》)

**二、有人说，下列句子运用了层递中的递升辞格，你同意他的看法吗？为什么？**

1. 吾十有五而志于学，三十而立，四十而不惑，五十而知天命，六十而耳顺，七十而从心所欲，不逾矩。(《论语》)

2. 知之者不如好之者，好之者不如乐之者。(《论语》)

3. 名不正，则言不顺；言不顺，则事不成；事不成，则礼乐不兴；礼乐不兴，则刑罚不中；刑罚不中，则民无所措手足。(《论语》)

4. 大学之道，在明明德，在亲民，在止于至善。(《礼记》)

5. 物格而后知至，知至而后意诚，意诚而后心正，心正而后身修，身修而后家齐，家齐而后国治，国治而后天下平。(《礼记》)

6. 苟日新，日日新，又日新。(《礼记》)

7. 好学近乎知，力行近乎仁，知耻近乎勇。(《中庸》)

8. 博学之，审问之，慎思之，明辨之，笃行之。(《中庸》)

9. 天时不如地利，地利不如人和。(《孟子》)

10. 夫人必自侮，然后人侮之；家必自毁，而后人毁之；国必自伐，而后人伐之。(《孟子》)

**三、根据下列材料，分别为南岳衡山和西岳华山创作数则层递辞格广告语，使上述景点赢得更多游客的青睐，并说明创作理据。**

1. 南岳衡山为我国五岳名山之一，位于湖南省衡阳市境内。七十二群峰，层峦叠嶂，气势磅礴，素以“中华寿岳”“五岳独秀”“文明奥区”著称于世。中华南岳寿文化源远流长，《星经》载：南岳衡山对应星宿28宿之轸星，轸星主管人间苍生寿命，南岳故名“寿岳”。宋徽宗在南岳御题“寿岳”巨型石刻，康熙皇帝亲撰《重修南岳庙碑记》首句即为：“南岳为天南巨镇，上应北斗玉衡，亦名寿岳。”古往今来，李白、杜甫、韩愈、柳宗元、朱熹、王船山、谭嗣同、郭沫若、田汉、陶铸等历代著名思想家、军事家、政治家和文人骚客慕名而来，在南岳留下了数千首诗词歌赋。

2. 华山，古称“西岳”，雅称“太华山”，为五岳之一，中华十大名山之一，位于陕西省渭南市华阴市，南接秦岭，北瞰黄渭，自古以来就有“奇险天下第一山”的说法。中华之“华”源于华山，由此，华山有了“华夏之根”之称。华山是道教圣地，有72个半悬空洞，道观20余座，其中玉泉院、都龙庙、东道院、镇岳宫被列为全国重点道教宫观，历史上有陈抟、郝大通、贺元希等著名的道教高人。

# 第十七章 顶 真

## 第一节 顶真概述

陈望道在《修辞学发凡》中将“顶真”定义为：用前一句的结尾来做后一句的起头，使邻接的句子头尾蝉联而有上递下接趣味的一种措辞法①。顶真辞格最早可追溯到《诗经》：“采薇采薇，薇亦作止。”顶真辞格在生活中有着广泛的应用，如广告语：

车到山前必有路，有路必有丰田车。（丰田汽车广告语）

例句中，“有路”一语顶真，说明丰田在世界上的销路广和性能优的特点。

又如：

平安中国，中国平安。（中国平安保险广告语）

例句中，“中国”一语顶真，写出了平安保险的宗旨是“让中国平安”。

顶真在小说中有应用。如：

丈夫处世兮立功名；立功名兮慰生平。慰生平兮吾将醉；吾将醉兮发狂吟！

该歌是《三国演义》中周瑜在群英会上拔剑起舞，引吭高歌的内容。它通过“立功名”“慰生平”“吾将醉”来实现前后蝉联，描绘出周瑜志得意满的状态。

顶真在元曲中有所应用。如：

断肠人寄断肠词，词写心间事；事到头来不由自；自寻思，思量往日真诚志；志诚是有，有情谁似，似俺那人儿。（无名氏《越调·小桃红·情》）

该元曲通过“词”“事”“自”“思”“志”“有”“似”实现前后蝉联，通过顶真辞格进行自述，表现了女主人公对爱情的忠贞不渝②。

顶真在对联中有所应用。如：

听雨雨住，住听雨楼边，住听雨声，声滴滴，听、听、听；

观潮潮来，来观潮阁上，来观潮浪，浪涛涛，观、观、观。

上联通过“住”“声”前后蝉联，下联通过“来”“浪”前后蝉联，通过顶真辞格突出了听雨观潮之妙趣③。

顶真在歌曲中有所应用，如在儿歌中的应用：

月光光，照池塘，除夕晚，摘槟榔。槟榔香，换生姜。生姜辣，买苦瓜。苦瓜苦，买猪肚。猪肚腻，买牛皮。牛皮薄，买菱角。菱角尖，买马鞭。马鞭长，买屋梁。屋梁高，买钢刀。刀切菜，买箩盖。箩盖圆，买只船。船儿飘得

① 陈望道. 修辞学发凡[M]. 上海：上海教育出版社，2001.

② 黄群. 元曲中顶真修辞的认知参照点研究[J]. 戏剧之家，2018（19）：221-223.

③ 刘为民. 顶真联拾趣[J]. 求学，2019（3）：78.

远，睡觉香又甜。(童谣《月光光》)[1]

又如在流行歌曲中的应用，如：

遥远的夜空，有一个弯弯的月亮，弯弯的月亮下面，是那弯弯的小桥；小桥的旁边，有一条弯弯的小船，弯弯的小船悠悠，是那童年的阿娇。(《弯弯的月亮》)

该歌曲通过“弯弯的月亮”“小桥”“弯弯的小船”来实现前后蝉联，描绘了幽静的月色，渲染了幽雅的气氛。

顶真在故事中也有所应用，如哄小宝宝睡觉前讲的小故事：

从前有座山，山里有座庙，庙里有个老和尚，在给小和尚讲故事。讲的什么故事呢？从前有座山，山里有座庙，庙里有个老和尚，在给小和尚讲故事。讲什么故事呢？从前有座山，山里有座庙，庙里有个老和尚，在给小和尚讲故事。

该故事通过“山”“庙”来实现语句的前后蝉联，进而达成了完整的故事情节。

## 第二节　顶真分类

顶真的分类可以从数量上来看待，也可以从语言单位上来看待。

### 一、从数量上看顶真分类

顶真修辞格，从不同层次可做不同的分类。根据蝉联词句蝉联的项目多少，可以将顶真分为“单蝉”“双蝉”[2]。

“单蝉”是指一个词句只蝉联一个项目的顶真。如：

归来见天子，天子坐明堂。(佚名《木兰诗》)

例句是单蝉式，“天子”一语只蝉联了一个项目。

“双蝉”是指一个词句同时关联两个项目的顶真。例如：

泉边生草，草茂密。草间长树，树高大。树那边是林。林是青青绿绿浑然一体，分不清这棵那棵。(周同宾《窗外》)

例句中，“泉边生草，草茂密。草间长树，树高大。树那边是林”是“双蝉”模式。因为“泉”“草”“树”等语词同时蝉联了两个项目[3]。

### 二、从语言单位上看顶真分类

如果从语言单位上来看，顶真分类有词的蝉联、短语的蝉联和句子的蝉联。

---

① 王金禾. 儿童歌谣顶真修辞的艺术特征及其深层动因[J]. 武汉理工大学学报，2015(6)：124-127.

② 吴锐荣. 说“顶真”[J]. 语文月刊，1997(6)：14-15.

③ 吴锐荣. 说“顶真”[J]. 语文月刊，1997(6)：14-15.

1. 词的蝉联

词的蝉联中，有名词的蝉联，动词的蝉联，还有形容词的蝉联。如：

村外的小山上，有涌泉寺，和其他的云南的寺院一样，庭中有很大的梅树和桂树。桂树还有一株开着晚花，满院都是很香的。(老舍《滇行短记》)

上例中，“庭中有很大的梅树和桂树。桂树还有一株开着晚花”中前一句的末尾词语“桂树”与后一句的开头词语“桂树”相同，句与句之间通过名词“桂树”而得以前后蝉联①。

又如：

① 伸冷冷的白臂，桥栏拦我
拦我捞李白的月亮
月亮是幻，水中月是幻中幻，何况
今夕是中元，人和鬼一样可怜

可怜，可怜七夕是碧落的神话
落在人间。中秋是人间的希望
寄在碧落。而中元
中元属于黄泉，另一度空间(余光中《中元夜》)

② 痴则贪，贪则嗔，嗔则伤人种苦因，故知痴是苦；戒而定，定而慧，慧而悟道成师匠，当以戒为师。

例①中，诗歌选段上一节的末尾词语“可怜”与下一节的开头语词“可怜”相同，节与节通过动词“可怜”而得以前后蝉联②。例②中，前后句通过形容词“贪”“嗔”“定”“慧”而得以前后蝉联。

2. 短语的蝉联

① 我们要造成民主风气，要改变文艺界的作风，首先要改变干部的作风；改变干部的作风首先要改变领导干部的作风；改变领导干部的作风首先从我们几个人改起。(周恩来《在文艺工作座谈会和故事片创作会议上的讲话》)

② 物格而后知至，知至而后意诚，意诚而后心正，心正而后身修，身修而后家齐，家齐而后国治，国治而后天下平。(《大学》)

例①中，“改变干部的作风首先要改变领导干部的作风；改变领导干部的作风首先从我们几个人改起”通过动宾短语“改变领导干部的作风”前顶后接，首尾蝉联③。例②中，前后句通过短语“知至”“意诚”“心正”“身修”“家齐”“国治”而得以前后蝉联。

3. 句子的蝉联

咱们做的事越多，老百姓就来得越多；老百姓来得越多，咱们的力量就越大，往后的事也就越多。(欧阳山《高干大》)

---

① 张贤敏. 漫谈“顶真”[J]. 大家，2011(3)：16-18.
② 吴锐荣. 说“顶真”[J]. 语文月刊，1997(6)：14-15.
③ 吴锐荣. 说“顶真”[J]. 语文月刊，1997(6)：14-15.

例句中，前后句通过句子“老百姓来得越多”而实现前后蝉联。

## 第三节 顶真的作用

顶真这种辞格有多种修辞的妙用，可用于描写事物存在的状态，可以用来揭示事物之间的内在联系，还可以用于增强句子气势。

### 一、用于描写事物存在状态

在写景叙事中，顶真可以把事物之间在时间或者空间上的关系及事物存在、出现的状态有条有理地反映出来①。如：

从前有座山，山上有座庙，庙里有个老和尚，老和尚在给小和尚讲故事，故事的内容是：从前有座山，山上有座庙，庙里有个老和尚，老和尚在给小和尚讲故事……

在该例句中，利用顶真句式，按照空间顺序有条理地描写了事物“山”“庙”的空间位置关系。

### 二、揭示事物之间的内在联系

民事农则田垦，田垦则粟多，粟多则国富。国富者兵强，兵强者战胜，战胜者地广。(《管子·治国》)

在该例句中，六个分句通过“田垦”“粟多”“国富”“兵强”“战胜”前后蝉联，揭示出“田垦”“粟多”“国富”“兵强”“战胜”之间的逻辑关系，我们就不难得出“民事农则地广”的结论②。

又如：

国家之富强在于民智，民智之增进在于教育，教育之发展在于教师。(《黄兴集》)

在该例句中，三个分句通过“民智”“教育”前后蝉联，显示出来“民智”“教育”之间的内在联系，使人一目了然。我们也不难得出“国家之富强在于教师”的结论。

### 三、增强句子气势

虽我之死，有子存焉；子又生孙，孙又生子；子又有子，子又有孙；子子孙孙，无穷匮也，而山不加增，何苦而不平？(《列子·汤问》)

在该例句中，“子又生孙，孙又生子；子又有子，子又有孙；子子孙孙，无穷匮也”

---

① 吴锐荣. 说“顶真”[J]. 语文月刊，1997(6)：14-15.

② 吴锐荣. 说“顶真”[J]. 语文月刊，1997(6)：14-15.

五个分句通过“子”“孙”上递下接，前后蝉联，层层推进，气势贯通[①]。

## 第四节　顶真对联

顶真对联可以用来写景状物，也可以用来表达人间情感。

### 一、写景状物

相传一书生上京赶考，正过一独木桥时，对面来了一个挑竹子的姑娘。姑娘说要出一上联请书生对，如对出了下联，她才肯让书生先过桥，姑娘出的上联是“竹担挑，挑竹担，竹担挑竹竹挑竹”。书生对不出来，只好让姑娘先过桥。后来，书生过一庄园时，见门上铜环锁着铜锁，于是就想出了下联“铜环锁，锁铜环，铜环锁铜铜锁铜”。

姑娘出的上联通过“挑”“竹担”来实现前后句蝉联，生动地归纳出村姑的劳作生活。书生的下联通过“锁”“铜环”来实现前后句蝉联，描绘出大门上的铜锁在铜门环上吊着的样子。上下联均通过三个字顶真而成，却又自有意境，堪称绝对[②]。

又如：

据说有一次唐伯虎同祝枝山出游，看到田间农夫正忙着插秧、车水。祝枝山对唐伯虎说：“贤弟，这水车车水很有意思，我有一上联，请你来对。”说完便徐徐吟出：“水车车水，水随车，车停水止。”唐伯虎到底不凡，一眼瞄到手中折扇，沉思片刻，便对出了下联：“风扇扇风，风出扇，扇动风生。”祝枝山听后大笑，连声说好。

祝枝山的上联通过“水”“车”两字来实现前后句蝉联，生动地归纳出水车车水的情形。唐伯虎的下联通过“风”“扇”来实现前后句蝉联，描绘出用扇子扇风的模样。该顶真联描绘不同生活场景，极其传神[③]。

又如：

看我非我，我看我，我也非我；装谁像谁，谁装谁，谁就像谁。

该戏台联堪称顶真联中的佳品：上联通过“我”来前后蝉联，下联通过“谁”来前后蝉联。该顶真对联把戏剧演员忘我的精彩表演描述了出来，堪称绝妙。

### 二、表情达意

一好溜须拍马的富家子弟给一个大富翁送的寿联，上联是“寿禄比南山，山不老，老福人，人杰年丰，丰衣足食，食的珍肴美味，位列三台，台享荣华

---

① 张贤敏. 漫谈“顶真”[J]. 大家，2011（3）：16-18.

② 冯忠方. 顶真妙对趣无穷[J]. 思维与智慧，2018（21）：56.

③ 刘为民. 顶真联拾趣[J]. 求学，2019（3）：78.

富贵，贵有稀客，客多是理，理正言顺也”，做寿之日无人能对下联，喜得富翁眉开眼笑。一个穷秀才见了上联，即对出下联“晦气如东海，海真大，大贪鬼，鬼面兽心，心术不端，端是财痞杂种，终必一死，死无下葬墓地，地伏饿狼，狼撕其身，身败名裂哉”，气得富翁七窍生烟，寿席不欢而散。

上联通过“山”“老”“人”“丰”“食”“台”“贵”“客”“理”来实现前后蝉联，把富翁捧上了天。下联通过“海”“大”“鬼”“心”“端”“死”“地”“狼”“身”来实现前后蝉联，把富翁骂得狗血喷头[①]。

又如：

从前，有个姓孙的秀才，家境贫困，不料又被恶人诬告，被传上公堂受审。他面对官府大人和三班衙役，念出了上联：“水面结冰，冰积雪，雪上加霜。”审案的恰好是个清官，一听对子，再看原告状子，就让原告、被告上堂当面对质。官府大人发觉其中有诈，当堂判孙秀才无罪，原告无端诬陷好人，重打四十大板。孙秀才此刻万分激动，眼望蓝天，念出了下联：“空中腾雾，雾成百，百开见日。”

上联“水面结冰，冰积雪，雪上加霜”通过“冰”“雪”实现前后蝉联，描绘了自己悲痛的心情；下联“空中腾雾，雾成云，云开见日”通过“雾”“云”实现前后蝉联，体现了自己看到希望后的心情[②]。

## 三、体现人生哲理

大肚能容，容天下能容之事；慈颜常笑，笑世间可笑之人。

这是北京潭柘寺弥勒殿的一副对联，上联通过“容”字顶真，实现前后蝉联，下联通过“笑”字顶真，同样实现前后蝉联。该顶真对联包含“人生在世要大度”的人生哲理。

又如：

一生二，二生三，三生万物；地法天，天法道，道法自然。

这是四川青城山天师洞一副对联。上联通过数字“二”“三”实现顶真，首尾蝉联；下联通过“天”“道”字实现顶真，首尾蝉联。该顶真对联十分精辟地阐明了老子道家思想中朴素的自然观[③]。

### 思考与练习

一、下列句子运用了何种修辞手法，请说明其表达效果。

1. 幽默大师林语堂对理想中的家的勾勒是这样的：“宅中有园，园中有屋，屋中有院，院中有树，树上有天，天上有月，不亦快哉。”位于阳明山半山腰的林语堂故居，以拥有此景，而成为伴他安度晚年山居岁月的家。

---

① 刘为民. 顶真联拾趣[J]. 求学，2019（3）：78.

② 冯忠方. 顶真妙对趣无穷[J]. 思维与智慧，2018（21）：56.

③ 冯忠方. 顶真妙对趣无穷[J]. 思维与智慧，2018（21）：56.

2. 你道信步出兰庭，庭院悄悄人初静，静听是弹琴的那生生，生猜咱无情似有情，情知咱甚意来听，听沉罢，过初更，更阑也休得消停，停待甚，忙将那脚步儿行，行过那梧桐树儿边金井，井阑边把身躯鹅掩映，映着我这影儿呵，好着我嫌煞月儿明。

3. 故乡何在归途远，途远难归应断肠，断肠人在纱窗下，纱窗曾不忆彷徨。

4. 不争我去得迟，被那家使心力；使心力，厮搬递，卖东西；卖东西，到家里；到家里，看珠翠；看珠翠，寄钗篦；寄钗篦，定成计；定成计，使良媒；使良媒，怎支持？怎支持，谎人贼。

5. 他部从，入穷荒；我銮舆，返咸阳；返咸阳，过宫墙；过宫墙，绕回廊；绕回廊，近椒房；近椒房，月昏黄；月昏黄，夜生凉；夜生凉，泣寒蛩；泣寒蛩，绿纱窗；绿纱窗，不思量！不思量，除是铁心肠；铁心肠，也愁泪滴千行。

6. 名不正则言不顺，言不顺则事不成，事不成则礼乐不兴，礼乐不兴则刑罚不中，刑罚不中则民无所措手足。故君子于名之必可言也，言之必可行也。

7. 人死血脉竭，竭而精气灭，灭而形体朽，朽而成灰土。何用为鬼？

8. 竹叶烧了，还有竹枝；竹枝断了，还有竹鞭；竹鞭砍了，还有深埋在地下的竹根。

9. 茵茵牧草绿山坡，山坡畜群似云朵，云朵游动笛声起，笛声悠扬卷浪波。浪波翻腾激情涌，激情滚滚似江河，江河流水深又长，长笛伴我唱新歌。

10. 望天空，空望天，天天有空望空天；求人难，难求人，人人逢难求人难。

二、有人认为，下列句子采用了顶真手法，为什么？

1. 今日过断桥，断桥何日断。明朝奔明月，明月几时明。

2. 风吹蜂，蜂让风，风去蜂回。李打鲤，鲤避李，李沉鲤浮。

3. 得道者多助，失道者寡助，寡助之至，亲戚叛之，多助之至，天下顺之。

4. 蒂下生蓬，蓬中结实。

5. 招之即来，来之能战，战之能胜。

6. 麻雀滚滚，滚到河里筑了颈颈。叫哥哥去买粉粉，粉不能搽；叫哥去买麻，麻不能绩；叫哥去买笔，笔不能写；叫哥去接姐，姐不能来；叫哥去买柴，柴不能烧；叫哥去买刀，刀不好切；叫哥去买麦，麦不好打；叫哥去买马，马不好骑；把哥牵到河里倒剥皮。

7. 猴老哥，摘苹果。苹果酸，摘广柑。广柑苦，摘葫芦。葫芦涩，摘番茄。番茄才开花，又去摘黄瓜。黄瓜才牵藤……

8. 火镰花，卖甜瓜。甜瓜苦，卖豆腐。豆腐烂，卖鸡蛋。鸡蛋香，卖生姜。生姜辣，造宝塔。宝塔高，剁三刀。三刀快，切青菜。青菜青，上北京。

三、根据下列材料，分别为岳阳楼、岳麓山创作数则顶真辞格广告语，使上述景点赢得更多游客的青睐，并请说明创作理据。

1. 岳阳楼坐落于湖南省洞庭湖畔、岳阳市西门的城墙上。登楼俯瞰洞庭湖，水面烟波浩渺，苍苍茫茫，水天一色，素有“洞庭天下水，岳阳天下楼”的美誉。岳阳楼传说是三国时吴国著名将领鲁肃训练水师的阅兵台。至唐开元四年，中书令张说谪守岳州，在此修建楼阁，正式定名为“岳阳楼”。宋庆历五年，滕子京守巴陵郡时重修岳阳楼，并请范仲淹作千古名作《岳阳楼记》。范氏在文中不仅将四周的景物、早晚晴雨等各种感触描写得淋漓尽致，且文中“先天下之忧而忧，后天下之乐而乐”的名句，更抒发了作者忧国忧民的高尚情怀，使之脍炙人口，传扬中外，岳阳楼亦因此声名远播。现存的岳阳楼是清同治六年重新修葺的，楼顶似古将的头盔，黄琉璃瓦，飞檐高翘，屋脊装饰有各种动物，楼的每角立有一彩釉飞凤。二楼有明廊环绕，可凭栏远眺。

2. 岳麓山在长沙市区之西，东临湘江，古人赞誉其“碧嶂屏开，秀如琢珠”。唐宋以来，岳麓山即以林壑幽美、山幽涧深闻名。六朝罗汉松、唐宋银杏、明清松樟相当著名；爱晚亭、清风峡、蟒蛇洞、禹王碑、岳麓书院等景观闻名遐迩。岳麓山春天满山葱绿、杜鹃花怒放；夏日幽静凉爽；秋天枫叶流丹，层林尽染；隆冬玉树琼枝，银装素裹，四季风景宜人。位于清风峡口的千年学府岳麓书院，“千百年楚材导源于此”，孕育了博大精深的湖湘文化，培养了一代又一代的先烈、伟人。

# 第十八章 引 用

引用就是把名言、史实、资料或诗词、典故、熟语有选择地组织到文章或讲话里，来说明道理等[①]。引用在广告语、诗歌等中运用十分广泛。

## 第一节 引用存在之因

对于引用存在的原因，张素格、孙书杰认为是尊古崇圣的思想意识和崇尚含蓄美[②]。他们的分析较为恰当，此处加以引用。

### 一、尊古崇圣的思想意识

国人有怀古的情愫。黄河中下游是汉民族的发源地，我们的祖先以个体农业为基础，以宗法家庭为背景，以儒家思想为核心。由于是以宗法家庭为背景，所以尊祖宗、崇圣人，认为老祖宗留下来东西是最好的，不可随便改易、废弃。尊古崇圣的思想浸润了中国文化，也对中国传统修辞产生了深刻影响[③]。正如先秦荀子说："故凡言议期命，是非以圣人为师。"圣人的语言值得后人师法，因此就出现了引用的这种修辞手法。

### 二、崇尚含蓄美

国人崇尚委婉含蓄，对思想情感的表露采用克制、引导和自我调节的策略。因此国人倾向含蓄地表情达意，崇尚含蓄美就成为汉民族传统的修辞美学观的主流[④]。先秦《孟子·尽心下》说："言近而旨远者，善言也。"这是对含蓄的赞美。

台湾某店是卖婚纱的，故以《新娘》来作为其宣传语，内容如下：

爱我，但是不要只因为
我今日是你的新娘
不要只因为这薰香的风
这五月欧洲的阳光

---

① 张素格、孙书杰. 引用修辞生成的历史文化根源[J]. 河北科技大学学报，2005（3）：53-55.

② 张素格、孙书杰. 引用修辞生成的历史文化根源[J]. 河北科技大学学报，2005（3）：53-55.

③ 张素格、孙书杰. 引用修辞生成的历史文化根源[J]. 河北科技大学学报，2005（3）：53-55.

④ 张素格、孙书杰. 引用修辞生成的历史文化根源[J]. 河北科技大学学报，2005（3）：53-55.

请爱我，因为我将与你为侣
共度人世的沧桑
眷恋该如无边的海洋
一次又一次起伏的浪
在白发时重温那起帆的岛
将没有人能记得你的一切
像我能记得的那么多，那么好
爱我，趁青春年少！

台湾诗人席慕蓉的《新娘》写出了一种纯洁、高尚的爱情，而婚纱广告语表明，穿上洁白的婚纱，是对爱情的承诺。该婚纱店广告语含蓄而委婉，表明了自己对爱情的理解，体现了自己不俗的品位①。

## 第二节　引用分类

如果从不同的角度来看，引用就存在不同的分类。这部分内容主要引述与参考了吴礼权《现代汉语修辞学》。

### 一、从是否指明来源来看

根据所引用的语句是否指明了来历，可以分为明引和暗引两类②。

1. 明　引

> 列宁说，对于具体情况作具体的分析，是“马克思主义的最本质的东西、马克思主义的活的灵魂”。我们许多同志缺乏分析的头脑，对于复杂事物，不愿作反复深入的分析研究，而爱作绝对肯定或绝对否定的简单结论。（毛泽东《学习和时局》）

此处引用列宁的话语，点明了所引话语的作者是列宁，故是明引。

2. 暗　引

> 至于整株树以至成片树林，那就成为“飞焰欲横天”“红云几万重”的绚丽景色了。（贾祖璋《南州六月荔枝丹》）

“飞焰欲横天”源于明朝郭子章《荔枝》诗，“红云几万重”是宋朝邓肃的诗句，两句诗没有点明作者，故是暗引。

### 二、从引用例句是否改动来看

根据所引用的语句是否被改动，可以分为直接引用和间接引用两类③。

① 蒋华. 广告语多维研究[M]. 哈尔滨：黑龙江人民出版社，2019.
② 吴礼权. 现代汉语修辞学[M]. 上海：复旦大学出版社，2014.
③ 吴礼权. 现代汉语修辞学[M]. 上海：复旦大学出版社，2014.

1. 直接引用

那秦钟魂魄那里肯就去，又记念着家中无人掌管家务……因此百般求告鬼判。无奈这些鬼判都不肯徇私，反叱咤秦钟道："亏你还是读过书的人，岂不知俗语说的：'阎王叫你三更死，谁敢留人到五更。'我们阴间上下都是铁面无私的，不比你们阳间瞻情顾意，有许多的关碍处。"（曹雪芹《红楼梦》）

"阎王叫你三更死，谁敢留人到五更"是一句俗语，是直接引用，没有任何的改动。引用的俗语鞭挞了"阳间"（人世间）的封建政权的瞻情顾意、徇私舞弊、黑暗腐败。

2. 间接引用

找到了一九五一号了。矮矮的门楣，高我怕高不过两尺。门扇的黑漆已经变成黑灰。铜环好像是铁制的一样。啊，山不在高，水不在深。（郭沫若《百合与番茄》）

"山不在高，水不在深"一语出自唐朝诗人刘禹锡《陋室铭》"山不在高，有仙则名。水不在深，有龙则灵"，以此来表明作者不在乎益寿里是个怎样的地方，只要有贤者住在这里就会出名的。所引语句在语汇上有所变动，这是间接引用。

## 三、从作者对引用内容的态度上看

根据作者对引用内容的态度上看，可以分为正用、反用、借用三类①。

1. 正　引

即作者对所引用的语句持肯定的态度。如：

曹操之众，远来疲敝，闻追豫州，轻骑一日一夜行三百余里，此所谓"强弩之末，势不能穿鲁缟"者也。

例句是写曹操军队由于连日追杀刘备的军队，十分疲惫，已然是"强弩之末，势不能穿鲁缟"。引用的"强弩之末，势不能穿鲁缟"一句，系出于《汉书·韩安国传》"且臣闻之，冲风之末，力不能起毛羽；强弩之极，力不能入鲁缟"。两相比较，不难发现，"强弩之末，势不能穿鲁缟"一句的意思，在原文中与在被引的语境中，都没有发生变化，表达的都是"强大的力量已经衰弱，起不了什么作用"之意。所以，这是正引。

2. 反　引

即作者对所引语句加以评判，持否定的态度。如：

"子入太庙，每事问。"至今传为美谈。但你入轮船，最好每事不必问，茶房之怕麻烦，之懒惰，是他们的特征；你问他们，他们或说不晓得，或故意和你开开玩笑，好在他们对客人们，除行李外，一切是不负责任的。（朱自清《海行杂记》）

"子入太庙，每事问"引自《论语·八佾》，古人认为好问是一种美德。但是在轮船上，却不必问每件事，因为他人可能不搭理你，让问者觉得尴尬。朱自清引用原话却反

① 张素格、孙书杰. 引用修辞生成的历史文化根源[J]. 河北科技大学学报，2005（3）：53-55.

转其意，故是反引。

3. 借　引

引用部分的含义与所要表达的意义既不相同，也不相反，却存在某种相关性①。如：

> 古今之成大事业、大学问者，罔经过三种之境界："昨夜西风凋碧树，独上高楼，望尽天涯路"，此第一境界也；"衣带渐宽终不悔，为伊消得人憔悴"，此第二境界也；"众里寻他千百度，回头蓦见，那人正在灯火阑珊处"，此第三境界也。（王国维《人间词话》）

"昨夜西风凋碧树，独上高楼，望尽天涯路"源于宋代晏殊《蝶恋花》，原意是写在苍凉的深秋中独自登上高楼怅望，山阔水长，仿佛世间的一切都已经浮云过世，此处却表示追求理想的孤独。"衣带渐宽终不悔，为伊消得人憔悴"出自宋代柳永《蝶恋花》，原意是因为思念爱人而渐渐变得瘦骨嶙峋，满目憔悴，表示的是相思之苦，这里却表示艰苦地追求、求索。"众里寻他千百度，回头蓦见，那人正在灯火阑珊处"出自宋代辛弃疾《青玉案》，原本写在人海中千百次地寻找她，却在那不经意间的一回头，突然发现她正在那灯光暗淡的地方，表达了无意中发现意中人的无限惊喜，这里却表示获得成功、实现理想的喜悦心情。可知，这三处皆是借引。

## 第三节　引用广告语

根据所引用的语句是否被改动，引用广告语可以分为直接引用和间接引用两类②。

### 一、直接引用广告语

> ① 冬天里的一把火！（雪原羊绒衫广告语）
> ② 安得广厦千万间，大庇天下寒士俱欢颜！（某房地产公司广告语）
> ③ 慨当以慷，忧思难忘。何以解忧，惟有杜康。（杜康酒广告语）

在例①中，《冬天里的一把火》是一首比较火爆的歌曲歌名，二十世纪八九十年代曾一度红遍大江南北。雪原羊绒衫广告语直接引用歌曲名称，表示雪原羊绒衫的作用是御寒，就像火一样给人以温暖。在例②中，广告语"安得广厦千万间，大庇天下寒士俱欢颜"直接引用于杜甫的《茅屋为秋风所破歌》，诗句体现了诗人的宽阔胸襟，这种思想境界一直为人们所称道，该房地产公司用人们对杜甫《茅屋为秋风所破歌》固有的认知来提升自己公司的形象，十分巧妙。在例③中，广告语直接引自三国时曹操的《短歌行》，令人想起曹操当年的豪迈气概。该酒以曹操《短歌行》中的名句来推销自己，自带深意，不同凡响。

---

① 吴礼权. 现代汉语修辞学[M]. 上海：复旦大学出版社，2014.

② 蒋华. 广告语多维研究[M]. 哈尔滨：黑龙江人民出版社，2019.

## 二、间接引用广告语

间接引用广告中的引用对象大多是成语，有的广告语仅取词语的字面意义。如：

停电 24 小时！依旧冷若冰霜。（上海航天电冰箱广告语）

“冷若冰霜”比喻待人接物毫无感情，像冰霜一样冷；也比喻态度严正，不可接近。而该广告语则仅取“冷若冰霜”的字面义，表明其良好的制冷效果。

在广告这种特定的语境中，有时为了取得某种特定表达效果，会故意变换语序[①]，如：

一机在手，天涯咫尺。（某电话机广告语）

成语“咫尺天涯”，本指“比喻距离虽近但很难相见，像在很远的天边一样”，而“天涯咫尺”则是“咫尺天涯”的语序变换，说明了该电话机的良好作用。

又如：

口服心服。（某矿泉水广告语）

成语“心服口服”指“心里嘴上都信服，指真心信服”，即表里如一地完全信服。而“口服心服”则是成语“心服口服”的逆反语序，表达“嘴里服下去，心里才能信服”，说明这矿泉水质量之好。

### 思考与练习

一、请指出下列句子中采用何种修辞手法，并说明其表达效果。

1. 大热天气，阔人还忙于应酬，汗流浃背，穷人却夹了一条破席，铺在路上，脱衣服，浴凉风，其乐无穷，这叫作“席卷天下”。（鲁迅《安贫乐道法》）

2. 小乙：“泡泡！”妈：“小济，快，找小盆去！”爸：“等等，小乙，先别撒！”随小济作快步走，床下椅下，分头找小盆，至为紧张，且喊且走：“小盆在哪儿？”只在此屋中，云深不知处，无论如何，找不到小盆。（老舍《文艺副产品》）

3. “学者先要会疑。”“在可疑而不疑者，不曾学；学则须疑。”学问的基础是事实和根据。事实和根据的来源有两种：一种是自己亲眼看见的，一种是听别人传说的。譬如在国难危急的时候，各地一定有许多口头的消息，说得如何凶险，那便是别人的传说，不一定可靠；要知道实际的情形，只有靠自己亲自去观察。做学问也是一样，最要紧最可靠的材料是自己亲见的事实根据；但这种证据有时候不能亲自看到，便只能靠别人传说了。（顾颉刚《怀疑与学问》）

4. 美国的一位作家索洛曾在一本书上说过，美国铁路的每一根枕木下面，都横卧着一个爱尔兰工人的尸首。（夏衍《包身工》）

5. 真愁人啊！想来个朋友谈谈天吧，老长的山道上却连把雨伞的影子也没有；喝点酒解解闷吧，又往哪里去找个把牧童借问酒家何处呢？（吴伯箫《山屋》）

6. 我于是就抛了死相，放心说笑起来，而不意立刻又碰了正经人的钉子：说是使他们“失望”了。我自然是知道的，先前是老人们的世界，现在是少年们的世界了；但竟不料治世的人们虽异，而其禁止说笑也则同。那么，我的死相也还得装下去，装下去，“死

---

① 谢春荣. 借光生辉：广告语中的引用[J]. 应用写作，2009（2）：25-27.

而后已”，岂不痛哉！（鲁迅《忽然想到》）

7. 我们中国人是有骨气的。战国时代的孟子，有几句很好的话：“富贵不能淫，贫贱不能移，威武不能屈，此之谓大丈夫。”意思是说，高官厚禄收买不了，贫穷困苦折磨不了，强暴武力威胁不了，这就是所谓大丈夫。大丈夫的种种行为，表现出了英雄气概，我们今天就叫作有骨气。（吴晗《谈骨气》）

8. 荔枝不耐贮藏，正如白居易说的：“一日而色变，二日而香变，三日而味变，四五日外，色香味尽去矣。”……因为荔枝不耐贮藏，古代宫廷想吃荔枝，就要派人兼程飞骑从南方远送长安或洛阳，给人民造成许多痛苦。唐明皇为了宠幸杨贵妃，就干过这样损害百姓的事。唐代杜牧诗云：“长安回望绣成堆，山顶千门次第开。一骑红尘妃子笑，无人知是荔枝来。”就是对这件事的嘲讽。（贾祖璋《南州六月荔枝丹》）

二、请指出下列广告语中引用的类型，并说明其表达效果。

1. 聪明不必绝顶。（美加净生发灵广告语）
2. 耳听不再为虚。（某收录机广告语）
3. 民以食为天，食以味为先。（某风味小吃广告语）
4. 路遥知马力，日久见跃进。（跃进汽车广告语）
5. 黄河之水天上来，黄河汽车遍地开。（黄河汽车广告语）
6. 举杯望明月，共饮广寒宫。（山东广寒宫广告语）
7. 欲穷千里目，不必上高楼。（某望远镜广告语）
8. 宁可食无肉，不可居无竹。（深圳竹园宾馆广告语）
9. 如虎添翼。（希望电脑广告语）
10. 精诚所至，金石为开。（爱华电脑广告语）

三、请说明下列广告语的修辞手法，并说明其表达效果。

1. 诗碧生发剂，让秀发从您头顶上无中生有。（诗碧生发剂广告语）
2. 一毛不拔。（梁新记牙刷广告语）
3. 一夫当关。（鱼牌挂锁广告语）
4. 座客何来？听二分明月箫声，依稀杜牧。主人莫问，借一管春风词笔，点染扬州。（扬州某茶楼对联）
5. 万紫千红谁裁出，飞燕剪得春光来。（飞燕剪刀广告语）
6. 衣带渐宽终不悔，常忆宁红减肥茶。（宁红减肥茶广告语）
7. 一桥飞架珠峰，中尼变通途。（中国西南航空公司拉萨到加德满都航线广告语）
8. 悠悠寸草心，报得三春晖。（三九胃泰广告语）
9. 工欲善其事，必先利其器。（上海第二机床厂广告语）

四、根据下列材料，请为崀山风景名胜区、君山、大雁塔分别创作数则引用辞格广告语，使上述景点赢得更多游客的青睐，并请说明创作理据。

1. 崀山风景名胜区位于湖南省新宁县境内，包括天一巷、辣椒峰、扶夷江、八角寨、紫霞峒、天生桥六大景区，十八处小风景区，有三大溶洞和一个原始森林，属典型的丹霞地貌，是难得的环保型山水自然风景区。崀山的得名来自远古的传说，相传当年舜帝南巡，路过崀山，见此处山水奇异，便赐一“崀”字，意即良好的群山。崀山，自然景观独具特色，多奇异的石头山峰、幽深的溶洞。资江上游的夷水蜿蜒贯穿南北，风光如画，有桂林的美丽，有青城山的幽静，有泰山的雄奇。

2. 君山，古称洞庭山、湘山，是八百里洞庭湖中的一个小岛，与千古名楼岳阳楼遥遥相对，由大小七十二座山峰组成，被道书列为“天下第十一福地”。君山名胜古迹众多，文化底蕴深厚。历代文人墨客围绕君山的“奇”“小”“巧”“幽”“古”，或著文赋诗，或题书刻石。这里发现的有中国历史上最早的摩崖石刻、“星云图”、新石器遗址，有惊天地、泣鬼神的爱情见证——斑竹、二妃墓、柳毅井，有秦始皇的封山印、汉武帝的射蛟台，以及宋代农民起义的飞来钟、杨幺寨等。

3. 大雁塔巍峨挺拔，有着一千三百多年历史。它位于和平门外四千米的大慈恩寺内，相传唐永徽三年（652），赴印度取经的玄奘法师奏请在寺内建塔，用于存放他自印度带回来的经籍，这座塔初名为经塔。大雁塔是古城西安独具风格的标志，是中国楼阁式砖塔的优秀典型。塔身用青砖砌成，每层四面都有券砌拱门，这种楼阁式砖塔造型简洁，气势雄伟，有显著的民族特色和时代风格。塔内有木梯，可以盘旋登塔，凭栏远眺，可饱览关中大好风光。

# 第十九章　排　比

## 第一节　排比概述

排比就是将三个或三个以上结构相同或相似、内容紧密相关、语气一致的语句排列在一起，以增强语势，表现深厚感情的修辞方法①。排比有句法成分的排比，也有句子的排比。

### 一、句法成分的排比

句法成分的排比即句中同一句法成分的排比，如：

在这里，蓝天明月，秃顶的山，单调的黄土，浅濑的水，似乎都是最恰当不过的背景，无可更换。（茅盾《风景谈》）

例句中，“蓝天明月”“秃顶的山”“单调的黄土”“浅濑的水”是主语的排比，也是四项定中短语的排比。

### 二、句子的排比

他们的品质是那样的纯洁和高尚，他们的意志是那样的坚定和刚强，他们的气质是那样的淳朴和谦逊，他们的胸怀是那样的美丽和宽广。（魏巍《谁是最可爱的人》）

该句子是由四个分句的排比构成，四个分句分别是“他们的品质是那样的纯洁和高尚”“他们的意志是那样的坚定和刚强”“他们的气质是那样的淳朴和谦逊”“他们的胸怀是那样的美丽和宽广”。

排比，宋人陈骙在其撰写的《文则》中就曾将它的作用概括为：“文有数句用一类字，所以壮气势，广文义也。”排比在言语表达中能加强语势，使语意畅达，节奏和谐②。

## 第二节　排比幽默

排比幽默主要是指排比用在笑话、小品等中构成的幽默。如：

有个贪官，只知道搜刮钱财，不知道给地方上办事，老百姓恨之入骨。后来他的任期满了，老百姓凑钱给他送了一块匾，上面写了四个大字：“五大天地。”

① 黄伯荣，廖序东．现代汉语[M]．北京：高等教育出版社，2017.

② 黄伯荣，廖序东．现代汉语[M]．北京：高等教育出版社，2017.

这个贪官不懂，便问这四个字是什么意思。老百姓解释说：“大人一到任，便是金天银地；在内衙里，大人是花天酒地；坐堂问案时，昏天黑地；老百姓无辜含冤，不由得恨天怨地；如今大人就要卸任，真是谢天谢地。这就叫作五大天地。”(《五大天地》)

例中，“大人一到任，便是金天银地”“在内衙里，大人是花天酒地”“坐堂问案时，昏天黑地”“老百姓无辜含冤，不由得恨天怨地”“如今大人就要卸任，真是谢天谢地”是五项排比，这五项排比把旧社会官场的黑暗和龌龊展现得淋漓尽致，显示了该贪官为非作歹、残害百姓和花天酒地的丑陋行为①。

又如：

高秀敏：“比啥呀？”

赵本山：“蛤蟆蜍子去南极，根本找不着北呀；脑血栓练下叉，根本劈不开腿；大马猴穿旗袍，根本看不出美；你让潘长江去吻郑海霞，根本就够不着嘴。”(小品《拜年》)

“蛤蟆蜍子去南极，根本找不着北呀；脑血栓练下叉，根本劈不开腿；大马猴穿旗袍，根本看不出美；你让潘长江去吻郑海霞，根本就够不着嘴”是四项排比，极其形象地表明小品中两人不在一个层次上，无法相提并论。

又如：

宋丹丹：“你这消费观念不行。你看我，浑身上下都名牌。”

赵本山：“啊。”

宋丹丹：“我这鞋，阿迪达的。裤子，普希金的。衣裳，克林顿的。皮带，叶利钦的。你再瞧我，我这兜里头用的都是世界一流名牌化妆品。”

赵本山：“啊。”

宋丹丹：“美国著名歌星麦当娜抹啥我抹啥。”

赵本山：“麦当娜是谁呀？”

宋丹丹：“你不认识呀？她妹妹你指定熟悉。”

赵本山：“谁呢？”

宋丹丹：“麦当劳么！”(小品《钟点工》)

例中，“我这鞋，阿迪达的。裤子，普希金的。衣裳，克林顿的。皮带，叶利钦的”这四项排比展现出宋丹丹所饰角色的品位非凡，非富即贵②。

## 第三节　排比对联

排比在对联中多有使用，排比对联中的排比有三项或四项的，以三项为常见。

---

① 李艳芳. 从排比示例管窥修辞学与认知科学的关联性[J]. 重庆文理学院学报，2009(3)：115-119.

② 杨安红. 春晚小品语言多维研究——以赵本山小品语言为例[D]. 中国传媒大学博士论文，2014.

## 一、三项排比

人人学法，人人知法，人人守法，法律面前人人平等；

处处迎春，处处皆春，处处播春，春风过后处处繁荣。（某地普法对联）

在该对联中，“人人学法，人人知法，人人守法”是三项主谓短语的排比，“处处迎春，处处皆春，处处播春”是三项状中短语的排比。对联中的排比展现了人人“学法”“守法”“用法”的全民普及法律知识的大好形势及其取得的可喜成果①。

又如：

侍金銮，谪夜郎，他心中有何得失穷通。但随遇而安，说什么仙，说什么狂，说什么文章身价。上下数千年，只有楚屈平，汉曼倩，晋陶渊明，能仿佛一人胸次；

跪危矶，俯长江，这眼前更觉天空地阔。试凭栏远望，不可无诗，不可无酒，不可无奇谈快论。流连四五日，岂惟牛渚月，白纻云，青山烟雨，都收来百尺楼头。（鞍山采石矶太白楼对联）

上联中的“说什么仙，说什么狂，说什么文章身价”是三项动宾短语的排比，表明李白是诗仙，是狂人，文章身价当世无人能敌；下联中的“不可无诗，不可无酒，不可无奇谈快论”也是三项动宾短语的排比，表明李白在生活中需要诗歌、酒以及奇谈快论。该对联抒写李白随心所欲、洒脱浪漫的一生，情感浓郁，酣畅淋漓。

又如：

见州县则吐气，见道台则低眉，见督抚大人，茶话须臾，只解道说几个是是是；

有差役作爪牙，有书吏为羽翼，有地方绅董，袖金赠贿，不觉得笑一声哈哈哈。（讽刺旧时官员的对联）

在该对联中，上联的“见州县则吐气，见道台则低眉，见督抚大人，茶话须臾”是三项排比，表明旧时官员见到不同官员时的神态（见到比自己官小的州县就颐指气使，见到比自己官大的道台就低眉顺气，再见到官更大的督抚大人就连话也不会说了）；下联中的“有差役作爪牙，有书吏为羽翼，有地方绅董，袖金赠贿”也是三项排比，描写旧时官员平日里的行事作风（差役是走狗，书吏是帮凶，面对乡绅的贿赂则是大笑）。该对联辛辣地讽刺了旧时官员的两张嘴脸和丑陋行径，语言并不华丽，却极具张力，令人印象深刻。

## 二、四项排比

笑古笑今，笑东笑西，笑南笑北，笑来笑去，笑自己原无知无识；

观事观物，观天观地，观日观月，观来观去，观他人总有高有低。（四川乐山凌云寺联）

在该对联中，上联的“笑古笑今，笑东笑西，笑南笑北，笑来笑去”是四项排比，

① 马孟丽. 论“排比”在电视广告中的运用[J]. 红河学院学报，2004（1）：47-51.

下联中的“观事观物，观天观地，观日观月，观来观去”是四项排比。该对联气势非凡，蕴含深刻的人生哲理：对周围的事物应多持欣赏的态度；人生要有宽容的气度；每个人都各有长处，要学会体谅和尊重他人。

又如：

一楼何奇：杜少陵五言绝唱，范希文两字关情，滕子京百废俱兴，吕纯阳三过必醉。诗耶？儒耶？吏耶？仙耶？前不见古人，使我怆然涕下；

诸君试看：洞庭湖南极潇湘，扬子江北通巫峡，巴陵山西来爽气，岳州城东道岩疆。潴者，流者，峙者，镇者，此中有真意，问谁领会得来？（岳阳楼联语）

在该对联中，上联中的“诗耶？儒耶？吏耶？仙耶”是四个句子的排比，写出岳阳楼的神奇、雄伟的原因；下联中的“潴者，流者，峙者，镇者”也是四项排比，写洞庭湖壮丽的风景。总之，该对联中的排比句写出了岳阳楼的人杰与地灵。

## 第四节　排比广告语

在广告语中，人们常把三个或三个以上的结构相同或相似、语气一致、意思相关的词、短语或句子排列起来，以增强语势、加深感情①。在广告语中，排比常常分为句子排比和短语排比。

### 一、句子排比

句子的排比中有复句的排比，也有分句的排比②。先看复句的排比，如：

① 人让车，让出一份文明。车让人，让出一份安全。车让车，让出一份秩序。（安全驾车公益广告语）

② 因为信任，拥抱亲情变得简单。因为信任，走出困境变得简单。因为信任，战胜自己变得简单。因为信任，消除陌生变得简单。因为信任，所以简单。（公益广告语）

例①中，“人让车，让出一份文明”是假设复句，“车让人，让出一份安全”是假设复句，“车让车，让出一份秩序”是假设复句，因此该广告语是三个假设复句的并列，强调人、车相“让”的好处，告诫人们只有在相互谦让中才能获得文明的秩序。例②中，“因为信任，拥抱亲情变得简单”是因果复句，“因为信任，走出困境变得简单”是因果复句，“因为信任，战胜自己变得简单”是因果复句，“因为信任，消除陌生变得简单”是因果复句，“因为信任，所以简单”是因果复句，因此该公益广告语是五个因果复句的并列，强调彼此信任的重要性与它所带来的无限好处。

句子的排比中也有分句的排比。如：

① 像呼吸一样真实，真实是唯一记住的话，真实是一张自由的脸，真实是沉淀后的完美。（诗芙浓化妆品广告语）

---

① 黄伯荣，廖序东．现代汉语[M]．北京：高等教育出版社，2017.

② 马孟丽．论“排比”在电视广告中的运用[J]．红河学院学报，2004（1）：47-51.

② 酒味像白云一样纯正，质地像白云一样透明，泡沫像白云一样洁白，牌子像白云一样出名。（白云啤酒广告语）

在例①中，通过“真实是唯一记住的话，真实是一张自由的脸，真实是沉淀后的完美”三个分句的排比，从而让消费者对该化妆品有着深刻的印象。在例②中，该广告语由“酒味像白云一样纯正”“质地像白云一样透明”“泡沫像白云一样洁白”“牌子像白云一样出名”四个分句构成排比，向消费者展示了“白云啤酒”质量之高、味道之纯、名气之大。

## 二、短语排比

短语有主谓短语、动宾短语、偏正短语、状中短语和中补短语等之分[①]。在广告语中，排比也有主谓短语、动宾短语、偏正短语、状中短语和中补短语等之分。

### 1. 偏正短语的排比

在广告语中，有偏正短语的排比。如：

① 我永远不会忘记，她的吻，她的微笑，她的香水。（香奈儿香水广告语）

② 修辞学家的助手，语言教师的同道，自学青年的参谋，社会各界的朋友。（《修辞学习》编辑推荐语）

③ 一滴血，一片心，一份爱。（献血公益广告语）

例①中，“她的吻，她的微笑，她的香水”是三项偏正短语的排比，显示出香奈儿香水奇特的效果。例②中，“修辞学家的助手，语言教师的同道，自学青年的参谋，社会各界的朋友”是四项偏正短语的排比，淋漓尽致地阐述了《修辞学习》杂志对人们的启迪作用，激起了人们购买或者订阅该杂志的强烈欲望。例③中，“一滴血，一片心，一份爱”是三项偏正短语的排比，显示出即使献出一滴血，也是人们相互关爱的表达[②]。

### 2. 主谓短语的排比

在广告语中，有主谓短语的排比。如：

① 春季给您带来沉醉，夏季给您带来欣慰，秋季给您带来甜美，冬季给您带来回味。新飞，新飞，与您四季相随。（新飞电冰箱广告语）

② 丽江，我来了，我看见了，我被征服了。（丽江旅游广告语）

③ 我健康，我献血，我自豪。（献血公益广告语）

④ 您是首都的客人，您是遵章守规的模范；您是首都的主人，您是文明礼让的楷模。（北京安全驾车公益广告语）

例①中，“春季给您带来沉醉，夏季给您带来欣慰，秋季给您带来甜美，冬季给您带来回味”是主谓短语构成的排比句，用四个“给您带来”从春夏秋冬四个季度展示了该电冰箱给人们带来的无限好处，从而让人们在购买的时候选择该电冰箱。例②中，连续用了“我来了”“我看见了”“我被征服了”三个主谓短语构成的排比句，以第一人称的主观视角表达感情，大气磅礴。例③中，“我健康”“我献血”“我自豪”是三项主谓结构短语的排比，显示出我自豪的原因是健康的我献出了一份爱心。例④中，“您是首都的客

① 黄伯荣，廖序东．现代汉语[M]．北京：高等教育出版社，2017.

② 蒋华．广告语多维研究[M]．哈尔滨：黑龙江人民出版社，2017.

人，您是遵章守规的模范；您是首都的主人，您是文明礼让的楷模”是四个主谓句构成的排比句，表达出只要是在首都的人都应该遵守交通规则、礼让他人之意①。

3. 状中短语的排比

在广告语中，有状中短语的排比。如：

① 在金色中诞生，在金色中成长，在金色中辉煌。（黄金叶集团广告语）

② 与历史共舞，与神灵共伴，与奥秘共行。（岑巩傩戏宣传广告语）

例①中，“在金色中诞生，在金色中成长，在金色中辉煌”是三个状中结构短语的并列，突出了黄金叶产品的不同凡响，给人留下较为深刻的印象。例②中，“与历史共舞，与神灵共伴，与奥秘共行”是状中短语的排比，表现出岑巩傩戏深厚的历史底蕴和傩戏的神秘。

4. 兼语短语的排比

在广告语中，有兼语短语的排比。如：

微风轻轻地吹拂我，让大地拥抱我，让阳光亲吻我，让你们看护我。（爱护草坪公益广告语）

例句中，“让大地拥抱我，让阳光亲吻我，让你们看护我”是三个兼语短语构成的排比。该广告语启发人们，要像大地和阳光一样去爱护小草，给小草以无限关爱。

5. 动宾短语的排比

在广告语中，有动宾短语的排比。如：

① 有家，有爱，有欧派。（欧派橱柜广告语）

② 开文明车，行文明路，做文明人。（安全驾车公益广告语）

例①中，“有家”“有爱”“有欧派”是三个动宾短语的排比，意在告诉消费者该橱柜会带来家的感觉，带来人世间的关爱，从而吸引人们购买。例②中，“开文明车”“行文明路”“做文明人”是动宾短语的排比，告诫人们驾车要文明。

总之，在广告语中运用排比，可以使广告语语言整齐和谐，使广告语气势不凡②，还能展现出广告的文化底蕴，使广告更具表现力和说服力。

## 思考与练习

一、请指出下列对联中何处运用了排比的修辞手法，并请分析其功用。

1. 梅白菊黄，桃红柳绿芳草青，冬傲雪，秋傲霜，夏揖和风，春沾雨露；

郊寒岛瘦，庄肆关宏板桥怪，诗言情，画言意，文揣妙理，曲诉悲欢。

2. 沧海日、赤城霞、峨眉雪、巫峡云、洞庭月、彭蠡烟、潇湘雨、武夷峰、庐山瀑布，合宇宙奇观，绘吾斋壁；

少陵诗、摩诘画、左传文、马迁史、薛涛笺、右军帖、南华经、相如赋、屈子离骚，收古今绝艺，置我山窗。

---

① 蒋华. 广告语多维研究[M]. 哈尔滨：黑龙江人民出版社，2017.

② 马孟丽. 论“排比”在电视广告中的运用[J]. 红河学院学报，2004（1）：47-51.

3. 诗称三子，学绩三余，望重三城，福懋三多，寿祝三秋，愿松柯益健，菊节弥坚，文囿词场陪杖履；

身历四朝，名高四海，官尊四品，科连四世，堂开四代，况夫妇齐眉，儿孙晋爵，国恩家庆乐林泉。

4. 新世纪，新千年，新长征，新起点，试看中华新一代，领异标新，务实求新，开创神州新局面；

老红军，老八路，老战士，老英雄，重温主席老三篇，白头虽老，丹心未老，甘当革命老黄牛。

5. 外语潮，诗联潮，健身潮，人生在改革潮里充实；

信息化，数字化，网络化，社会于现代化中向前。

6. 此地可停骖，剪烛西窗，偶话故乡风景。剑阁雄，峨眉秀，巴江曲，锦水清涟，顿觉名山大川，都来眼底。

入京思献策，扬鞭北道，难忘先哲典型。相如赋，太白诗，东坡文，升庵科第。行见佳人才子，又到长安。

7. 水从天上飞来，叠成梯，腾成柱，挂成帘，泼成画卷流成曲；

船向峡中漂去，迷了树，乐了花，惊了石，爽了游人醉了峰。

8. 华夏起宏图，壁立西江，波平东海，京九架长虹，万里关山生特色；

神州兴改革，龙腾北国，虎跃南疆，工商开富路，一声玉笛报阳春。

9. 绿杨春蔼，白菡夏香，丹桂秋芳，青松冬秀，年年月月暮暮朝朝，无古无今，好景随时惬幽赏；

霞阁东崇，山亭西峙，华池南绕，镜塘北环，左左右右前前后后，可望可即，清光满座绝尘怀。

10. 富不淫，贫不移，威不屈，浩气盈怀，大智大仁兴社稷；

言必信，行必果，志必坚，清风誉世，全心全意为人民。

二、请指出下列句子运用何种修辞手法，并说明该修辞手法有着何种表达效果。

1. 我们的干部要关心每一个战士，一切革命队伍的人都要互相关心，互相爱护，互相帮助。

2. 燕子去了，有再来的时候；杨柳枯了，有再青的时候；桃花谢了，有再开的时候……

3. 一日之计在于晨，一年之计在于春，一生之计在于勤。

4. 像柳絮一般的雪，像芦花一般的雪，像蒲公英的带绒毛的种子一般的雪，在风中飞舞。

5. 我们不会忘记，朝鲜大嫂为帮助志愿军失去了她的双脚；我们也不会忘记，朝鲜大娘为了保护志愿军，失去了她的孙子；我们更不会忘记，朝鲜小姑娘为了营救志愿军，失去了她的妈妈。

6. 有一次，有人问俄国杰出的军事家亚·瓦苏沃罗夫，在他看来，一个真正的英雄应该具有哪些品质。他是这样回答的，一个真正的英雄应该是：要勇敢，但是不能急躁；要行动迅速，但是不能轻举妄动；要机灵，但是要有决断；要服从，但是不能卑躬屈膝；要能统帅，但是不要盛气凌人；要做胜利者，但是不能贪图虚荣；要气度高雅，但是不能骄傲自负；要亲切和气，但是不能虚情假意；要坚定，但是不能固执己见；要谦虚，但是不能言过其实；要招人喜欢，但是不能举止轻浮；要博得别人赏识，但是不能施展权术；要善于洞察，但是不能诡计多端，要坦率，但是不能疏忽大意；要和蔼可亲，但是不能转弯抹角；要为人效劳，但是不能图谋私利；要坚决果断，但是不能顽固不化。

7. 诸侯之剑，以知勇士为锋，以清廉士为锷，以贤良士为脊，以忠圣士为镡，以豪杰士为夹。

8. 分人以财谓之惠，教人以善谓之忠，为天下得人者谓之仁。

9. 君者，出令者也；臣者，行君之令而致之民者也；民者，出粟米麻丝，作器皿，通货财，以事其上者也。

**三、下列广告语运用了何种修辞格，又有着何种好处呢？**

1. 当皱纹爬满你的额头，手无法抚平，让关爱顺着皱纹，流进眼眶；当童稚写满你的眼，手无法抹去，让关爱在前方，亮成明灯一盏。尊老爱幼，人间美德！（关爱老人公益广告语）

2. 本刊代您翻阅全国报刊，为您摘编精彩文章，向您提供最新信息，替您辑录实用资料。（《语文文摘报》推广广告语）

3. 瞬间吸收，瞬间不同，持续修护，持续年轻，一瓶精华，一步到位。（雅诗兰黛广告语）

4. 三厘米的心动，三厘米的畅想，三厘米的心醉，三厘米的感官享受，三厘米的酷。（明基液晶显示器广告语）

5. 健身运动来一个，游山玩水来一个，朋友聚会来一个，休闲娱乐来一个，过节送礼来一个。（喜之郎果冻广告语）

6. 传承多年是陈，用心酿造是道，坦荡见底是明。（高炉家酒广告语）

7. 您的健康是臣臣的关怀，您的舒适是臣臣的承诺，您的美丽是臣臣的追求，您的放心是臣臣的荣耀。（臣臣时装广告语）

8. 薯我鲜，薯我辣，薯我脆。（可比克薯片广告语）

**四、根据下列材料，分别为东方明珠塔、华清池创作数则排比辞格广告语，使上述景点赢得更多游客的青睐，并说明其创作理据。**

1. 东方明珠电视塔是上海地标性建筑。它选用了东方民族喜爱的圆曲线体作为基本建筑线条。主体由三个斜筒体、三个直筒体和十一个球体组成，形成巨大空间框架结构。灯光可以根据天气变化自动调节，产生上千种变化，灯光效果令人叹为观止。乘上东方明珠塔的电梯，只需四十秒，便可到达 263 米高的观光球上。在这里，极目远眺，上海景色尽收眼底，原来的高楼大厦，现在都显得矮小了许多，蜿蜒的黄浦江上巨轮如梭，江水连绵入海。分列两边的两座大桥，如两条巨龙，腾飞于黄浦江上，与中间的东方明珠一起，巧妙地组合成一幅二龙戏珠的巨幅画面。

2. 华清池是位于唐华清宫遗址的一座皇家宫苑，南依骊山，北面渭水。华清池因其亘古不变的温泉资源、唐明皇与杨贵妃的爱情故事、西安事变发生地以及丰厚的人文历史资源而成为中国著名的文化旅游景区。华清池融人文历史和自然景观于一体，周、秦、汉、隋、唐等历代帝王在此修建离宫别苑。景区仿唐建筑大气恢宏，园林风光别具一格。华清池主要有唐华清宫御汤遗址博物馆、西安事变旧址、九龙湖与芙蓉湖风景区、唐梨园遗址博物馆，有飞霜殿、昭阳殿、长生殿、环园和禹王殿等标志性建筑群。

# 第二十章 回 环

回环，陈望道在《修辞学发凡》中称它为“极求词序有回环往复之趣的一种措辞法”，用首尾相回的回环修辞，即前一句的尾用于后一句的头，后一句的尾就是前一句的头，首尾钩接，以成回抱往复之趣①。回环既可正序顺读，也可反序逆读。回环可以用于诗句中，如：

潮随暗浪雪山倾，远浦渔舟钓月明。
桥对寺门松径小，巷当泉眼石波清。
迢迢绿树江天晓，霭霭红霞晚日晴。
遥望四山云接水，碧峰千点数鸥轻。（苏轼《题金山寺》）

反序逆读，即为：

轻鸥数点千峰碧，水接云山四望遥。
晴日晚霞红霭霭，晓天江树远迢迢。
清波石眼泉当巷，小径松门寺对桥。
明月钓舟渔浦远，倾山雪浪暗随潮。

无论是正序顺读的诗句，还是反序逆读的诗句，均生动传神地写出了镇江金山寺月夜泛舟和江天破晓两种景致。

回环有的用于景区对联中，如河南境内的鸡公山，山中两景为“斗鸡山”和“龙隐岩”，有人赋联云“斗鸡山上山鸡斗，龙隐岩中岩隐龙”，这对联也可以反读成“龙隐岩中岩隐龙，斗鸡山上山鸡斗”，意义不变。又如：厦门鼓浪屿脯浦，有联述其景观“雾锁山头山锁雾，天连水尾水连天”，也可以反序逆读为“天连水尾水连天，雾锁山头山锁雾”。

## 第一节 回环存在之因

回环是社会现实的反映，也是国人审美观念的体现。

### 一、社会现实的反映

在社会现实中，很多事物都是圆形的。碗底、锅盖、珠子、西瓜、煤球、糖豆、瞳孔、杯口、井口和铜钱等都是圆形的。另外，时空一体的天地万物的运动，具有往复循环的特征。故古人有言：“天体至圆，万物做到极精妙者，无有不圆。”这在一定程度上，

① 陈望道. 修辞学发凡[M]. 上海：上海教育出版社，2001.

反映到语言中来，便是回文[①]；回文从语言形式来讲，也是圆形的。如“我便是你，你便是我。火便是风，风便是火”。

## 二、人们审美观念的体现

从美学的意义上讲，圆的形式是美的。古希腊毕达哥拉斯学派认为，一切立体图形中最美的是球形，一切平面图形中最美的是圆形。圆形是有规则的曲线形，连续不断，给人一种柔和、饱满的美感[②]。窦常山先生认为，以圆形为美，以圆满为吉祥是中华民族所独有的审美观念。这种以圆为美的观念已渗透到中国传统文化的血脉之中，无论是中国的古典艺术，还是中国人的风俗习惯、语言修辞，都受到它的深刻影响。如中国的书法艺术讲求“无垂不缩，无往不收”“落笔应无往不复”和“逆入平出，回锋转向”，它们都体现出往复循环的运笔特征。在我国，写文章讲究“起承转合”，首尾相顾，前后照应。又如社会生活中，中秋节吃圆形月饼，元宵节吃球形元宵，岁末游子回家吃团圆饭，僧尼长老死亡称为圆寂，新婚夫妇开始夫妻生活称作圆房[③]，等等。

这样，人们在以圆为美审美观的影响和浸润下，在修辞上便体现为回环往复的语言形式，体现为回文辞格。

## 三、汉语句子同义结构的变异性

史荣光先生指出，回文在逆读时，句子的结构能够相应地产生变异，而意义不变。比如主谓结构可以变为动宾结构，动宾结构也可以变为主谓结构。如“我便是你，你便是我”，“便是你”是动宾结构，“你便是”是主谓结构，两者在结构形式上有所变化，语义上也有不同[④]。

## 四、汉语词语组词能力强

汉语单音节词组词能力强，双音节词的结构又富有弹性（双音节词容易解体，也容易结合组合成新词）。这就使得汉语中的双音词比较容易拆散而又能去组合成新词[⑤]。如“趣多深意古人诗，诗人古意深多趣”（秦观《即度次君礼年君韵》）。诗句中，原词解体而组合成了新词，如“深意古人诗”，解体而组合成“诗人”“古意”与“深”。

---

① 时煜华. 回环辞格的形式美[J]. 福建论坛，1982（2）：106-108.

② 时煜华. 回环辞格的形式美[J]. 福建论坛，1982（2）：106-108.

③ 窦常山. “以圆为美”与回文诗、回环修辞[J]. 临沂师专学报，1997（2）：14-15.

④ 史荣光. 回文修辞格溯源[J]. 修辞学习，1996（6）：19-22.

⑤ 史荣光. 回文修辞格溯源[J]. 修辞学习，1996（6）：19-22.

## 第二节　回环效果

回环不仅是文人骚客玩文字游戏的一种优雅消闲的需要，而且还有其独到的效果。时煜华[①]、刘宗彬、黄桃红[②]认为，从视觉上来看，回环具有建筑美；从听觉上来看，回环则有回环往复的音乐美。此外，回环的使用，依靠相同或者相似的词语的颠倒配置，形成一种张力，在张力的作用下，产生精警的修辞作用。

### 一、新颖别致

回文采取反序逆读的方法，构成句子的同义结构，这在汉语中是创新的做法。同样的两个句子，同样是那几个词，只是颠倒了词序，就构成了新颖别致的反序逆读句。如：

信言不美，美言不信。(《老子》)

"信言不美，美言不信"实际上是"美""言""不""信"组合而成，正反序读均表示"真实的话未经加工，所以不美妙动听"的含义，新颖而别致，耐人寻味[③]。

回文也能构成一种俊美的圆形结构，给人以美的享受。如江西景德镇的瓷茶壶，壶上书"茶也可清心"五字，表达了饮茶清心意，通过回环可以得到：

茶也可清心。也可清心茶。可清心茶也。清心茶也可。心茶也可清。

无论从哪个字开始皆可成句表意，给人以美感。[④]

### 二、强调事物之间的关系

回文可以用于强调两个事物之间的关系。如：

真是愈有钱，便愈是不肯放松，愈是不肯放松便愈有钱。(鲁迅《故乡》)

该例句运用了回环，强调了有钱与不肯放松的关系。

又如：

人民需要艺术，艺术需要人民。

该例句运用了回环，表明了人民与艺术之间相互需要的关系。

回环也可以表示相互排斥的关系。如：

有的人活着，他已经死了；有的人死了，他还活着。(臧克家《有的人》)

"活着""死了"之间本是相排斥的，但正是这排斥关系反而形成深刻的哲理，形成警策。[⑤]

---

① 时煜华. 回环辞格的形式美[J]. 福建论坛，1982（2）：106-108.

② 刘宗彬，黄桃红. 回文古今谈[J]. 吉安师专学报，1998（4）：41-44.

③ 刘宗彬，黄桃红. 回文古今谈[J]. 吉安师专学报，1998（4）：41-44.

④ 时煜华. 回环辞格的形式美[J]. 福建论坛，1982（2）：106-108.

⑤ 时煜华. 回环辞格的形式美[J]. 福建论坛，1982（2）：106-108.

又如：

人人为我，我为人人。

“人人为我”与“我为人人”，这两种截然不同的人生观进行对照，语意浅显而精当。

## 三、增强文章的感染力

回环便于抒发感情，增强文章的感染力。如：

总理爱人民，人民爱总理。总理想人民，人民想总理。（童怀周《天安门诗抄》）

该诗采用回环，表明了周总理对人民的关爱，也表明了人民对周总理的怀念。

回环寓整齐于变化中，均衡中有变通，变化中有整齐，使语言在传情达意上妙趣横生，别开生面[①]。

# 第三节　回环广告语

回环广告语刻意追求字序回绕，别有一番风味和效果。回环可以用于公益广告中，但更多的是用于商业广告中。

## 一、公益广告

回环可以用于公益广告语中。如：

驾车不沾酒，沾酒不驾车。（禁止酒后驾车公益广告语）

该广告语运用了回环的修辞手法，“驾车”和“沾酒”的巧妙排列，在语感上循环往复，给一种独特的美感，让人们明白“酒后不能驾车”的道理。[②]

## 二、商业广告

回环主要用于商业广告语中。如：

① 客上天然居，居然天上客。（天然居餐饮广告语）

② 万家乐，乐万家。（万家乐电器广告语）

③ 长城电扇，电扇长城。（长城电扇广告语）

④ 家家爱富家，富家爱家家。（富家广告语）

在例①中，“客上天然居，居然天上客”情趣盎然，语音上形成回环，读来朗朗上口，富有韵味，精妙地表达了天然居的来客都是高雅不俗之士的理念。在例②中，“万家乐，乐万家”形成了回环，给人以余音绕梁之感，巧妙地道出了该产品给千家万户带来的无尽欢乐与情趣。在例③中，该广告语把“长城电扇”置于其中，使其在语音上产生了回

---

① 窦常山．“以圆为美”与回文诗、回环修辞[J]．临沂师专学报，1997（2）：14-15.

② 钱瑞．广告语言的修辞特色及其效果[J]．宁波职业技术学院学报，2018（5）：84-89.

环往复之美，增强消费者对产品的良好印象。在例④中，该广告语形成回环，读起来铿锵有致，极富韵味，使读者于回味中对产品“富家”留下温馨的印象。

回环用在广告语中，可以增强广告语的趣味性，使广告语整齐匀称，能够更好地反映产品的功能，让消费者在循环往复的美感中产生深刻的印象[①]。

## 思考与练习

一、请指出下列句子中的修辞手法，并说明其表达效果。

1. 窈窕淑女，寤寐求之；求之不得，寤寐思服。(《诗经·关雎》)

2. 年年岁岁花相似，岁岁年年人不同。(刘希夷《代悲白头翁》)

3. 建筑是凝固的音乐，音乐是流动的建筑。(《美学向导》)

4. 对丑类的恨加深着对人民的爱，对人民的爱又加深着对丑类的恨。(刘心武《班主任》)

5. 她就是产院，产院就是她，到处给人接生，到处宣传科学。(茹志鹏《静静的产院》)

6. 爱，从自我泛向周遭；爱，又从周遭泛向自我。(朱春雨《大地坐标点上的赋格》)

7. 知者不言，言者不知。(《道德经》)

二、下列诗句中运用了回环修辞，你能找出来吗？

1. 竹枝高映荷池绿，绿池荷映高枝竹。(鉴堂《菩萨蛮·夏》)

2. 白杨长映孤山碧，碧山孤映长杨白。(王世贞《菩萨蛮·春幕》)

3. 儿忆父兮妻忆夫，寂寥长守夜灯孤。迟回寄雁无音讯，久别离人阻路途。诗韵和成难下笔，酒杯一酌怕空壶。知心几见曾来往，水隔山遥望眼枯。(李禺《寄怀一首》)

4. 北宋时，长江之畔有一山，名金山。山势巍峨，庙宇雄伟，浪潮起伏，景象万千。大文豪苏轼览此胜景，深有感触，写下此诗：潮随暗浪雪山倾，远浦渔舟钓月明。桥对寺门松径小，槛当泉眼石波清。迢迢绿树江天晓，霭霭红霞海日晴。遥望四边云接水，碧峰千点数鸿轻。

5. 莺啼岸柳弄，春晴夜月明。香莲碧水动，风凉夏日长。秋江楚雁宿，沙洲浅水流。红炉透炭炙，寒风御隆冬。(吴绛雪《咏四季诗》)

三、有人认为，下列语句中采用了回环的修辞手法，你的看法是什么呢？为什么？

1. 人人为我，我为人人。

2. 画中有诗，诗中有画。

3. 山连水，水连山。

4. 情中景，景中情。

5. 调整中改革，改革中调整。

6. 像莎士比亚一样，真实之中有伟大，伟大之中有真实。

7. 人过大佛寺，寺佛大过人。

8. 钻石音响——音响中的钻石。(某无线电厂广告语)

9. 中国平安，平安中国。(平安保险广告语)

---

① 钱瑞. 广告语言的修辞特色及其效果[J]. 宁波职业技术学院学报，2018(5)：84-89.

10. 骆驼进万家，万家欢骆驼。(骆驼电扇广告语)

**四、根据下列材料，请为涧岩头周家大院、柳子庙、太白山创作数则回环辞格广告语，使上述景点赢得更多游客的青睐，并说明创作理据。**

1. 涧岩头周家大院古建筑群始建于明世宗嘉靖年间，完成于清光绪三十年(1904)。因聚族而居于大院里的世代子孙均为宋代理学鼻祖周敦颐的后裔，故名“周家大院”。涧岩头周家大院位于湖南省永州市零陵区何仙观镇境内涧岩头村，是一处古民居群落，由六座庞大的民居宅院组成。涧岩头周家大院是“中国历史文化名村”和“全国重点文物保护单位”。

2. 柳子庙是纪念唐代著名思想家、文学家柳宗元的祠庙建筑。柳宗元，世称“柳河东”。又因曾任柳州刺史，又称“柳柳州”。柳宗元因参加主张改革的王叔文集团，改革失败后被贬谪永州十年。在此期间，他写下了《永州八记》《捕蛇者说》《江雪》等千古名作，奠定了他在中国文学史上和中国思想史上的崇高地位。他也是历史上对永州影响最大的客籍名人之一。

3. 太白山是我国秦岭山脉的主峰，海拔 3 767 米，自古便是一座名山。秦岭东西绵延一千五百多千米，跨越中国数个省份，被誉为“中国的龙脊”“中原的龙首”“中华民族的父亲山”等，是中国南北气候、地理、水系的分界岭。独特的区域位置和神奇的自然特征，赋予太白山厚重博大的自然与文化双重价值。太白山国家森林公园交通便利，风景秀美；历史悠久，人文荟萃；森林生态资源丰富独特；生物种类繁多，起源古老；温泉资源得天独厚；药物资源丰富珍贵；第四季冰川遗迹地貌奇特，形态多样。

# 第二十一章 衬 托

中国传统的艺术理论家，十分重视衬托的手法。宋代画家郭熙说："山欲高，尽出之则不高，烟霞锁其腰则高矣。水欲远，尽出之则不远，掩映断其脉则远矣。"①"红花虽好，也得绿叶相扶。"绿叶是背景，红花是主体，在绿叶的映衬下，红花才更加耀眼夺目，才会更加鲜明突出。这种现象反映在修辞上就是衬托辞格。衬托（又叫映衬），即用与主要事物相似或相反的事物从正面或侧面作陪衬，使主要事物更加鲜明突出的修辞方法。被陪衬的主要事物叫主体，用来陪衬的事物叫衬体②。本章主要讨论正衬和反衬。

## 第一节 正 衬

正衬是衬体和主体相同性质、相同类型，从侧面衬托主体。席进信指出，人们在描写细微婉曲、隐秘难言的情感或浓情蜜意时，往往通过写景来衬托。"情乐则景乐，情哀则景哀。"③正衬主要有以乐衬乐、以悲衬悲、以高峻衬高峻与以美丽衬美丽之分。

### 一、以乐衬乐

一般来讲，明快、欢乐的景物能衬托出人们喜悦、愉快的心情。如：

> 天门中断楚江开，碧水东流至此回。两岸青山相对出，孤帆一片日边来。（李白《望天门山》）

在《望天门山》中，李白用"碧水""青山""红日""白帆"等色彩缤纷的"乐景"衬托渲染了他对祖国壮丽河山的无限热爱之情。

### 二、以悲衬悲

一般来讲，凄凉、萧条的景物常衬托人们忧伤、痛苦的心情。如：

> 枯藤老树昏鸦，小桥流水人家，古道西风瘦马。夕阳西下，断肠人在天涯。（马致远《天净沙·秋思》）

在《天净沙·秋思》中，以"枯藤""老树""昏鸦""西风""瘦马"等萧条、凄凉的"悲景"衬托了游子的忧伤、痛苦之情。

又如：

---

① 徐炳昌. 衬托种种[J]. 扬州师院学报，1991（3）：102-106.

② 黄伯荣，廖序东. 现代汉语[M]. 北京：高等教育出版社，2017.

③ 席进信. 古诗中的衬托手法[J]. 考试周刊，2013（54）：35-36.

猿啼客散暮江头，人自伤心水自流。同作逐臣君更远，青山万里一孤舟。(刘长卿《重送裴郎中贬吉州》)

在《重送裴郎中贬吉州》中，刘长卿以自己被贬的苦闷与忧愁写自己对友人被贬之地的遥远与途中孤寂的担忧，表达了对友人的同情、牵挂，以悲情衬托悲情，显示了友情之真诚与深厚。

### 三、以高峻衬高峻

在生活中，人们经常利用其他事物的高峻来衬托主要事物的高峻。如：

天姥连天向天横，势拔五岳掩赤城。天台四万八千丈，对此欲倒东南倾。(李白《梦游天姥吟留别》)

在《梦游天姥吟留别》中，李白为了突显天姥山的高峻，采用地势高峻的“五岳”和“天台山”来衬托，从而突出了天姥山的高峻。

### 四、以美丽衬美丽

正衬可以以美丽衬美丽。如：

回眸一笑百媚生，六宫粉黛无颜色。(白居易《长恨歌》)

在《长恨歌》中，白居易用皇宫内的其他妃嫔与宫女的美丽来衬托杨贵妃的闭月羞花之美[①]。自然，我们能想象得到，皇宫里的那些妃嫔、宫女都是千里挑一的美人，然而与杨贵妃比起来却相形见绌，由此可以推知杨贵妃之美。

## 第二节　反　衬

反衬是衬体和主体从不同性质、不同类型的反面来衬托主体。反衬可以分为两体反衬与一体两面的反衬两类[②]。

### 一、两体反衬

两体反衬即用来衬托的事物从反面映衬被衬托的事物。如：

艅艎何泛泛，空水共悠悠。阴霞生远岫，阳景逐回流。蝉噪林逾静，鸟鸣山更幽。此地动归念，长年悲倦游。(王籍《入若耶溪》)

在《入若耶溪》中，作者采用了以“动”衬“静”的手法来渲染山林的幽静。作者用“蝉噪”来衬托环境的静谧、沉寂，用“鸟鸣”来衬托山林的幽静，使笼罩着若耶山林的寂静显得更为深沉。“蝉噪林逾静，鸟鸣山更幽”更是因为其中衬托手法的存在而成

① 杨帆．古代诗歌写景中的衬托手法[J]．语文天地，2007(9)：58-59.

② 徐炳昌．衬托种种[J]．扬州师院学报，1991(3)：102-106.

为千古传诵的名句，被后人誉为“文外独绝”[1]。

又如：

> 好雨知时节，当春乃发生。随风潜入夜，润物细无声。野径云俱黑，江船火独明。晓看红湿处，花重锦官城。(杜甫《春夜喜雨》)

在《春夜喜雨》中，以“野径”“云”之黑来衬托江船火之“明”，衬托出环境的幽暗。清人王夫之在《姜斋诗话》中指出：以乐景写哀，以哀景写乐，倍增其哀乐。席进信指出：诗人的高妙就是把情融入景，实现情景交融，最佳妙境在于“以乐景写哀，更见其哀”[2]。

又如：

> 江碧鸟逾白，山青花欲燃。今春看又过，何日是归年？（杜甫《绝句》）

在该诗歌中，开头两句景物鲜明，色彩绚烂，极言春光之融洽，表达的是愉快的心情、快乐的感情。后两句语意突转，以反问的语气抒发了思乡的苦闷和忧愁。该诗歌以乐景写哀情，以眼见之美景引发对家的回忆，反衬诗人思乡情之浓厚。诗人用乐景反衬哀情，把思乡之情表现得更生动而富有韵致[3]。

## 二、一体两面反衬

一体两面反衬即用某种事物的这一面反衬另一面。如：

> 彭乡长看到雷锋人小志大，就留他在乡政府里当了通讯员。(陈广生《雷锋的故事》)

雷锋人年纪轻，此处从反面衬托雷锋的志向大，表现出雷锋思想品质的高尚。

衬托可以引发听读者丰富的联想，扩充文章的表述容量。另外，衬托也可能使文章的内容婉曲蕴藉，耐人寻味，从而增强文章语言的美感[4]。

### 思考与练习

一、下列对联中运用了何种修辞手法，请指出其效果。

1. 帆远浮天阔，江空得月多。(江苏镇江金山寺联)

2. 洞古藤为瓦，溪幽树作桥。(浙江安吉孝丰洞联)

3. 东海望澎台，风景不殊，举目有河山之异；南天留祠宇，雄图虽渺，称名则妇孺皆知。(郑成功祠对联)

4. 飞瀑半天晴亦雨，寒潭终古夏如秋。(温州梅雨潭联)

5. 远富近贫，以礼相交天下少；疏亲慢友，因财而散世间多。(清鄂比赠曹雪芹联)

二、有人说下列文句中运用了衬托修辞手法，你觉得呢？为什么？

1. 星垂平野阔，月涌大江流。(杜甫《旅夜书怀》)

---

① 徐炳昌. 衬托种种[J]. 扬州师院学报，1991（3）：102-106.

② 席进信. 古诗中的衬托手法[J]. 考试周刊，2013（54）：35-36.

③ 杨帆. 古代诗歌写景中的衬托手法[J]. 语文天地，2007（9）：58-59.

④ 徐炳昌. 衬托种种[J]. 扬州师院学报，1991（3）：102-106.

2. 行者见罗敷，下担捋髭须。少年见罗敷，脱帽著帩头。耕者忘其犁，锄者忘其锄；来归相怒怨，但坐观罗敷。(佚名《陌上桑》)

3. 阳光照不到海底，水越深光线越暗，五百米以下就全黑了。那么到底黑到什么程度呢？可以看见有发光器官的深水鱼身上发出的许多微弱的光点。(佚名《海底世界》)

**三、根据下列材料，分别为朝阳岩、沙湖风景区创作数则衬托辞格广告语，使上述景点赢得更多游客的青睐，并说明您的创作理据。**

1. 朝阳岩位于湖南省永州市零陵城区大西门对面，潇水河西岸之临江峭壁，是“永州八景”之一。这里泉水激石、红霞映阁、鸟鸣雾林、风景旖旎，素有“朝阳旭日”之称。唐永泰二年(765)道州刺史元结诣都计兵，途经永州，维舟岩下，喜其山水秀丽，崖石奇绝，因其岩口东向，取名朝阳岩，并撰《朝阳岩铭》及《朝阳岩》诗，镌于石壁。柳宗元贬居永州后，常到此游览，著有《游朝阳岩遂登西亭二十韵》，朝阳风光，从此闻名。柳宗元在永州十年间，常来游岩赏景，赋诗述怀。

2. 沙湖风景区拥有万亩水域、五千亩沙丘、两千亩芦苇、千亩荷池，栖居着白鹤、黑鹤、天鹅等十数种珍鸟奇禽，你可在观鸟塔上遥看群鸟嬉戏的场景。在水边苇秆间、芦丛底部更有鸟巢无数，每年春季，五颜六色的鸟蛋散布其间，堪称奇观。沙湖还盛产各种鱼，在湖南岸的水族馆里，可以看到几十种珍稀鱼类。沙湖，南沙北湖，沙水相连，苇鸟相依，构成了一幅如诗如画、令人神往的美丽画卷。

# 第二十二章　互　文

互文，古人对它的解释是："参互成文，合而见义。""互"就是"互相"，"文"就是"文字"和"文义"。互文，通俗地讲，就是相关文字可以互相省略也可以互相交换，文义互相补充，用来表达完整的意思，即"半隐半现、上下文互相补充"。对于互文，不妨这样理解：如果文句"甲 A 乙 B"中的相关文字可以互换为"甲 B 乙 A"，那么其意思就是"甲 AB 乙 AB"，即"甲乙皆 AB"[①]。互文可以分为句内互文和句外互文两类。

## 第一节　句内互文

句内互文，即在同一句子中前后两个词语在意义上相互交错、渗透、补充。如：

秦时明月汉时关，万里长征人未还。但使龙城飞将在，不教胡马度阴山。（王昌龄《出塞》）

诗句"秦时明月汉时关"中，"明月"不独属秦朝，"关"也非汉代专有。"秦时明月汉时关"是互文用法，"秦""汉""关""月"四字交错使用，相当于"秦时的明月"+"汉时的明月"照亮"秦时的关"+"汉时的关"，它的意思是秦汉时的明月照亮了秦汉时的关[②]。

又如：

烟笼寒水月笼沙，夜泊秦淮近酒家。商女不知亡国恨，隔江犹唱后庭花。（杜牧《泊秦淮》）

诗句"烟笼寒水月笼沙"中，"烟""水""月""沙"四字交错使用。"烟笼寒水月笼沙"相当于"烟+月"笼罩"寒水+沙"，表示烟与月既笼寒水又笼沙，绘成一幅极其淡雅的水边夜色[③]。

## 第二节　句外互文

句外互文是指上下句中前后两个词语在意义上相互交错、渗透、补充[④]。如：

明月别枝惊鹊，清风半夜鸣蝉。稻花香里说丰年，听取蛙声一片。七八个星天外，两三点雨山前。旧时茅店社林边，路转溪桥忽见。（辛弃疾《西江月》·夜行黄沙道中）

---

① 印文权. 谈谈古文中的"互文"[N]. 语文报，2003 年 5月 12 日.

② 史鸿敏. 文言文教学中的互文修辞[J]. 文学教育，2017（11）：34-35.

③ 史鸿敏. 文言文教学中的互文修辞[J]. 文学教育，2017（11）：34-35.

④ 郭辉. 互文在现代汉语中的运用[J]. 修辞学习，2005（5）：68-69.

"明月别枝惊鹊，清风半夜鸣蝉"中，"明月""清风""惊""鸣"四字交错，诗句间采用了互文的修辞手法，可以表示为夜半的"明月+清风""惊""鹊+蝉"，并使之"鸣"。"明月别枝惊鹊，清风半夜鸣蝉"可以理解成为"(半夜里)明月升起，树上受惊的乌鹊，惊醒了树上的眠蝉；轻拂的夜风中传来了鸟叫声和蝉鸣声"。这互文动中寓静，把半夜"清风""明月"下的景色描绘得令人悠然神往①。

又如：

迢迢牵牛星，皎皎河汉女。纤纤擢素手，札札弄机杼。终日不成章，泣涕零如雨。河汉清且浅，相去复几许。盈盈一水间，脉脉不得语。(《古诗十九首》)

"迢迢牵牛星，皎皎河汉女"中，"皎皎""迢迢"相交错，互补见义，即"迢迢"指牵牛星，亦指河汉女；"皎皎"指河汉女，亦指牵牛星。该句可以理解成为"遥远而明亮的牵牛星与织女星啊"。

句外互文有的是两个句子之间，也有四个句子之间。如：

东市买骏马，西市买鞍鞯，南市买辔头，北市买长鞭。(《木兰诗》)

该句中，"东市""西市""南市""北市""长鞭""骏马""鞍鞯""辔头"相交错，互补见义。故该句可以大概理解为"到集市买马和马具"。

又如：

十三能织素，十四学裁衣，十五弹箜篌，十六诵诗书。(《孔雀东南飞》)

该句中，"十三""十四""十五""十六"与"诗书""织素""裁衣""箜篌"相交错，互补见义。故该句在语意上大致可以理解为"成年之前就学会了织素、裁衣、弹箜篌和诵诗书等技能"。

## 思考与练习

一、下列语句中运用了何种修辞手法，有着何种表达效果？

1. 战城南，死郭北，野死不葬乌可食。(佚名《战城南》)

2. 国危则无乐君，国安则无忧民。(《荀子·王霸》)

3. 两家求合葬，合葬华山傍。东西植松柏，左右种梧桐。枝枝相覆盖，叶叶相交通。中有双飞鸟，自名为鸳鸯。仰头相向鸣，夜夜达五更。(《孔雀东南飞》)

4. 开我东阁门，坐我西阁床。脱我战时袍，著我旧时裳。当窗理云鬓，对镜贴花黄。(《木兰诗》)

5. 鳏寡不闻犬豕之食，茕独不见牛马之衣。(杨衒之《洛阳伽蓝记》)

6. 斯是陋室，惟吾德馨。苔痕上阶绿，草色入帘青。谈笑有鸿儒，往来无白丁。(刘禹锡《陋室铭》)

7. 将军角弓不得控，都护铁衣冷难着。(岑参《白雪歌送武判官归京》)

8. 主人下马客在船，举酒欲饮无管弦。(白居易《琵琶行》)

9. 巴山楚水凄凉地，二十三年弃置身。(刘禹锡《酬乐天扬州初逢席上见赠》)

---

① 史鸿敏. 文言文教学中的互文修辞[J]. 文学教育，2017(11)：34-35.

二、下列语句中是否运用了互文修辞手法，为什么？

1. 国破山河在，城春草木深。感时花溅泪，恨别鸟惊心。(杜甫《春望》)

2. 左手持刀尺，右手执绫罗。朝成绣夹裙，晚成单罗衫。(《孔雀东南飞》)

3. 而乡邻之生日蹙。殚其地之出，竭其庐之入，号呼而转徙，饥渴而顿踣，触风雨，犯寒暑，呼嘘毒疠，往往而死者，相藉也。(柳宗元《捕蛇者说》)

4. 中国军人的屠戮妇婴的伟绩，八国联军的惩创学生的武功。(鲁迅《记念刘和珍君》)

5. 有席卷天下，包举宇内之意，囊括四海，并吞八荒之心。(贾谊《过秦论》)

6. 雄兔脚扑朔，雌兔眼迷离；双兔傍地走，安能辨我是雄雌？(《木兰诗》)

7. 映阶碧草自春色，隔叶黄鹂空好音。(杜甫《蜀相》)

8. 舍南舍北皆春水，但见群鸥日日来。花径不曾缘客扫，蓬门今始为君开。盘飧市远无兼味，樽酒家贫只旧醅。肯与邻翁相对饮，隔篱呼取尽余杯。(杜甫《客至》)

三、有人认为，下列成语中运用了互文修辞手法，你认为是否正确，为什么？

| | | | |
|---|---|---|---|
| 风调雨顺 | 南腔北调 | 南来北往 | 红男绿女 |
| 残羹冷炙 | 东犬西吠 | 朝晖夕阴 | 东拼西凑 |
| 山清水秀 | 南征北战 | 手忙脚乱 | 奇山异水 |
| 人仰马翻 | 朝歌夜弦 | 祸国殃民 | 去国怀乡 |
| 标新立异 | 吞云吐雾 | 惹是生非 | |

四、根据下列材料，请分别为潇湘风景区、桂林漓江风景区创作数则互文辞格广告语，使上述景点赢得更多游客的青睐，并说明创作理据。

1.“潇湘”是潇水和湘水的简称，二水在永州市北萍岛汇合。湘江发源于广西临桂县海洋山。海洋山水向西南流向桂林的叫漓江，向东北流向湖南的是湘水，秦始皇曾命监御史禄率卒在湘水和漓水之间，开凿了一条长达30千米的灵渠，沟通了长江与珠江水系。湘江从东安进入零陵，就像一条宽厚的碧绿线带，曲曲折折，绕山丘，越洞田；两岸花黄苗绿，田园似锦，而且鬼斧神工的石炭岩摩崖踞岸削立，奇兀壮观。

2. 桂林漓江风景区是世界自然遗产地，是世界上规模最大、风景最美的岩溶山水游览区之一。漓江以流域孕育的独特绝世而又秀甲天下的自然桂林山水，“江作青罗带，山如碧玉簪”。其风景秀丽，山清水秀，洞奇石美，是驰名中外的风景名胜区。漓江像一条青绸绿带，盘绕在万点峰峦之间，奇峰夹岸，碧水萦回，削壁垂河，青山浮水，风光旖旎，犹如一幅百里画卷。乘舟泛游漓江，可观奇峰倒影，碧水青山，牧童悠歌，渔翁闲钓。

# 第二十三章 辞格的综合运用

辞格的综合运用包括辞格的连用、兼用和套用，有着多种不同的修辞效果：辞格连用可以把思想内容表达得丰富多彩，鲜明有力；辞格兼用可以使修辞效果相得益彰，多姿多彩，从多方面为文章的表达增添文采和力量；辞格的套用可以使表达更加严密细致，更有文采与活力，也更加富于变化和表现力①。

## 第一节 辞格连用

辞格的连用，即在一段文字中连续运用相同或者相异的修辞格②。辞格连用在人们的生活中十分常见，主要分为相同辞格的连用与不同辞格的连用两类。

### 一、相同辞格连用

相同辞格连用，比较常见的形式有比喻连用、反语连用、反问连用等。

#### （一）比喻的连用

> 不，此刻大家在等着他回答他们急切的询问，他却一声不响地立在那儿，一动不动，身子弓向前方。人们沉默了，脱帽向他致哀。狂风大作，似狮吼，像虎啸，似哀歌，如悲悼。暴风雪夺走了人们敬爱的爷爷的生命，却刮不掉埋不了人们对他深深的怀念和由衷的敬意。（穆尼尔·纳索夫《送牛奶的好爷爷》）

例句中，“狂风大作，似狮吼，像虎啸，似哀歌，如悲悼”是省略句，可以补充为：狂风大作，狂风似狮吼，狂风像虎啸，狂风似哀歌，狂风如悲悼。“狂风似狮吼”是明喻，“狂风”是本体，“似”是喻词，“狮吼”是喻体。“狂风似虎啸”是明喻，“狂风”是本体，“像”是喻词，“虎啸”是喻体。这两个比喻句写狂风的厉害威势。“狂风似哀歌”是明喻，“狂风”是本体，“似”是喻词，“哀歌”是喻体。“狂风如悲悼”是明喻，“狂风”是本体，“如”是喻词，“悲悼”是喻词。这两个比喻句写人们内心悲哀的心理感受。总之，这四个连用的比喻描绘出了悲哀、肃穆的气氛。

又如：

> 醉里挑灯看剑，梦回吹角连营。八百里分麾下炙，五十弦翻塞外声，沙场秋点兵。马作的卢飞快，弓如霹雳弦惊。了却君王天下事，赢得生前身后名。可怜白发生！（辛弃疾《破阵子·为陈同甫赋壮词以寄之》）

---

① 黄伯荣，廖序东．现代汉语[M]．北京：高等教育出版社，2017.

② 黄伯荣，廖序东．现代汉语[M]．北京：高等教育出版社，2017.

例句中，“马作的卢飞快，弓如霹雳弦惊”是比喻的连用。在“马作的卢飞快”中，“马”是本体，“作”是喻词，“像……一样”之义，“的卢”是喻体，“飞快”是相似点。在“弓如霹雳弦惊”中，“弓”是本体，“如”是喻词，“霹雳”是喻体，“特别响的雷声”之义。这两个明喻句连用，生动地描写了马快弦急、惊险激战的场面，刻画了一个杀敌报国冲锋陷阵的英雄形象。

又如：

我多么想和你相恋，
就像鱼儿想念水潭，
就像布匹想念牛皮水，
就像画眉想往刺蓬钻。
布匹恋得牛皮水，
鱼儿恋得深水潭，
刺蓬里面有画眉，
我和你却结不成姻缘！（黔东南侗歌《结不成姻缘》）

例句中，“我多么想和你相恋，就像鱼儿想念水潭”是明喻句，“我多么想和你相恋”是本体，“鱼儿想念水潭”是喻体，比喻词为“像”；“（我多么想和你相恋，）就像布匹想念牛皮水”是明喻句，“我多么想和你相恋”是本体，“像”是比喻词，“布匹想念牛皮水”是喻体；“（我多么想和你相恋，）就像画眉想往刺蓬钻”是明喻句，“我多么想和你相恋”是本体，“像”是比喻词，“画眉想往刺蓬钻”是喻体。因此，“我多么想和你相恋，就像鱼儿想念水潭，就像布匹想念牛皮水，就像画眉想往刺蓬钻”是三项比喻连用，显示情哥想念情妹之痴情。

### （二）反语的连用

当三个女子从容地转辗于文明人所发明的枪弹的攒射中的时候，这是怎样的一个惊心动魄的伟大呵！中国军人的屠戮妇婴的伟绩，八国联军的惩创学生的武功，不幸全被这几缕血痕抹杀了。（鲁迅《记念刘和珍君》）

例句中，“中国军人的屠戮妇婴的伟绩，八国联军的惩创学生的武功”是反语的连用，“中国军人的屠戮妇婴”怎么谈得上“伟绩”呢？“八国联军的惩创学生”又怎么谈得上是“武功”呢？显然，这里的“伟绩”“武功”是给段祺瑞政府以辛辣的嘲讽。

又如：

有几个“慈祥”的老板到菜场去收集一些菜叶，用盐一浸，这就是他们难得的佳肴。（夏衍《包身工》）

在例句中，“有几个‘慈祥’的老板到菜场去收集一些菜叶”是反语，“慈祥”是反语，“狠毒”才更准确；“这就是他们难得的佳肴”也是反语，“佳肴”一语反话正说。这两个相连的反语句表明这几个老板是狠毒的，不把包身工当人来看待，揭示了包身工所遭受的非人待遇。

### （三）反问句的连用

当你在积雪初融的高原上走过，看见平坦的大地上傲然挺立这么一株或一排白杨树，难道你就觉得它只是树？难道你就不想到它的朴质，严肃，坚强不屈，至少也象征了北方的农民？难道你竟一点也不联想到，在敌后的广大土地上，到处有坚强不屈，就像这白杨树一样傲然挺立的守卫他们家乡的哨兵？难道你又不更远一点想到，这样枝枝叶叶靠紧团结，力求上进的白杨树，宛然象征了今天在华北平原纵横决荡用血写出新中国历史的那种精神和意志？（茅盾《白杨礼赞》）

该段是四个反问句，写出了白杨树的象征意义。第一个反问句由树及人，启发人们深思白杨树不应该只让人觉得它是树。第二个反问句紧接着第一个反问句，表明它至少象征了那些“朴质、严肃、坚强不屈”的北方农民。第三个反问句从白杨树“傲然挺立”的形象出发，揭示它象征了在敌后坚强不屈守卫家乡的哨兵。第四个反问句从白杨树的“靠紧团结，力求上进”的形象出发，揭示它象征了在中国共产党领导下的抗日军民和整个中华民族的精神。

又如：

难道还有比这更惊人的奇迹吗？难道还有比这更伟大的壮举吗？

在例句中，“难道还有比这更惊人的奇迹吗？”是反问句，“难道还有比这更伟大的壮举吗？”也是反问句，两个连用的反问句表明，这就是惊人的奇迹，这就是人世间伟大的壮举。

### （四）双关的连用

都道是金玉良姻，俺只念木石前盟。空对着，山中高士晶莹雪；终不忘，世外仙姝寂寞林。叹人间，美中不足今方信。纵然是齐眉举案，到底意难平。（曹雪芹《红楼梦》）

例句中，“空对着，山中高士晶莹雪；终不忘，世外仙姝寂寞林”是两句谐音双关连用。“雪”“薛”的谐音，“晶莹雪”指的是薛宝钗。“林”即“林子”，又与“林黛玉”中的“林”相谐音，“寂寞林”是指林黛玉。这两句连用的谐音双关表达的是宝玉最终虽与薛宝钗结为夫妻，心中却想着早已仙逝的林妹妹。

又如：

姓陶不见桃结果，姓李不见李花开，姓罗不见锣鼓响，三个蠢材哪里来？

在例句中，“姓陶不见桃结果，姓李不见李花开，姓罗不见锣鼓响”三句皆是谐音双关，即姓氏的“陶”与物品的“桃”、姓氏的“李”与物品的“李”、姓氏的“罗”与物品的“锣”同音相谐，刘三姐巧妙地就姓联物，对给地主老财当帮凶的三个秀才进行了辛辣的嘲讽。

## 二、不同辞格连用

不同辞格连用比同类辞格连用更为常见。如：

① 我还有什么话可说呢？我懂得衰亡民族之所以默无声息的缘由了。沉默呵，沉默呵！不在沉默中爆发，就在沉默中灭亡。(鲁迅《记念刘和珍君》)

② 这是革命的春天，这是人民的春天，这是科学的春天！让我们张开双臂，热烈地拥抱这个春天吧！(郭沫若《科学的春天》)

③ 八点五十分，满船人都在仰头观望。我也跑到甲板上，看到万仞高峰之巅，有一细石耸立，如一人对江而望，那就是充满神奇色彩的传说的神女峰了。

④ 有几棵高粱，不知是人碰的还是穗子压的，深深地弯着腰。几朵野花在路旁地边，星星似的闪着幽幽的蓝光。

在例①中，“我还有什么话可说呢？我懂得衰亡民族之所以默无声息的缘由了”运用了反问辞格；“沉默呵，沉默呵！不在沉默中爆发，就在沉默中灭亡”中采用了反复辞格，“沉默呵”两次反复，而“不在沉默中爆发，就在沉默中灭亡”中，“在沉默中”两次反复。反问与反复辞格所构成的话语强烈控诉了帝国主义勾结封建军阀屠杀中国人民的滔天罪行，也体现了鲁迅先生悲愤至极、无所畏惧与勇于抗争的思想感情。在例②中，“这是革命的春天，这是人民的春天，这是科学的春天”是三个主谓句的排比；“让我们张开双臂，热烈地拥抱这个春天吧”是拟人辞格，“张开双臂”“热烈拥抱”能体现出来这一点。由排比与拟人构成的这段文字恰到好处地反映了当时的客观实际，表达了作者内心的无比喜悦和坚定信念。在例③中，“我也跑到甲板上，看到万仞高峰之巅”是夸张，“万仞”是夸大神女峰的高耸，“有一细石耸立，如一人对江而望，那就是充满神奇色彩的传说的神女峰了”是一个比喻句，“一细石”是本体，“如”是比喻词，“一人对江而望”是喻体。扩大夸张与明喻体现了神女峰的不凡。在例④中，“有几棵高粱，不知是人碰的还是穗子压的，深深地弯着腰”是拟人；“几朵野花在路旁地边，星星似的闪着幽幽的蓝光”是一个比喻句，本体是路旁地边的几朵野花，喻体是“星星”，喻词是“似的”。该句中的拟人与比喻的采用描绘出粮食大丰收与野花的无比漂亮。

又如：

⑤ 日照香炉生紫烟，遥看瀑布挂前川。飞流直下三千尺，疑是银河落九天。(李白《望庐山瀑布》)

⑥ 这个敏感的精灵，——它从雷声的震怒里，早就听出了困乏，它深信，乌云遮不住太阳，——是的，遮不住的！(高尔基《海燕》)

例⑤中，“飞流直下三千尺，疑是银河落九天”是夸张和比喻的连用。“飞流直下三千尺”显示了香炉峰的高，瀑布水流之急；“疑是银河落九天”是比喻，写出了飞流而下瀑布的恢宏气势。例⑥中，“这个敏感的精灵”是比喻，“从雷声的震怒里，早就听出了困乏”是拟人，比喻和拟人的连用显示了海燕的勇敢和智慧，表现了无产阶级革命者的高度预见性和敏锐洞察力。

总之，异类辞格交错连用，互相映照，珠联璧合，能够使所表达的内容表达得丰富多彩，鲜明有力①。

① 黄伯荣，廖序东. 现代汉语[M]. 北京：高等教育出版社，2017.

## 第二节 辞格兼用

辞格的兼用指一种表达形式兼用两种以上辞格，即几个辞格有机地交织融合在一起，从一个角度看是甲辞格，从另一个角度看是乙辞格①。如：

① 真正的铜墙铁壁是什么？是群众，是千百万真心实意地拥护革命的群众。

② 时间就是金钱，时间就是速度，时间就是生命。

③ 高大的烟囱伸向天空，仿佛是从地上长出来的，一直要伸到白云的深处。

在例①中，“真正的铜墙铁壁是什么？是群众，是千百万真心实意地拥护革命的群众”一问一答，是设问。它同时又是暗喻，把“群众”比作“铜墙铁壁”。这设问与比喻辞格的兼用，突出只有人民群众才是革命真正力量的源泉所在。在例②中，“时间就是金钱，时间就是速度，时间就是生命”从三项连用来看，是三个主谓句的排比；如果从三个连用分句的构成来看，又是暗喻，突出时间的重要性。在例③中，“高大的烟囱伸向天空，仿佛是从地上长出来的，一直要伸到白云的深处”是明喻，“高大的烟囱伸向天空”是本体，“从地上长出来的，一直要伸到白云的深处”是喻体，比喻词是“仿佛”。此句同时又是夸张，形容烟囱之高大。

辞格的兼用也可以体现在成语中。如“一字千金”既是比喻又是夸张，“一字”与“千金”之间的相似点是“价值”，这是比喻；另外，将一个“字”的价值夸张性地说成“千金”，又是夸张。故“一字千金”是比喻、夸张的兼用。这类成语还有“敝帚千金”“千钧一发”“人山人海”“恩重如山”“鼠目寸光”“鼠肚鸡肠”等。

又如“嘤鸣求友”，鸟叫着在寻找它的朋友，比喻寻求志趣相同的朋友；另外，将鸟拟人化来写，这是比喻与拟人的兼用。这类成语还有“众星捧月”“纸醉金迷”“眉飞色舞”“捕风捉影”“芝焚蕙叹”“迎风待月”“倚玉偎香”“莺歌燕舞”“笔底生花”“百兽率舞”等。

再如“甜言蜜语”，“言语”与“蜜”在“甜美”上相似，故是比喻；“蜜甜”是味觉，“言语”是听觉，因此“甜言蜜语”是味觉与听觉相通，故又是通感。所以，“甜言蜜语”兼用了通感与比喻的修辞手法。这类成语还有“紫色蛙声”“耳食目论”“国色天香”“班香宋艳”“血雨腥风”等。

## 第三节 辞格套用

辞格的套用指一种辞格里头包含着其他的辞格，即辞格里包含着辞格②。如：

风来花自舞，春入鸟能言。

① 黄伯荣，廖序东. 现代汉语[M]. 北京：高等教育出版社，2017.

② 黄伯荣，廖序东. 现代汉语[M]. 北京：高等教育出版社，2017.

在例句中，“风来花自舞，春入鸟能言”是对偶，同时“风来花自舞”又是比拟，“春入鸟能言”也是比拟。此诗句在对偶中套用比拟，描绘出春天的胜景。

又如：

> 晋平公问于师旷曰：“吾年七十，欲学，恐已暮矣！”师旷曰：“何不秉烛乎？”平公曰：“安有为人臣而戏其君乎？”师旷曰：“盲臣安敢戏其君乎！臣闻之：少而好学，如日出之阳；壮而好学，如日中之光；老而好学，如秉烛之明。秉烛之明，孰与昧行乎？”平公曰：“善哉！”（《说苑》）

例句中，“少而好学，如日出之阳；壮而好学，如日中之光；老而好学，如秉烛之明”是排比，而“少而好学，如日出之阳”“壮而好学，如日中之光”“老而好学，如秉烛之明”均是比喻句，把人生中的三个不同时期的学习喻为“日出之阳”“日中之光”和“秉烛之明”。这段话意在告诫人们学无止境，任何时候都应该抓紧学习；要“活到老，学到老”。

> 春天像刚落地的娃娃，从头到脚都是新的，他生长着。春天像小姑娘，花枝招展的，笑着，走着。春天像健壮的青年，有铁一般的胳膊和腰脚，领着我们上前去。（朱自清《春》）

例句从整体来看是排比。其中，“春天像刚落地的娃娃，从头到脚都是新的，他生长着”是比喻句，喻体“刚落地的娃娃”比喻本体“春天”的“新”，像新的生命给人无限希望。“春天像小姑娘，花枝招展的，笑着，走着”也是比喻句，喻体“小姑娘”比喻本体“春天”的美，像漂亮可爱的女孩一样给人愉悦。“春天像健壮的青年，有铁一般的胳膊和腰脚，领着我们上前去”是比喻句，喻体“健壮的青年”比喻本体“春天”的“健”，像强壮小伙子一样给人力量。该段话语是排比套用三个比喻，揭示了春天无限美好的希望，淋漓尽致地讴歌春天的美好。

## 思考与练习

一、下列句子是同类辞格的连用吗？为什么？

1. 海水满盈盈的，照在夕阳之下，浪涛像顽皮的小孩似的跳跃不定，水面上一片金光。（《别了，我爱的中国》）

2. 红的像火，粉的像霞，白的像雪。（朱自清《春》）

3. 北京，刮风是香炉子，下雨是墨盒子。（老舍《我爱新北京》）

4. 梨倩天生是一个不幸的人，虽然来得早，不知怎么没找到座位。（张爱玲《红玫瑰与白玫瑰》）

5. 上海为了“节省天光”，将所有的时钟拨快了一个小时，然而白公馆里说：“我们用的是老钟。”他们的一点钟是人家的十一点。他们唱歌又唱走了板，跟不上生命的胡琴。（张爱玲《倾城之恋》）

6. 娇蕊把一只手按在眼睛上，笑道：“其实也无所谓。我的心是一所公寓房子。”振保笑道：“那，可有空的房间招租呢？”娇蕊却不答应了。振保道：“可是我住不惯公寓房子。我要住单幢的。”（张爱玲《红玫瑰与白玫瑰》）

7. “怎么这些事都没有看见你？我以为你像糖似的化了去了！”娇蕊笑道：“我有那么

甜么？”他随随便便对答道，一只脚伸出去盲目地寻找她的鞋。振保放了胆子答说：“不知道——没尝过。”（张爱玲《红玫瑰与白玫瑰》）

8. 那些人，男的像一只一只白铁小闹钟，按着时候吃饭，喝茶，坐马桶，坐公事房，脑筋里除了钟摆的滴答之外什么都没有；也许因为东方炎热气候的影响，钟不大准了，可是一架钟还是一架钟。女的，成天的结绒线，茸茸的毛脸也像拉了毛的绒线衫。（张爱玲《沉香屑——第二炉香》）

9. 江姐凝视的目光，停留在气势磅礴的石刻上，那精心雕刻的大字，带给她一种超越内心痛苦的力量：斧头劈翻旧世界，镰刀开出新乾坤。（罗广斌、杨益言《红岩》）

二、下列句子是不同辞格的连用吗？为什么？

1. 它是站在海岸遥望海中已经看得见桅杆尖头了的一只航船，它是立于高山之巅远看东方已见光芒四射喷薄欲出的一轮朝日，它是躁动于母腹中的快要成熟了的一个婴儿。（毛泽东《星星之火，可以燎原》）

2. 雨是最寻常的，一下就是三两天。可别恼。看，像牛毛，像花针，像细丝，密密地斜织着，人家屋顶上全笼着一层薄烟。（朱自清《春》）

3. 不是有好些人在讴歌那光芒四射的朝阳、四季常青的松柏、庄严屹立的山峰、澎湃翻腾的海洋吗？不是有好些人在赞美那挺拔的白杨、明亮的灯火、奔驰的列车、崭新的日历吗？（秦牧《土地》）

4. 我早已想写一点文字，来纪念几个青年的作家。这并非为了别的，只因为两年以来，悲愤总时时来袭击我的心，至今没有停止，我很想借此算是竦身一摇，将悲哀摆脱，给自己轻松一下，照直说，就是我倒要将他们忘却了。（鲁迅《为了忘却的记念》）

5. 骤雨一样，是急促的鼓点；旋风一样，是飞扬的流苏；乱蛙一样，是蹦跳的脚步；火花一样，是闪射的瞳仁；斗虎一样，是强健的风姿。（刘成章《安塞腰鼓》）

6. 好个“友邦人士”！日本帝国主义的兵队强占了辽吉，炮轰机关，他们不惊诧；阻断铁路，追炸客车，捕禁官吏，枪毙人民，他们不惊诧。中国国民党治下的连年内战，空前水灾，卖儿救穷，砍头示众，秘密杀戮，电刑逼供，他们也不惊诧。在学生的请愿中有一点纷扰，他们就惊诧了！（鲁迅《“友邦惊诧”论》）

7. 是的，这里是落叶松的海洋。看，海边上不是还泛着白色的浪花吗？那是些俏丽的白桦，树干是银白色的。在阳光下，大片青松的边沿闪动着白桦的银裙，不是海边的浪花吗？（老舍《林海》）

8. “吹面不寒杨柳风”，不错的，像母亲的手抚摸着你。风里带来些新翻的泥土的气息，混着青草味儿，还有各种花的香，都在微微润湿的空气里酝酿。鸟儿将巢安在繁花嫩叶当中，高兴起来了，呼朋引伴地卖弄清脆的喉咙，唱出宛转的曲子，跟轻风流水应和着。牛背上牧童的短笛，这时候也成天嘹亮地响着。（朱自清《春》）

9. 理想是石，敲出星星之火；理想是火，点燃熄灭的灯；理想是灯，照亮夜行的路；理想是路，引你走到黎明。（流沙河《理想》）

三、下列句子是辞格的兼用、连用或套用吗？为什么？

1. 乌云和大海之间，海燕像黑色的闪电，在高傲地飞翔。（高尔基《海燕》）

2. 桃树、杏树、梨树，你不让我，我不让你，都开满了花赶趟儿。（朱自清《春》）

3. 红的像火，粉的像霞，白的像雪。花里带着甜味儿；闭了眼，树上仿佛已经满是桃儿、杏儿、梨儿。花下成千成万的蜜蜂嗡嗡地闹着，大小的蝴蝶飞来飞去。野花遍地是：杂样儿，有名字的，没名字的，散在草丛里像眼睛，像星星，还眨呀眨的。(朱自清《春》)

4. 江上的景色越发奇丽。两岸都是悬崖峭壁，累累垂垂的石乳一直浸到江水里面，像莲花，像海棠叶，像一挂一挂的葡萄，也像仙人骑鹤，乐手吹箫……说不定你忘记自己在漓江上了呢。(杨朔《画山绣水》)

5. 不必说碧绿的菜畦，光滑的石井栏，高大的皂荚树，紫红的桑葚；也不必说鸣蝉在树叶里长吟，肥胖的黄蜂伏在菜花上，轻捷的叫天子（云雀）忽然从草间直窜向云霄里去了。单是周围的短短的泥墙根一带，就有无限趣味。油蛉在这里低唱，蟋蟀们在这里弹琴。翻开断砖来，有时会遇见蜈蚣；还有斑蝥，倘若用手指按住它的脊梁，便会啪的一声，从后窍喷出一阵烟雾。(鲁迅《从百草园到三味书屋》)

6. 一株巨大的白丁香把花开在了屋顶的灰色的瓦瓴上。如雪，如玉，如飞溅的浪花。(王蒙《春之声》)

7. 子墨子见王，曰："今有人于此，舍其文轩，邻有敝舆而欲窃之；舍其锦绣，邻有短褐，而欲窃之；舍其粱肉，邻有糠糟，而欲窃之。此为何若人？"王曰："必为有窃疾矣。"(《墨子·公输》)

8. 子墨子曰："荆之地，方五千里，宋之地，方五百里，此犹文轩之与敝舆也；荆有云梦，犀兕麋鹿满之，江汉之鱼鳖鼋鼍为天下富，宋所为无雉兔鲋鱼者也，此犹粱肉之与糠糟也；荆有长松、文梓、楩、楠、豫章，宋无长木，此犹锦绣之与短褐也。"(《墨子·公输》)

9. 那晚月儿已瘦削了两三分。她晚妆才罢，盈盈的上了柳梢头。天是蓝得可爱，仿佛一汪水似的；月儿便更出落得精神了。岸上原有三株两株的垂杨树，淡淡的影子，在水里摇曳着。它们那柔细的枝条浴着月光，就像一支支美人的臂膊，交互的缠着，挽着；又像是月儿披着的发。而月儿偶然也从它们的交叉处偷偷窥看我们，大有小姑娘怕羞的样子。岸上另有几株不知名的老树，光光的立着；在月光里照起来，却又俨然是精神矍铄的老人。(朱自清《桨声灯影里的秦淮河》)

四、下列成语是辞格的综合运用吗？为什么？

1. 河东狮吼　肝胆相照　青梅竹马　手足之情　伯乐相马

2. 愁云惨雾　红男绿女　金口玉言　金相玉质　火眼金睛

五、下列句子均来源于《木兰诗》，它属于辞格的兼用吗？为什么？

1. 策勋十二转，赏赐百千强。

2. 当窗理云鬓，对镜贴花黄。

3. 东市买骏马，西市买鞍鞯，南市买辔头，北市买长鞭。

4. 问女何所思？问女何所忆？女亦无所思，女亦无所忆。

5. 万里赴戎机，关山度若飞。

6. 雄兔脚扑朔，雌兔眼迷离。

7. 军书十二卷，卷卷有爷名。

六、下列句子来源于旧时黔东南侗歌，它属于辞格的套用吗？为什么？

1. 妹坐门前想阿哥，

好比金鸡恋草坡，
好比鲤鱼恋龙潭，
好比木船恋江河。
妹娘说妹自选情人一时心中意，
将来后悔怎么说？
妹向妈妈诉真心：
我像娘梅姐姐永爱助郎哥！
若是河水断流海水干，
若是山上百鸟把林脱，
若是坟中鬼魂厌香炉，
阿妹决不厌情哥！(《想歌一》)
2. 青山渺渺起乌云，
丢久没得同哥行。
哥是平原花街路，
妹是高坡路不平。
哥是东边明月亮，
妹是西边小星星。
花园不得来料理，
野花野草又登林。
可恨他人良心丑，
倒扇野火烧妹身。
妖魔鬼怪多得很，
毒蛇猛兽结成群。
青山越高越凶险，
神仙过路掉落魂。
花园落到这地步，
为妹看到好伤心。
妹想上天天无路，
妹想入地地无门。
又想靠哥靠不住，
又想跟哥也难艰。
可惜为妹无好命，
招哥不得可怜人。
命运不好妹不怕，
邀哥同登南天门。
玉皇殿前去诉苦，
七姐面前去求情。
众仙面前把话讲，
天上人间把冤伸。

为哥杀头妹也愿，
阳间阴间莫离分。
哥见好花哥莫想，
妹见好郎莫起心。
不好不丑结残步，
耐烦料理花成林。
要做蜂糖甜到底，
莫拣黄连苦登心。
只见光阴催人老，
嫩笋渐渐长成林。
拜上你郎要会想，
留不住的好光阴。
跟郎说的真情话，
切莫负妹一片心。(《切莫负妹一片心》)

**七、根据下列材料，请分别为怀素园、零陵文庙创作数则辞格连用、兼用、套用的旅游广告语，使上述景点赢得更多游客的青睐，并说明创作依据。**

1. 怀素园位于永州市零陵区潇湘中路，与永州宾馆毗临，是唐代著名书法家“狂草大师”怀素出家修行种蕉练字的地方。怀素因家境贫困，在园旁的绿天庵边种芭蕉边以焦叶纸练字，他把写秃的笔埋在庵后，成为现时的“笔冢”，其旁有“砚泉”及磨墨取水之地，庵正北有墨池，为洗笔砚之处。仅存的怀素书《千字文》石碑，碑文字迹如疾风骤雨，飞龙走蛇，刚劲宏伟，潇洒淋漓。

2. 零陵文庙始建于清代。零陵文庙之木雕、石雕技艺精湛，为湖南省文庙建筑中之艺术珍品。现存建筑主要为大成殿，歇山重檐，翼角高翘，黄琉璃瓦，正脊置宝鼎。木雕、石雕技艺精湛。殿前石狮、石象，殿周石围栏、月台四周等利用阴刻、浅浮雕等手法，表现永州山水风物、历史典故。

# 参考文献

[1] 安苑．公益广告在媒体宣传中的作用[J]．中国广播电视学刊，2001（12）：35-37．
[2] 白红爱，郑成虎．从认知角度谈汉语广告语篇中对固化成语的偏离使用[J]．汉语学习，2001（3）：25-28．
[3] 蔡尚志．中国旅游史话[M]．南昌：黄山书社，1997．
[4] 蔡雪冰．应当强化禁毒宣传教育[J]．上海市政法管理干部学院学报，2001（3）：33．
[5] 曹大林．中国传统文化探源[M]．长春：吉林人民出版社，1998．
[6] 曹钦明，赖淑明．广告语中模糊修辞的语用功能[J]．广西社会科学，2005（6）：172-174．
[7] 曹志耘．广告语言艺术[M]．长沙：湖南师范大学出版社，1992．
[8] 岑泽丽．《红楼梦》的反语修辞艺术研究[J]．宁波教育学院学报，2014（5）：60-63．
[9] 曾献飞．反复在广告语中的应用[J]．商业现代化，2008（1）：21-22．
[10] 常丹菲．对偶修辞建构与汉民族文化心理[J]．文化创新比较研究，2017（7）：12-13．
[11] 陈昌宁．试论古典诗歌比喻的深化[J]．解放军外国语学院学报，1997（4）：112-114．
[12] 陈丞．刍议"间隔反复"修辞格的分类及其修辞效用[J]．黄冈师范学院学报，2011（5）：49-53．
[13] 陈福宝．社区公益广告刍议[J]．延边大学学报，2004（2）：79-82．
[14] 陈桂良．广告语中夸张手法运用的两个问题[J]．修辞学习，1994（6）：36-37．
[15] 陈剑静，李特夫．古典诗歌中双关与典故的英译[J]．广西教育学院学报，2002（3）：42-45．
[16] 陈茜．反讽在广告中的运用研究[J]．考试周刊，2015（38）：22-23．
[17] 陈汝东．当代汉语修辞学[M]．北京：北京大学出版社，2004．
[18] 陈望道．修辞学发凡[M]．上海：上海教育出版社，2001．
[19] 陈雅．汉语反问句跨文化认知障碍研究[J]．中共济南市委党校学报，2013（6）：70-71．
[20] 陈勇力．广告修辞手段例析[J]．井冈山师范学院学报，2002（12）：129-130．
[21] 陈振．反问句和祈使句——语言美琐谈[J]．当代修辞学，1984（1）：15-16．
[22] 崔亚冲．对比的认知语义界定[J]．鲁东大学学报，2016（6）：56-60．
[23] 代玉召．校园公益广告：润物细无声[J]．中国培训，2001（3）：33-34．
[24] 戴诚．中国古典诗歌比喻的表现方式[J]．盐城师专学报，1997（4）：37-38．
[25] 戴世富．用幽默提升公益广告的魅力[J]．商业文化，2003（3）35-37．

[26] 丹慧敏. 诗词中的双关举隅[J]. 文学教育，2011（8）：65-66.
[27] 邓光华，何琳. 土家族傩戏音乐初探[J]. 贵州民族学院学报，1987（2）：67-71.
[28] 邓如意. “雷人”广告语研究[D]. 永州：湖南科技学院，2012.
[29] 丁丁. 试论公益广告在我国的发展[J]. 宁夏社会科学，1999（2）：7-11.
[30] 董付兰. 谈反问句及其教学[J]. 首都师范大学学报，2000（1）：101-105.
[31] 董家康. 设问联撷趣[J]. 语文知识，2004（7）：11-12.
[32] 窦常山. “以圆为美”与回文诗、回环修辞[J]. 临沂师专学报，1997（2）：14-15.
[33] 杜丹. 广告语言中修辞的运用[J]. 辽宁工学院学报，2007（6）：56-58.
[34] 段宏. 比喻在广告语中情感价值的实证研究[J]. 新闻知识，2011（8）：57-58.
[35] SIGMUND F. Jokes and their relation to the unconscious[M]. London: Penguin, 1991.
[36] 封宗信. 理想世界中的会话含义理论及其现实意义[J]. 外语与外语教学，2002（8）：23-27.
[37] 冯志伟. 现代语言学流派[M]. 西安：陕西人民出版社，1999.
[38] 冯忠方. 顶真妙对趣无穷[J]. 思维与智慧，2018（21）：56.
[39] 甘翠平. 仿拟修辞格在商业广告中的妙用[J]. 国际商务研究，2003（2）：66-70.
[40] 陈平. 夸张辞格在广告中的应用[J]. 现代广告，2010（1）：63-64.
[41] 高俊兰. “婉曲”与社会心理[J]. 南通师范学院学报，1994（6）：45-47.
[42] 高明. 论反复修辞格的文化特征[J]. 文教资料，2015（18）：22-23.
[43] 高萍. 公益广告初探[M]. 北京：中国商业出版社，1999.
[44] 宫政. 再议海报“空白”形式语言——介于比较视野下的一种探讨[J]. 浙江工艺美术，2009（12）：78-82.
[45] 龚东风. 比拟修辞格的认知机理[J]. 洛阳师范学院学报，2011（1）：76-78.
[46] 顾朴光. 贵州傩戏面具调查[J]. 民族艺术，1990（2）142-154.
[47] 顾曰国. 礼貌、语用与文化[J]. 外语教学与研究，1992（4）：10-17.
[48] 管志斌. 仿拟辞格的认知分析[J]. 楚雄师范学院学报，2011（5）：13-18.
[49] 广田律子. “鬼”之来路——中国的假面与祭仪[M]. 北京：中华书局，2005.
[50] 郭辉. 互文在现代汉语中的运用[J]. 修辞学习，2005（5）：68-69.
[51] 郭可. 英语新闻与商标写作[J]. 外国语，1992（2）：27-28.
[52] 郭庆. 文学修辞在平面广告中的运用[D]. 南京：南京林业大学，2009.
[53] 郭庆花. 婉曲浅析[J]. 江西蓝天学院学报；2010（3）：63-66.
[54] 郭先珍. 店名的社会文化属性[J]. 语文建设，1996（4）：56-59.
[55] 郭子怡. 反语的类型及其语用解读[J]. 语文知识，2013（1）：110-111.
[56] HERGENHAHN B R. An introduction to the history of psychology[M]. Chicago: Brooks-cole publishing Company, 1997.
[57] 韩崇文. 不常见的比喻对联[J]. 对联，2017（10）：111-112.
[58] 韩崇文. 对联中的夸张[N]. 大同日报，1994-12-03（1）.
[59] 韩晓光. 对联与修辞[J]. 兰州教育学院学报，1996（2）：45-48.
[60] 韩颖. 浅谈谐音双关语的运用及修辞效果[J]. 作家，2011（10）：45-46.

[61] 何新祥. 广告语言修辞策略[M]. 长沙：中南大学出版社，2003.
[62] 何兆熊. 新编语用学概要[M]. 上海：上海外语教育出版社，2000.
[63] 何自然. 语用学概论[M]. 长沙：湖南教育出版社，1991.
[64] 何自然. 语用学与英语学习[M]. 上海：上海外语教育出版社，1997.
[65] 贺建平. 恐惧诉求在公益广告中的传播效果[J]. 贵州师范大学学报，2004（2）：28-32.
[66] 贺自维. 公益广告传播效果探讨[J]. 贵州师范学院学报，2001（2）：12-13.
[67] 侯维瑞. Varieties of English[M]. 上海：上海外语教育出版社，1988.
[68] 胡裕树. 现代汉语（重订本）[M]. 上海：上海教育出版社，1997.
[69] 胡壮麟. 语篇的衔接与连贯[M]. 北京：上海外语教育出版社，1985.
[70] 胡宗健. 语言与陌生化[J]. 阅读与写作，2001（4）：34-35.
[71] 化长河. 仿词新境界——广告仿词[J]. 语文知识，1997（4）：45-47.
[72] 黄伯荣，廖序东. 现代汉语[M]. 北京：高等教育出版社，2017.
[73] 黄汉年. 现代汉语·语法修辞[M]. 北京：书目文献出版社，1981.
[74] 黄群. 元曲中顶真修辞的认知参照点研究[J]. 戏剧之家，2018（19）：221-223.
[75] 黄晓林，张惠. 李白诗歌语言艺术的夸张特色[J]. 绵阳师范学院学报，2010（3）：9-11.
[76] 黄艳红. 公益广告的修辞特色探析[D]. 广州：暨南大学，2011.
[77] 黄永堂.《九歌》与黔中傩文化再探[J]. 贵州师范大学学报，1995（1）：56-59.
[78] 加晓昕. 论比喻的起源和结构[J]. 金田，2013（8）：299.
[79] 蒋冰清. 夸张认知心理机制研究[J]. 广西社会科学，2008（4）：39-42.
[80] 蒋华. 广告语多维探究[M]. 哈尔滨：黑龙江人民出版社，2019.
[81] 蒋华. 黔东南侗歌文化内涵与艺术特色研究[M]. 哈尔滨：黑龙江人民出版社，2020.
[82] 蒋华. 黔东南侗族大歌语言研究[M]. 哈尔滨：黑龙江人民出版社，2018.
[83] 蒋华. 笑话中的语言学[M]. 长沙：湖南大学出版社，2008.
[84] 蒋华. 言语幽默多维研究[M]. 哈尔滨：黑龙江人民出版社，2010.
[85] 金常德. 佳喻生辉，妙语成金——比喻在广告写作中的运用[J]. 青年记者，2012（4）：62-63.
[86] 金铭. 公益广告的修辞研究[D]. 银川：北方民族大学，2017.
[87] 康德. 判断力批判（上）[M]. 宗白华，译. 北京：商务印书馆，1964.
[88] 康梅林，李鹏洲. 层递辞格的特点和心理依据探析[J]. 襄樊学院学报，2007（6）：51-54.
[89] 柯淑萍. 从语用学的角度分析英语广告语言的特点[J]. 佳木斯大学学报，2006（3）：45-47.
[90] 孔健，张怀珠. 高校图书馆的公益广告与读者管理[J]. 图书馆学刊，1998（1）：23-24.
[91] 孔宪峰，周秀红. 对比修辞格的强化效应[J]. 文学教育，2005（7）：52-53.
[92] 孔昭琪.《红楼梦》的仿词艺术[J]. 泰安师专学报，1999（2）：23-26.

[93] 兰宾汉．夸张：广告语中的基本修辞手法[J]．人文杂志，1998（5）：155-158.
[94] 黎运汉．广告文化学[M]．广州：暨南大学出版社，2004.
[95] 李安卓．空白和意义未定性在电视广告中的作用[J]．广西艺术学院学报，2005（4）：88-89.
[96] 李超．《吕氏春秋》的反问句研究[J]．玉林师范学院学报，2003（2）：59-63.
[97] 李虹辉．电视广告语言修辞艺术研究[D]．重庆：重庆师范大学，2011.
[98] 李嘉，李娜．双关辞格在广告语中的应用[J]．重庆社会科学，2010（11）：107-109.
[99] 李建立．广告文化学[M]．北京：北京广播电影学院出版社，1998.
[100] 李俊．谐音双关广告语的应用效果[J]．安顺学院学报，2015（4）：27-28.
[101] 李立．简评现代媒体中的谐音双关广告[J]．西部广播电视，2013（17）：30-31.
[102] 李庆荣．实用汉语修辞[M]．北京：北京大学出版社，2002.
[103] 李如意．正视公益广告的社会功能[J]．鄂州大学学报，1998（3）：56-58.
[104] 李双宏．论《木兰诗》的辞格套用现象[J]．柳州职业技术学院学报，2017（6）：90-93.
[105] 李晓东．目前我国禁毒广告宣传现状分析[J]．中国药物依赖性杂志，2003（4）：314-315.
[106] 李欣．广告制作中双关语的应用[J]．写作，1994（6）：43-44.
[107] 李鑫华．英语修辞格详论[M]．上海：上海外语教育出版社，2000.
[108] 李秀莲．学修辞记对联[J]．现代语文，2013（12）：13-14.
[109] 李秀林，王于，李淮春．辩证唯物主义和历史唯物主义原理[M]．北京：中国人民大学出版社，2004.
[110] 李艳芳．从排比示例管窥修辞学与认知科学的关联性[J]．重庆文理学院学报，2009（3）：115-119.
[111] 李艳艳．浅谈仿词造词产生的原因[J]．齐齐哈尔大学学报，2009（3）：98-101.
[112] 李银超．试论张爱玲小说中的辞格套用[J]．现代语文，2006（4）：60-61.
[113] 李英霞．夸张的心理基础[J]．修辞学习，1993（5）：15-17.
[114] 李玉方．浅说比喻在传统对联中的运用[J]．语文知识，2002（4）：42-43.
[115] 李媛霞．夸张的生成机制[J]．天津外国语大学学报，2013（7）：18-22.
[116] 李振龙．笑话论[J]．江汉大学学报，1994（2）：98-102.
[117] 李中行，戚肖山，张惠．广告英语[M]．长沙：湖南教育出版社，1986.
[118] 梁道洁．对比辞格分类浅探[J]．广州师院学报，1983（1）：54-57.
[119] 廖弟华，黄鹏先．儿歌创作中的常用对比修辞手法[J]．师资建设，2013（2）：45-46.
[120] 廖逢珍．成语中的夸张辞格分类探究[J]．毕节学院学报，2009（5）：14-17.
[121] 廖逢珍．夸张艺术魅力举隅[J]．黑龙江教育学院学报，2009（3）：171-172.
[122] 林一顺．语言艺术设计[M]．开封：河南大学出版社，1997.
[123] 刘晨红．公益广告语言的艺术化表现[J]．西南民族学院学报，2005（2）：125-128.
[124] 刘魁立．中国笑话[J]．民族艺术，1998（2）：196-198.

[125] 刘萍. 汉语委婉语的特征[J]. 雁北师范学院学报，2001（4）：12-13.
[126] 刘萍. 论委婉广告语的美学特征[J]. 文教资料，2013（20）：93-94.
[127] 刘萍. 委婉广告语中的辞格妙用[J]. 阅读与写作，2010（6）：35-36.
[128] 刘青. 比喻类成语的变式及辞格兼用[J]. 昭通学院学报，2018（1）：110-115.
[129] 刘瑞琴. 设问辞格的修辞特征和艺术魅力[J]. 时代文学，2011（2）：116-117.
[130] 刘为民. 顶真联拾趣[J]. 求学，2019（3）：78.
[131] 刘小南. 论“层递”[J]. 北方论丛，1983（4）：72-77.
[132] 刘艳春. 电视商标语言类型与创作[M]. 北京：中国经济出版社，2004.
[133] 刘英凯. 汉英“回环”修辞格探微[J]. 现代外语，1991（3）：9-13.
[134] 刘云. 反语的生成机制[J]. 高等函授学报，2001（5）：29-30.
[135] 刘中富. 比喻式广告语言的定向策略[J]. 当代修辞学，1994（3）：26-27.
[136] 刘宗彬，黄桃红. 回文古今谈[J]. 吉安师专学报，1998（4）：41-44.
[137] 龙钢华. 浅议双关与诗歌的模糊美[J]. 邵阳师专学报，1994（6）：78-79.
[138] 龙晶晶. 英语对比修辞理论的起源与发展[J]. 南通大学学报，2015（11）：77-82.
[139] 龙青然. 汉语成语夸张用法类析[J]. 邵阳学院学报，2004（5）：87-88.
[140] 龙青然. 汉语成语中的数字夸张[J]. 邵阳学院学报，2003（1）：109-111.
[141] 陆震谷. 夸张辞格的审美情趣[J]. 当代修辞学，1987（2）：43-45.
[142] 罗积勇，罗海章. 论对联创作中的排比修辞手法[J]. 北华大学学报，2018（6）：11-16.
[143] 罗卫贤，赵晶. 浅析“仿词”与“仿生词”[J]. 现代语文，2007（10）：113-114.
[144] 马本和. 艺术空白与审美意境的生成[J]. 美苑，2009（3）：91-92.
[145] 马婧. 广告语言的风格研究[D]. 哈尔滨：哈尔滨师范大学，2013.
[146] 马连鹏. 公益广告社会教育作用研究[D]. 大连：大连理工大学，2004.
[147] 马孟丽. 论“排比”在电视广告中的运用[J]. 红河学院学报，2004（1）：47-51.
[148] 马谋超. 广告心理[M]. 北京：中国物价出版社，1997.
[149] 马艳玲. 广告语中的原形引用现象[J]. 聊城大学学报，2005（4）：110-112.
[150] 马宇. 试论预设理论和双关幽默的生成[J]. 辽宁师专学报，2016（2）：45-46.
[151] 马玉梅，周云利. 论公益广告的社会价值[J]. 学术交流，2000（5）：43-44.
[152] 马玉荣. 构建以人为本的高校图书馆文化[J]. 学术论坛，2005（2）：21-24.
[153] 孟芳. 广告中审美因素探析[J]. 中州大学学报，2005（4）：45-47.
[154] 慕明春. 关于广告的夸张[J]. 修辞学习，1994（5）：36-37.
[155] 倪宝元. 成语例示[M]. 北京：北京出版社，1984.
[156] 倪宁. 广告学教程[M]. 北京：中国人民大学出版社，2001.
[157] 聂仁海. 排比修辞格的认知根源探索[J]. 时代文学，2006（2）：154-155.
[158] 帕默尔. 语言学概论[M]. 北京：商务印书馆，1983.
[159] 潘泽宏. 电视公益广告的时代性与民族性[J]. 湘潭大学学报，1997（4）：38-42.
[160] 潘泽宏. 电视公益广告的文化学思考[J]. 湘潭大学学报，1996（4）：54-59.
[161] 彭朝垂. 新闻标题的辞格艺术——对比[J]. 新闻与写作，1995（3）：28-29.
[162] 蒲阳. 浅析英汉委婉语语用功能[J]. 重庆文理学院学报，2007（1）：59-61.

[163] 戚晓杰. 也谈“换字广告”[J]. 语文建设，1996（6）：19-21.
[164] 齐焕美. 古代笑话的语言分析[J]. 岱宗学刊，2002（2）：51-53.
[165] 钱冠连. 汉语文化语用学[M]. 北京：清华大学出版社，1997.
[166] 钱理，王军元. 商店名称语言[M]. 北京：汉语大词典出版社，2005.
[167] 钱瑞. 广告语言的修辞特色及其效果[J]. 宁波职业技术学院学报，2018（5）：84-90.
[168] 邱俊杰. 论广告语中的模糊比较手法[J]. 绥化学院学报，2013（8）：147-151.
[169] 瞿海萍. 英语修辞格双关在笑话中的运用浅析[J]. 海外英语，2011（10）：326-327.
[170] 瞿林燕. 食品、药品广告语言研究[D]. 合肥：安徽大学，2010.
[171] 饶广祥. 论广告的反讽[J]. 福建师范大学学报，2013（1）：64-71.
[172] 任崇芬. “正话反说”与“反话正说”——兼论反语的分类[J]. 四川教育学院学报，2006（9）：69-71.
[173] 任玲玲. 论修辞在汉语广告中的运用[J]. 科技信息，2013（20）：154-155.
[174] 商聚德，等. 中国传统文化导论[M]. 北京：北京大学出版社，2009.
[175] 上海辞书出版社文学鉴赏辞典编纂中心. 宋词三百首鉴赏辞典[M]. 上海：上海辞书出版社，2006.
[176] 尚晓燕. 店面广告的经营的艺术[J]. 企业经济，1997（7）：34-35.
[177] 邵敬敏. 广告语创作透视[M]. 北京：北京语言学院出版社，1996.
[178] 邵园园. 辞格的兼用[J]. 枣庄学院学报，2014（6）：116-119.
[179] 时煜华. 回环的形式美[J]. 福建论坛，1982（2）：106-108.
[180] 史鸿敏. 文言文教学中的互文修辞[J]. 文学教育，2017（11）：34-35.
[181] 史荣光. 回文修辞格溯源[J]. 修辞学习，1996（6）：19-22.
[182] 史上玉. 初唐诗歌对偶研究[D]. 上海：华东师范大学，2018.
[183] 束定芳. 委婉语新探[J]. 外国语，1989（3）：28-33.
[184] 宋君. 双关与广告的关联性问题[J]. 东华大学学报，2006（1）：58-60.
[185] 宋玉书. 广告的文化属性与文化传播意义[J]. 辽宁大学学报，2005（1）：60-64.
[186] 宋玉书等. 广告文化学[M]. 长沙：中南大学出版社，2006.
[187] 孙昌武. 谈“对偶”（上）[J]. 古典文学知识，2015（1）：124-130.
[188] 孙亮，翟年祥. 广告词典[M]. 成都：四川人民出版社，1997.
[189] 孙孟明. 带有比喻词的成语及其组合形式[J]. 当代修辞学，1994（4）：35-36.
[190] 孙瑞祥. 繁荣公益广告事业的对策[J]. 中国广播电视学刊，2001（2）：41-45.
[191] 孙秀芹. 读公益广告，学修辞[J]. 中学时代，2013（17）：4-5.
[192] 孙英. 对联中比拟之修辞美[J]. 对联·民间对联故事，2014（12）：7-8.
[193] 谭达人. 幽默与言语幽默[M]. 北京：生活·读书·新知三联书店，1997.
[194] 唐华. 落笔对面，婉曲有致——例析古典诗歌中的“对写法”[J]. 文教资料，2007（5）：77-78.
[195] 唐自强. 幽默创意法[M]//王多明，等. 广告创意思维 78 法. 成都：四川大学出版社，1998：227-230.

[196] 滕守尧. 审美心理描述[M]. 北京：中国社会科学出版社，1985.
[197] 田荔枝. 汉语比喻与传统思维方式[J]. 山东大学学报，1994（4）：24-28.
[198] 汪爱武. 比拟辞格的认知和文化研究[J]. 安徽警官职业学院学报，2013（4）：113-116.
[199] 汪克谦. 情趣盎然的回文[J]. 初中生必读，2014（3）：40-41.
[200] 王刚. 借代辞格研究[D]. 石家庄：河北大学，2005.
[201] 王杰文. 民间笑话三论[J]. 民族文学研究，2003（3）：20-26.
[202] 王金禾. 儿童歌谣顶真修辞的艺术特征及其深层动因[J]. 武汉理工大学学报，2015（6）：124-127.
[203] 王力. 古代汉语[M]. 北京：中华书局，1962.
[204] 王丽梅. 中国店名的文化特征[J]. 北华大学学报，2004（1）：56-59.
[205] 王利器. 历代笑话集[M]. 上海：上海古籍出版社，1981.
[206] 王林林. 广告语言中的比喻表达[D]. 郑州：河南科技大学，2011.
[207] 王林玉. 对比·衬托·烘托[J]. 语文知识，2006（7）：11-12.
[208] 王萌. 诗词中对偶的类别[J]. 现代交际，2016（10）：130-131.
[209] 王培华. 输血技术学[M]. 北京：人民卫生出版社，2002.
[210] 王培焰. 双关诗——一种特殊的言语交际技巧[J]. 现代交际，1995（7）：21.
[211] 王伟. 论双关在广告语中的应用[J]. 现代商贸工业，2009（2）：232-233.
[212] 王希杰. 汉语的规范化问题和语言的自我调节功能[J]. 语言文字应用，1995（3）：21-24.
[213] 王希杰. 汉语修辞学[M]. 北京：北京出版社，1983.
[214] 王希杰. 修辞学通论[M]. 南京：南京大学出版社，1996.
[215] 王享. 化妆品广告语言的修辞特征分析[J]. 兰州教育学院学报，2013（5）：31-33.
[216] 王新媛. 此曲只应天上有，人间能得几回闻——评李白诗中的夸张[J]. 现代语文，2006（8）：42-43.
[217] 王詠，管益杰. 现代广告心理学[M]. 北京：首都经济贸易大学出版社，2005.
[218] 王友山. 答“对比修辞该不该细入教学内容”之四[J]. 中学语文，2017（1）：78-80.
[219] 王云，冯亦弛. 公益广告十五年[J]. 新闻大学，2003（2）：45-49.
[220] 王云. 中国公益广告事业史述评[J]. 理论月刊，2005（4）：82-86.
[221] 魏晔. 浅议中国古典诗句中的双关[J]. 重庆科技学院学报，2012（6）：127-129.
[222] 温锁林. 语言与语言应用[M]. 北京：中国社会科学出版社，2003.
[223] 吴汉江，曹炜. 商标语言[M]. 北京：汉语大词典出版社，2005.
[224] 吴梁. 论公益广告的社会功能[J]. 电视研究，1997（4）：45-49.
[225] 吴其南. 审美虚构与现实：文本间性[J]. 温州师范学院学报，2002（4）：1-5.
[226] 吴锐荣. 说“顶真”[J]. 语文月刊，1997（6）：14-15.
[227] 吴永长. 我国禁毒广告传播存在的问题及其对策[J]. 东南学术，2001（3）：95-101 .

[228] 吴禹. 谐音在对联中的运用[J]. 修辞学习，2002（2）：38-39.
[229] 吴元梁. 论公益广告的社会功能[J]. 电视研究，1997（4）：21-25.
[230] 吴宗渊. 古典诗歌中的比喻[J]. 固原师专学报，1990（4）：6-9.
[231] 吴宗渊. 关于拈连、仿词与仿拟[J]. 宁夏大学学报，1981（2）：24-29.
[232] 席进信. 古诗中的衬托手法[J]. 考试周刊，2013（54）：35-36.
[233] 夏中华. 修辞学论文集[M]. 北京：北京大学出版社，2007.
[234] 向光忠. 成语概说[M]. 武汉：湖北人民出版社，1992.
[235] 向莉. 论夸张艺术的情感基础和现实基础[J]. 西南民族大学学报，2003（8）：167-171.
[236] 肖芃. 中国传统文化[M]. 大连：大连理工大学出版社，2008.
[237] 谢春林. 比较广告在我国的现实运用分析[J]. 商场现代化，2005（10）：91-92.
[238] 谢春荣. 借光生辉：广告语中的引用[J]. 应用写作，2009（2）：25-27.
[239] 谢英. 辞格综合运用结构形式的再分析[J]. 泉州师范学院学报，2010（5）：45-49.
[240] 邢芙蓉，王进文. 论双关修辞在广告语中的妙用[J]. 现代语文，2007（6）：65-67.
[241] 徐炳昌. 衬托种种[J]. 扬州师院学报，1991（3）：102-106.
[242] 徐琛. 古代笑话中的艺术夸张[J]. 全国商情，2012（6）：91-92.
[243] 许智银. 古汉语委婉修辞的文化意蕴[J]. 河南师范大学学报，2006（6）：63-65.
[244] 薛平. 论对比修辞格的强化作用[J]. 兰州教育学院学报，2011（1）：44-46.
[245] 杨帆. 古代诗歌写景中的衬托手法[J]. 语文天地，2007（9）：58-59.
[246] 杨青平. 论比较广告[J]. 新闻爱好者，1997（3）31-32.
[247] 杨荣华. “大/小”的对称与不对称研究[D]. 南京：南京师范大学，2008.
[248] 杨树郁. 对比辞格中比较思维的体现形态[J]. 齐齐哈尔大学学报，2004（5）：88-89.
[249] 杨雪. 借代文学本质——借代思维[J]. 北方文学，2019（8）：45.
[250] 杨亚男. 我看公益广告[J]. 美与时代，2003（11）：23-24.
[251] 杨艳. 图书馆公益广告的作用与表达技巧[J]. 图书馆建设，2000（3）：9-10.
[252] 杨智敏. 仿拟——广告中常见的一种修辞方式[J]. 阅读与写作，1995（5）：22-23.
[253] 姚善义. 广告与写作[M]. 成都：西南交通大学出版社，1994.
[254] 姚锡远. 论“反复”辞格产生的理论基础[J]. 辽宁教育行政学院学报，1995（1）：84-86.
[255] 叶复兴. 比较手法在广告语中的运用[J]. 岳阳大学学报，1995（2）：37-41.
[256] 叶建军.《金瓶梅词话》中反问句的语用含义[J]. 安庆师范学院学报，2005（3）：92-94.
[257] 叶志贞. 在中学开展吸烟危害健康教育的尝试[J]. 化学教学，1997（11）：48-49.
[258] 尹蔚. 多棱镜折射下的都市语言[J]. 湖南工业职业技术学院学报，2004（2）：69-71.
[259] 印文权. 谈谈古文中的“互文”[N]. 语文报，2003-05-12（2）.

[260] 由国庆. 再见老广告[M]. 天津：百花文艺出版社，2004.
[261] 游汝杰. 中国文化语言学引论[M]. 北京：高等教育出版社，1996.
[262] 于凤静. 公益广告语言的感情策略探析[J]. 鞍山钢铁学院学报，1996（3）：36-40.
[263] 于广元. 比拟的历史发展[J]. 扬州师院学报，1995（2）：89-95.
[264] 于作敏. 高校图书馆贯彻以人为本理念的思考[J]. 枣庄学院学报，2005（4）：88-89.
[265] 余夕仁. 夸张论[J]. 高等函授学报，1996（5）：8-10.
[266] 袁介秋. 无偿献血中存在的问题与对策[J]. 职业卫生与健康，2005（2）：160-161.
[267] 袁珂. 中国神话史[M]. 重庆：重庆出版社，2007.
[268] 袁影. 肯尼思·伯克的辞格认同观探研——层递格的认同功能考察[J]. 阜阳师范学院学报，2015（1）：41-45.
[269] 张宝胜. 借代修辞格的认知心理基础[J]. 语文建设，2002（6）：24-25.
[270] 张斌. 现代汉语精解[M]. 上海：上海文艺出版社，1989.
[271] 张超. 夸张辞格的认知阐释[J]. 贵州教育学院学报，2009（8）：63-66.
[272] 张冬祥. 辞格套用小议[J]. 内蒙古师范学院学报，1997（2）：11-13.
[273] 张季平. 孔子对人的发现[G]//中华孔子研究所. 孔子研究论文集. 北京：教育科学出版社，1987：173-183.
[274] 张剑，李守石. 广告英语中否定句的使用及分析[J]. 北京理工大学学报：社会科学版，2004（z1）：117-119.
[275] 张金成. 浅析谐音双关修辞与广告效果[J]. 学问·科教探索，2016（3）：251-252.
[276] 张金海. 20世纪广告传播理论研究[M]. 武汉：武汉大学出版社，2002.
[277] 张静. 新编现代汉语[M]. 上海：上海外语教育出版社，1996.
[278] 张力超. 无偿献血宣传工作四说[J]. 中国输血杂志，2005（5）：439-440.
[279] 张丽华. 不著一字，尽得风流——析《诗经·秦风·蒹葭》的空白美[J]. 山花，2009（6）：120-121.
[280] 张梦新，张进. 古今对联集萃[M]. 杭州：西泠印社出版社，2008.
[281] 张明新，余明阳. 我国公益广告探究[J]. 当代传播，2004（1）：46-49
[282] 张鹏. 浅析唐诗中的委婉语[J]. 唐山文学，2017（2）：105-106.
[283] 张萍. 《孙子兵法》中的层递句研究[J]. 绥化学院学报，2010（4）：109-112.
[284] 张琼. 广告英语的语言特点[J]. 湖南大学学报，2002（1）：23-24.
[285] 张少云. 比喻的心理基础[J]. 平顶山师专学报，2000（3）：24-26.
[286] 张思齐. 诗文批评中的对偶范畴[D]. 上海：复旦大学，1992.
[287] 张素格，孙书杰. 引用修辞生成的历史文化根源[J]. 河北科技大学学报，2005（3）：53-55.
[288] 张素格. 汉语言中“引用”的修辞功能浅析[J]. 教学与管理，2017（9）：62-63.
[289] 张天爽. 浅谈中国画中“空白”的意境形成及美学意蕴[J]. 艺术理论，2009（8）：238-239.

[290] 张贤敏. 漫谈“顶真”[J]. 大家，2011（3）：16-18.
[291] 张贤平. 文化折射中的广告语创作[J]. 中南民族大学学报，2003（5）：71-74.
[292] 张秀梅. 浅析英汉含比喻成语的异同[J]. 江西社会科学，2011（11）：99-100.
[293] 张雅娟. 论夸张修辞格的心理学视点[J]. 孝感学院学报，2003（1）：32-35.
[294] 张艺娇. 论设问辞格审美功能的心理理据[J]. 荆楚学刊，2013（4）：73-77.
[295] 张熠星. 广告用语中常见的修辞现象[J]. 北方文学，2019（2）：226-227.
[296] 张翼，陈富荣. 再论商品审美权变性[J]. 兰州商学院学报，1997（3）：65-68.
[297] 张勇军. 广告的夸张与夸大[J]. 修辞学习，1997（2）：38-39.
[298] 张志峰，孙红瑀. 论中国古典诗词和中国古典舞的委婉含蓄[J]. 旅游纵览，2014（8）：349-350.
[299] 张仲森. 论成语活用手法及其表达[J]. 韩山师范学院学报，1997（1）：93-100.
[300] 张志军. 论成语中的比喻用法[J]. 徐州教育学院学报，2002（1）：85-86.
[301] 章军华. 抚州傩戏演制与文化内涵[J]. 东华理工大学学报，2009（2）：106-108.
[302] 章衣萍. 修辞学讲话[M]. 上海：上海天马书店，1934.
[303] 章振邦. 新编英语语法[M]. 上海：上海译文出版社，1989.
[304] 赵奎生. 对联修辞艺术[M]. 上海： 复旦大学出版社，2008.
[305] 赵坤. “双关”修辞的美学价值——略论双关在对联艺术中的审美价值[J]. 商情，2010（9）：152-153.
[306] 赵莉，赵冰. 吸烟：每年死人 1000 万！[J]. 海内与海外，1995（6）：43-44.
[307] 赵霞. 言语交际中的反语式劝说[J]. 北京宣武红旗业余大学学报，2000（3）：29-32.
[308] 赵云鹤. 试论广告语中的夸张与幽默[J]. 新闻传播，2005（11）：98-99.
[309] 赵振红. 空白艺术论[J]. 中国科技信息，2009（2）：148-149.
[310] 郑剑虹. 当代中国青年的择偶标准[J]. 宁德师专学报，2000（4）：63-66.
[311] 郑立信. 从委婉语的应用看英美社会的文化价值观[G]//顾嘉祖，陆昇，主编. 语言与文化. 上海：上海外语教育出版社，2002：263-275.
[312] 郑爽. 陌生理论视野下的双关广告语探究[J]. 甘肃社会科学，2009（3）：188-191.
[313] 钟铭钧. 论华夏文明及其历史兴替[J]. 天津社会科学，1987（1）：76-83.
[314] 周秉钧. 古代汉语纲要[M]. 长沙：湖南人民出版社，1981.
[315] 周慧之. 香烟的背后：青年吸烟动机研究[J]. 中国青年研究，2002（2）：42-43.
[316] 周丽萍. 广告语言的美学价值[J]. 浙江经济高等专科学校学报，1998（5）：42-45.
[317] 周萍. 试析并重双关在广告语中的运用[J]. 邵阳学院学报，2005（2）：120-121.
[318] 周文杰，郑保章. 从接受美学看广告受众中心论[J]. 新闻爱好者，2002（11）：31-32.
[319] 周兴来. 浅析互文修辞的表达作用[J]. 现代语文，2011（10）：70-71.
[320] 朱德熙. 语法讲义[M]. 北京：商务印书馆，1980.
[321] 朱光潜. 朱光潜美学文集（第 2 卷）[M]. 上海：上海文艺出版社，1982.

[322] 朱洪利. 梁启超评论体散文修辞格特色[J]. 河南工程学院学报，2016（2）：65-69.

[323] 朱慧文，朱剑英. 以新颖多样的宣传方式促进无偿献血快速发展[J]. 中国输血杂志，2002（12）：443-444.

[324] 朱英贵. 对联中的比喻与比拟[J]. 晚霞，2019（1）： 50-51.

[325] 朱英贵. 对联中的衬托与借代[J]. 晚霞，2019（5）： 50-51.

[326] 朱英贵. 对联中的夸张与反语[J]. 晚霞，2019（3）：50-51.

[327] 朱英贵. 对联中的设问与反问[J]. 晚霞，2019（7）：50-51.

[328] 朱英贵. 对联中的双关与转类[J]. 晚霞，2019（19）：50-51.

[329] 祝莹，张宝，许凯明. 平面广告设计中的空白艺术[J]. 合肥工业大学学报，2007（4）：181-184.

[330] 祝字，李朝霞. 人教（课标）版教材中的互文修辞手法浅探[J]. 语文教学与研究，2009（7）：50-53.

[331] 荘耀嘉. 择偶条件与性心理之性别差异：演化论的检验[J]. 中华心理学刊，2002（1）：75-93.

# 后　记

本教材是探讨汉语实用辞格方面知识的，主要是从实用和趣味方面来述说。

其实，汉语辞格知识无处不在，就拿我孩子姓名来说吧。我孩子原名蒋彦佳。彦，有杰出人物之义；佳者，好也；取此名即希望他“好上加好”，能有自己的本事，能为家庭、为社会、为国家做出一番贡献。如果从谐音上来看，是希望此子容貌上佳，清新而脱俗，做一个安静的美男子。后来，很多同事说，这名字像女孩子的名字，在他幼儿园就有一个女同学叫蒋颜妃。于是，我不惮劳烦，四次去凯里经济开发区政务中心给他改名，改作蒋宏儒。缘何改成此名呢？该名化用了刘禹锡名篇《陋室铭》“谈笑有鸿儒，往来无白丁”，希望他能做一个新时代的大儒，一个博学之人。之所以用“宏”而弃用“鸿”，一是他妈妈嫌“鸿”字笔画多，孩子难写；一是“宏”“鸿”相谐，用“宏”亦有“鸿”之义。

感谢我的课题组成员肖亚丽女士、余芳女士、唐巧娟女士、张成凤女士、谢建红女士的良好建议，感谢本教研室的同仁们，在与你们的讨论中使我得到了许多新的感悟。感谢我的导师韩宝珍先生、储泽祥先生，他们告诉我：生活中总有烦恼，要把烦恼做成压缩文件。心理平衡只在一念之间。转念之间，痛苦就成了快乐，要尽可能地心情愉快。导师们的话语让我醒悟，我也因此度过了那些艰难的岁月，心态也因此更加沉稳，得以去勇敢地面对未来。

感谢前贤时哲，不参考你们的论文和著作，要想写出这本书是定然不可能的。在书中我已尽可能地标明所引观点之作者，但也难免挂一漏万，祈请相关学者见谅。

我 2012 年 9 月来到凯里学院，至今已八载有余。彼时，我还“翩翩中年”；此时，已然“白头翁”，想来我还不到五十呢。真是“岁月催人老”啊！

就在今年的 5 月 31 日，我的无比疼我爱我的妈妈因为癌症去世，谨以此书纪念我在天堂中的妈妈！妈妈，孩儿想您了！

蒋　华

2020 年 12 月 30 日